ELOGIOS PARA *Quebrar*

Algo que debes saber sobre Ann Voskamp: después del impresio-
nante éxito de *Un millar de obsequios*, ha elegido rechazar el manto de gurú espiritual y hacerse una persona aún más vulnerable. En
este libro nos ayuda a ralentizar la marcha, a detener el tiempo y a
permitir que una fe en toda su crudeza penetre, exponga y traiga un
toque de sanidad en medio del desastre de nuestra vida cotidiana.
Para todas las personas imperfectas —es decir, para todos nosotros—, Ann ofrece un compasivo y sabio camino hacia adelante
que nos ayude a navegar en nuestro mundo quebrantado.

PHILIP YANCEY, editor, *Christianity Today*

En *Quebrantamiento*, una revelación profundamente personal,
Ann Voskamp nos lleva en un viaje hacia la aceptación y la celebra-
ción del quebrantamiento. Las apasionadas palabras que derrama
desde su alma te harán llorar y gritar aleluya al mismo tiempo.

KAY WARREN, Iglesia Saddleback, Lake Forest, California

Solo hay un puñado de autores de los que intento encontrar y leer
hasta la última palabra que han escrito. Ann Voskamp forma parte de ellos. *Quebrantamiento* es uno de esos libros, pues Ann hace
lo que mejor sabe: articular la increíble gracia de Jesús con una
profundidad que nos hace a todos decir ¡SÍ!, descubriendo algo
para lo que antes no teníamos palabras. Este libro imprescindible
reavivará a cualquier alma cansada.

JEFFERSON BETHKE, autor de los títulos exitosos
Jesus > Religion y *It's Not What You Think*

Ann Voskamp nos convence de que no hay nada roto que no pueda ser restaurado haciendo presente al Cristo vivo. Presenta una forma sorprendentemente nueva de tratar un tema a menudo salpicado de tópicos. Mi frase preferida es: «Combate la oscuridad con doxología [...] la doxología puede desintoxicar el día».

EUGENE H. PETERSON, profesor emérito de Teología Espiritual, Regent College, Vancouver, A.C.

Leí *Quebrantamiento* con lágrimas cayéndome por la cara, clamando con mi espíritu: «*¡SÍ, SÍ, SÍ, SÍ!*». Pocos autores han afectado mi vida como Ann Voskamp. Si podemos vivir la verdad contenida en *Quebrantamiento*, creo que llegaremos e impactaremos a nuestra generación como nunca antes. Muy poderoso. Muy profético. Muy profundo. Por favor, lee este libro.

CHRISTINE CAINE, fundadora de A21 y Propel Women

Quebrantamiento es el más sincero y hermoso bálsamo sanador para un corazón doliente. La autenticidad y la gracia con las que escribe Ann Voskamp son reconfortantes y vivificantes. ¡Este libro es un verdadero regalo de Dios!

LYSA TERKEURST, autora exitosa según la lista del *New York Times* y presidenta de Proverbs 31 Ministries

La habilidad narrativa de Ann Voskamp y su delicadeza con los corazones son incomparables. La vida puede dejarnos buscando una salida, una ventana. Ann tiene una mano en la cortina. Posee la virtud de hacer entrar la luz, lo suficiente como para ahuyentar las sombras y brindar esperanza.

MAX LUCADO, pastor y autor exitoso

La mayoría de nosotros queremos escapar de nuestro quebrantamiento. Ann Voskamp corre directa hacia él, compartiendo los fragmentos de su propia vida para ayudarnos a reconocer los escombros que podemos estar escudriñando. Ann nos ayuda a ver el buen propósito de Dios en todo ello, y cómo él nos guía, no en torno al dolor, sino a través del dolor. Escrito con gran belleza, *Quebrantamiento* ofrece una abundante medida de esperanza, repleta de la tierna honestidad de Ann y de la poderosa verdad de Dios.

LIZ CURTIS HIGGS, autora del éxito de ventas
Mujeres malas de la Biblia

De una manera que solo ella puede conseguir, Ann Voskamp nos invita a que descubramos que la vida comienza en nuestro quebrantamiento. Ella sabe lo que significa estar rota. Sabe lo que significa tener cicatrices. No estamos ante una teoría suya, sino ante el latido de su corazón. Acérquese al libro y escuche.

LAUREN CHANDLER, cantante, compositora y autora
de *Steadfast Love*

Ann Voskamp entra en nuestra alma con palabras que nos detienen, nos apresan y nos llevan a la fuerza a los brazos de nuestro Padre. Solo hay una Ann Voskamp en cada generación. Deberíamos prestarle atención.

GABE LYONS, autor de *Good Faith*

ANN VOSKAMP

QUEBRANTAMIENTO

La misión de Editorial Vida es ser la compañía líder en satisfacer las necesidades de las personas con recursos cuyo contenido glorifique al Señor Jesucristo y promueva principios bíblicos.

Quebrantamiento

Edición en español por Editorial Vida - 2017

501 Nelson Place, Nashville, TN 37214, Estados Unidos de América

©2017 por Editorial Vida

Este título también está disponible en formato electrónico.

Originally published in English under the title:

The Broken Way

Copyright ©2016 by Ann Morton Voskamp

Published by permission of Zondervan, Grand Rapids, Michigan 49530.

All rights reserved

Further reproduction or distribution is prohibited

A menos que se indique lo contrario, el texto bíblico se tomó de LA SANTA BIBLIA, NUEVA VERSIÓN INTERNACIONAL® NVI® Copyright © 1999, 2015 por Biblica, Inc.® Usado con permiso de Biblica, Inc.® Todos los derechos reservados mundialmente. Las demás traducciones de la Biblia citadas en este libro se enumeran en la página 294, que por la presente se convierte en parte de esta página de copyright.

Todas las direcciones de Internet (páginas web, blogs, etc.) y los números de teléfono de este libro se ofrecen como recurso. No existe ninguna intención de que ello implique que Zondervan los secunde ni que responda por el contenido de estos sitios y los números durante la vida de este libro.

Los nombres y los detalles de muchas de las personas que aparecen en el libro se han cambiado aquí para proteger su anonimato.

Editora en Jefe: *Graciela Lelli*

Traducción: *Juan Carlos Martin Cobano*

Adaptación del diseño al español: *S.E.Telee*

ISBN: 978-0-8297-6754-4

CATEGORÍA: Religión / Vida Cristiana / Crecimiento Espiritual

IMPRESO EN ESTADOS UNIDOS DE AMÉRICA
PRINTED IN THE UNITED STATES OF AMERICA

17 18 19 20 21 DCI 6 5 4 3 2 1

*Para el Esposo... que nunca perdió la confianza
en los quebrantados,
y para todos los que cargan con su propio
quebrantamiento inconfesado;
estas páginas tenían que ser para ustedes,
el trazo de las cicatrices.*

Contenido

Uno

Qué hacer con tu corazón quebrantado

Aquello mismo de lo que tenemos miedo, nuestro quebrantamiento, es la puerta al corazón de nuestro Padre.

PAUL MILLER

El día que me corté en el brazo con un vidrio roto, todo el denso peso del infierno presionaba contra mi pecho.

Una paloma torcaz arrullaba desde lo alto del lilo justo al otro lado de la puerta de atrás. Al oeste del granero, mi papá había girado el volante de aquel viejo tractor International, había aminorado la marcha y había dado vuelta en el extremo del campo.

Y yo había estado ahí afuera en el porche trasero, a mis dieciséis años, y había dejado caer aquellos tarros de cristal. Docenas de ellos. Permanecí parada con los cristales hechos añicos alrededor de mis pies. Nadie podía decirme cómo ahuyentar la oscuridad, el miedo, el dolor, el infierno lejos de mí. Nadie podía decirme cómo encontrar el lugar donde siempre te sintieras a salvo, segura y protegida. De rodillas, recogí uno de los cristales, arrastré su borde afilado por mi piel, aliviada por la línea roja que lentamente empezaba a manar, como si así pudieras drenarte el dolor. Intentaría abrirme paso a cortes hasta el corazón de las cosas. ¿Quién no sabe lo que es mostrar una leve sonrisa y decir que estás bien cuando no es así, cuando estás a punto de desfallecer de dolor? No hay nadie entre nosotros que no esté soportando las heridas de sus sangrientas batallas personales.

No hay nadie entre nosotros que no se haya cortado ya desde el principio.

A todos nos sacan a empujones de un vientre seguro a este bendito caos. Todos necesitamos a alguien que nos tome en brazos desde el mismísimo comienzo, y por un sagrado momento cada uno de nosotros experimenta el corte. Entonces cortan ese grueso cordón umbilical. Puedes pasarte toda la vida sintiéndote echada, cortada, abandonada... inexplicablemente sola.

¿Qué haces, por Dios, cuando sientes que estás rota y cortada, y el amor ha fallado, y tú has fallado, y te sientes como si el amor de Alguien te hubiera fallado?

Papá había estado precisamente rompiendo a surcos la tierra, plantando semillas de trigo, miles de ellas. Crecieron.

El trigo de los campos hacia el oeste espera en voluntaria entrega.

Más adelante segaría, cortaría, la cosecha. Nunca le dije cómo me corté. Nunca le dije cómo, en ese momento en que se rompen los frascos, cuando el cristal se desliza por tu piel, se produce este efímero instante en que sientes el alivio de que se acaben las ocultaciones. No hay más actuación, no por un maldito instante más en el que todo está condenadamente bien.

Me arrodillé, sostuve los vidrios en mi mano y volteé los bordes.

No hay nada en tu vida que sea más importante que descubrir cómo vivir ante un dolor inconfeso.

Puede que hayan pasado más de dos décadas desde mi corte, en mi adolescencia, pero, parada allí en la cocina, siendo esta mujer más vieja, más curtida en batallas, más rota, mirando nuestros campos de trigo, me veo abrumada por la manera en que mi piel siente de nuevo hambre del corte, del filo rompedor del vidrio. Cómo mis muñecas quieren sentir ese agudo y sangriento alivio y la hemorragia de todo este dolor.

Y ese es el filo de navaja de las cosas que tenemos delante: nuestra hija mayor acaba de expresar claramente con escuetos detalles cuán familiarizada está con la misma lucha y asfixia de callada ansiedad y mentiras de indignidad con las que he pasado toda mi vida batallando. Siento que se abre una puerta a mi pesadilla privada, y estoy boquiabierta, intentando respirar. *Sigue aguantando hasta el borde de la encimera, sigue intentando mantenerte en pie, sigue tratando de hacerte a la idea de cómo aguantar y dejarlo ir.* La sensación del peso de tu fracaso es peor que atravesarte el corazón con un cuchillo. Cuando de algún modo traspasas tu fragilidad a tus seres queridos, ¿por qué duele con una intensidad que el dolor físico jamás alcanzaría? Y, durante semanas, he estado sufriendo de maneras ocultas, de maneras para las que ni siquiera encuentro palabras, y he visto la profundidad de mi propio quebrantamiento de formas que nunca había imaginado. Tengo esta ascua ardiendo en mi garganta. El trigo se mece al viento, se mueve con él. *No sé cómo salir de todo esto.*

He cambiado. La vida ha cambiado y yo he cambiado y hace cinco años no sabía amar ni sentir amor; tuve que contar todas las maneras, un millar de maneras, en que Dios siempre me ama, de modo que pudiera incluso comenzar a aprender cómo dejarme amar... y de alguna manera, en el camino, rozándome con personas, historias y lugares dañinos, me he transformado

NO HAY

EN TU VIDA

NADA MÁS IMPORTANTE

QUE DESCUBRIR

CÓMO VIVIR

ANTE UN DOLOR INCONFESADO.

en esta mujer que ha abrazado un amor tan grande que ha roto mi corazón en un millar de fragmentos dolientes. *¿Acaso no queremos todos cambiar? ¿Qué hacer cuando parece como si todo hubiera cambiado?* Es extraño descubrir que tu corazón puede estallar de amor y sufrimiento y ver que ambos sentimientos tienen un parentesco en sentidos que no estamos dispuestos a admitir. *No sé cómo recomponer todos estos pedazos rotos en su lugar. ¿Es esa tal vez la cuestión?*

Quizá esta forma de quebrantamiento está haciendo algo nuevo. *Él está haciendo todas las cosas nuevas.*

¿Y cómo silencias las mentiras diabólicas que no cesarán de trepar por tu mente para que las creas? ¿Cómo detienes la lenta hemorragia de tu corazón roto y sigues creyendo que los guerreros heridos vencen, que no hay remisión de los pecados ni se alcanzan las metas sin que las cosas se pongan fatal, que las cicatrices y las heridas y las roturas van contigo y llegan a ser quien tú eres? Y puede que sea así como al final encajan todas las piezas desencajadas del corazón roto. Todo lo que puedo sentir es este quebrantamiento silencioso que me astilla. ¿Qué haces si estás luchando para recordar quién eres en realidad?

No doy la talla para nada de esto.

No la doy para nada de lo que hago, para nada de lo que enfrento, para ninguno de los que tengo enfrente. *No doy la talla para mi vida.*

Aquí parada en la cocina, contemplando los trigales, ignoro que llegarán el funeral y el ataúd; que llegará este diagnóstico que se meterá en nuestra vida sin que podamos apartarlo; que vendrán días de paternidad quebrantada aún más desesperados. Pero sé que el trabajo y la entrega de una madre nunca se acaba, y tienes que seguir acordándote de respirar.

No podía conocer el camino a lo más alto y profundo ni que la vulnerabilidad me pediría abrirle la puerta a la confianza. *Dejar que entrara la abundancia de Dios.*

Solo sé que las viejas cicatrices pueden abrirse como heridas frescas y tu quebrantamiento inexpresado puede comenzar a rasgarte por completo y quizá la esencia de todas las preguntas sea: ¿cómo vivir, Dios santo, con un corazón destrozado?

Los cortes en el brazo en mis años de desgarbada adolescente eran ese grito silencioso pidiendo respuestas de sangre.

Cora-Beth Martin se había cortado las muñecas con el filo del dispensador de toallas de papel de la escuela, restregándolas contra él, desesperada por alejarse de ese viejo que se restregaba contra ella en la cerrada oscuridad cada noche.

Ema Winters había dejado de comer. Quizá si no abría la boca no entraría el dolor ni el sufrimiento consumiría sus huesos.

Era una tarde de junio, estaba sentada en el pegajoso despacho de una consejera, dándole vueltas a mi doblado anillo de secundaria en el dedo, la vi inclinarse hacia mí, con su cabello castaño descuidado cayéndole como un velo, y la oí decir de modo categórico que yo mostraba todos los síntomas de estar padeciendo maltrato emocional y sobredependencia familiar. Las palabras se me clavaban en el diafragma y solo pude sacudir la cabeza. *No. No. No.* Durante todo el camino de grava a casa, cada respiración es una punzada de dolor. Si no respiro, no podrán conmigo las palabras de esa mujer. Estaciono la camioneta delante del granero y busco en la basura, desesperada por encontrar un frasco de vidrio.

Para la suave piel de mi brazo.

Papá decía siempre que, el día que mataron a mi hermanita, los Terpstra tenían su tractor John Deere arando justo enfrente de la casa, rompiendo la tierra. Justo enfrente de donde habíamos visto cómo el camión de reparto la golpeó como a un frágil poste y la destrozó, con nosotros allí como sombras impotentes, observando cómo se desvanecía su vida. Papá decía que justo acababan de romper la tierra cuando su mundo se detuvo en seco. Decía que había deseado partirles el cuello por no detener ese tractor, cuando no podía hacer nada para salvar el cuerpo roto de su pequeña ni encontrar una salida del quebranto que cortaba este mundo. A veces puedes sentir su crujido en tu caja torácica. Un dolor tan grande no puede caber en un cuerpo. Por eso se rompe el corazón. Si nunca lo has sentido, es posible que un día, Dios no lo quiera, lo hagas.

No existe absolutamente ningún patrón organizado que determine quién sufre dolor y quién disfruta paz. ¿Cómo no había visto que el quebranto en este mundo está tan generalizado que nos engloba a todos nosotros?

El trigo se alza tras los frutales, convirtiéndose en oro puro.

El trato para todos nosotros es este: sufrimiento garantizado. Todos lo tenemos. Se aproxima, imparable, como el tiempo.

Se aproximan las tumbas, se aproxima la oscuridad, se aproxima la angustia. No tenemos el control, nunca lo tuvimos. En un momento estás recogiendo calcetines sucios desparramados por el piso del dormitorio y al siguiente estás recogiendo los pedazos de una vida rota.

¿Cómo vives con el corazón roto?

El trigal parece un mar de ónice. Los árboles en los ribazos del campo se alzan como un poema grabado en la corteza del cielo. Es como esas líneas de Hugo en *Los miserables*: «Hay un espectáculo más grande que el del mar, y es el del cielo; hay un espectáculo más grande que el del cielo, y es el interior del alma».[1] *¿Cómo vive el interior de tu alma con cosas rotas, a través de cosas rotas?*

Jesús murió entre sollozos.

Jesús murió porque se rompió su corazón. Esas palabras estaban todavía resonando en sus labios agrietados: «Dios mío, Dios mío, ¿por qué me has desamparado?».[2] El movimiento de una vida de fe se dirige siempre a responder esa pregunta singular. Lee los titulares. Lee los obituarios. Lee los ojos de la gente. ¿Acaso no constituye la esencia de la vida cristiana contestar a esta punzante cuestión: *Dios, ¿por qué me has abandonado en este mundo quebrantado?*

Puedo ver cómo pende esa pregunta sobre la mesa de nuestra granja, arriba en el hastial, desde ese lienzo enmarcado que muestra un millar de cuadraditos rotos de color. En el cuadro semiabstracto no hay un modelo ordenado, solo luz y oscuridad derramándose en esa sutil insinuación de Jesús colgado de la cruz. Él está ronco de rogar por sí mismo y por nosotros: «¿Dios, por qué me has abandonado?». Y emerge en los parches de color, las pinceladas rotas, con su silueta visible en el caos: Cristo entrando en todo este caos.

Esta es la verdad: bienaventurados —felices— los que lloran. Bienaventurados los que están tristes, los que están en duelo, los que experimentan la pérdida de lo que aman, porque ellos serán abrazados por Aquel que los ama. Existe una extraña y doliente felicidad que solo conocen los que sufren, porque ellos serán abrazados.

Y, por Dios, somos dolientes que suplican: sé cercano al de corazón abatido; salva al de espíritu quebrantado. De alguna forma, el sufrimiento hace que este mal se vuelva contra sí mismo, de modo que surge una vida superior desde la oscuridad. *Dios, de alguna manera.*

Tenía dieciocho años de edad, y cicatrices en las muñecas, cuando escuché a un pastor contar ante toda la congregación que él «había vivido al lado de un tipo que estaba chiflado». Yo había mirado el piso mientras todo el mundo reía. No sabían que había dejado a mi mamá detras de las puertas de los pabellones psiquiátricos más de unas pocas veces. Durante sus risas, sentía que se me iba la sangre del rostro, había querido levantarme y gritar: «No son los sanos los que necesitan médico, sino los enfermos».[3]

Había querido levantarme y decir: «*Cuando la iglesia no está por los dolientes y heridos, la iglesia no está por Cristo*». Porque Jesús, con su costado perforado, siempre está del lado de los quebrantados. Jesús siempre va a los lugares sacudidos por el dolor. Jesús busca siempre dónde está el sufrimiento, y ahí es donde se queda. La herida de su costado prueba que Jesús está siempre del lado del que sufre, del herido, del roto, del quebrantado.

Creía esto entonces y lo creo ahora, y yo diría que sé que es verdad; pero no basta con creerlo, hay que vivir lo que se cree. *¿Lo hago realmente?*

Lo que quería aquel domingo a mis dieciocho años, sentada en una congregación llena de risas que se burlaban del dolor, era que todos los quebrantados lo dijeran a una voz, como un solo cuerpo, lo dijeran para los dolientes y rotos y se lo dijeran unos a otros, porque no hay ni uno de nosotros que no haya perdido algo, que no tenga temor de algo, que no sufra algún dolor inconfesado. Quería que nos lo dijéramos el uno al otro hasta que fuera la garantía de una promesa que no pudiéramos romper:

El cuerpo de Cristo no te ofrece unos clichés, sino algo a lo que aferrarte, justo aquí en nuestras manos marcadas por cicatrices.

Su cuerpo no ofrece unas cuantas ideas repetidas, sino lugar para tu dolor, justo aquí en el tiempo que se nos ofrece.

Su cuerpo no ofrece un puñado de excusas, sino que seamos ejemplo, justo aquí en nuestro acto de agacharnos y lavar tus heridas.

Y somos suyos y él es nuestro, así que somos el uno del otro, y nunca miraremos hacia otro lado.

Sin embargo, había oído predicar lo que Jesús nunca predicó: unas cuantas pseudo buenas noticias de que, si oras bien, cantas bien, adoras bien, vives bien y das abundantemente, bueno, te llevas a casa una mente y un cuerpo que estén bien. *No es así como se destapa la compleja belleza de la vida.*

El Jesús real se vuelve hacia nuestras preguntas de por qué —por qué este quebranto, por qué esta oscuridad— y dice: «Estás haciendo la pregunta equivocada. Estás buscando a quién acusar. Aquí no hay nada de causa y efecto».[4] Esto sucedió «para que todos vieran el poder de Dios en él».[5]

Existe un quebranto que no tiene nada que ver con culpas. Existe un quebranto que extiende un lienzo para la luz de Dios. Existe un quebranto que hace ventanas directas al alma. En un alma se produce quebranto para que pueda producirse en ella el poder de Dios.

¿No es esto lo que la madre Teresa puso sobre el tapete: «Hay una oscuridad tan terrible dentro de mí, como si todo estuviera muerto [...] No sé cuán intensa llegará a ser esta prueba, cuánto dolor y sufrimiento me traerá. Eso ya no me preocupa. Se lo dejo a él, como todo lo demás [...]. Que él haga conmigo lo que quiera, como quiera y el tiempo que quiera si mi oscuridad es luz para algún alma»?[6]

El cielo es este gris que se desvanece por los campos, que se vacía por las colinas. Pero aún se captan llamas de luz en el borde lejano del ondeante trigo, consumiendo los arces en la periferia del bosque.

Los árboles iluminados no se mueven al viento, seguros de estar a salvo, de que todos estamos a salvo.

Lavo y seco la jarra blanca de porcelana en la pila. En ese momento, los bordes de mi ser se sienten frágiles. No quiero que se rompa nada más. No quiero romper nada más.

¿Existe una gracia que pueda enterrar el temor de que tu fe no sea lo bastante grande y tus faltas sean demasiadas? ¿Una gracia que lave tus heridas sucias y las heridas de las mentiras del diablo? ¿Una gracia que te abrace antes de que tengas que demostrar nada... y después de que lo has hecho todo mal? Una gracia que te sostenga cuando todo se rompe y se derrumba... y susurre que de alguna manera todo se está liberando y encajando en su sitio.

Hubiera querido que alguien se acercara a mí, a mis dieciocho años, se sentara en aquel banco de la iglesia a mi lado, me tocara en el hombro, pusiera las cosas en su sitio y dijera: «La vergüenza es una abusiva, pero la gracia es un escudo. Aquí estás a salvo».

¿Y si los corazones quebrantados y rotos pudieran *sentir* que existe una gracia que nos abraza y nos llama «amadas», y afirma nuestra pertenencia y que ningún quebranto puede de ninguna manera alejarnos del hecho de que estamos a salvo? ¿Y si *experimentamos* el milagro de la gracia que puede tocar todas nuestras heridas?

Quise escribir esto en las paredes y en los brazos marcados de cicatrices, convertirlo en el estribillo que cantamos ante los lugares oscuros y rotos: nada de vergüenza, nada de temor, nada de ocultarse. Todo es gracia. El que sufre siempre está a salvo aquí. Puedes pelear y luchar y hacerte daño, y siempre estaremos aquí. La gracia te encontrará aquí; la gracia, el consuelo perfecto, se servirá siempre aquí.

Cómo recordar que hay un Médico en la casa que va a «sanar los corazones heridos»;[7] un Sanador Herido que utiliza clavos para comprar libertad y cruces para que resucite la esperanza, y que nunca trata al que sufre por dentro de manera diferente a como trata al que sufre exteriormente. Cómo recuerdo esto: «[Los corazones] son quebrantados de diez mil maneras, pues este mundo quebranta los corazones; y Cristo es muy eficaz sanando todo tipo de corazones quebrantados».[8] Cómo me paro un millar de noches en las tablas crujientes del porche, me inclino sobre la baranda y miro hacia arriba: la misma mano que despliega el firmamento con su aleteo de estrellas es la que venda con linimentos el corazón herido; Aquel cuyo aliento da a luz las galaxias es el que da a luz la sanidad en el corazón de la persona quebrantada.

Puse la jarra de porcelana en el estante junto a la mesa campestre. Todos nosotros, en un mundo que te rompe el corazón, somos la comunión de los quebrantados como ese cuadro sobre la mesa. Por encima de todos nosotros está la imagen del Dios herido, el Dios que se parte y sangra con nosotros.

¿Cómo vivir con un corazón roto? Todo lo que puedo pensar es: solamente las heridas de Dios pueden curar nuestras heridas. Esta es la verdad, y yo siento cómo se alza esta verdad: el sufrimiento se cura con sufrimiento, las heridas se curan con heridas. Esto me estremece, destruye mis temores con la suavidad de él: el quebrantamiento malo se sana con su quebrantamiento bueno. *El quebrantamiento malo se sana con su quebrantamiento bueno.*

¿Qué querrá decir eso? Pude hacerme una idea con solo osar descubrirlo: una nueva osadía.

¿Habrá un camino de quebrantamiento a... la abundancia?

Shalom ha venido a sentarse junto a mí allí en la pegajosa mesa campestre, viene con un corazón de papel blanco recortado.

Ella trae el corazón de papel y este rollo de cinta adhesiva y pregunta:

—¿Me lo haces, mamá? A mí no me sale bien.

Y extiende un rollo de cinta adhesiva enredada. Yo estoy ahí sentada, inclinada sobre su hermano y sus tareas escolares.

—¿Qué quieres hacer, cariño? ¿Pegarlo por la mitad? ¿Pegarlo en la pared?

—Quiero pegármelo a mí. Aquí mismo —dice Shalom dándose toquecitos en el pecho.

Su hermano borra en el papel con demasiada fuerza y le hace un agujero. Intentaba borrar todo lo que había hecho mal.

—Pégamelo aquí —Shalom señala encima del tamborcito de su corazón.

—¿Y se puede saber por qué estamos haciendo esto?

Estoy de rodillas delante de ella, con media sonrisa, mirándola a la cara, con mi pulgar alisando el trozo de cinta adhesiva de este vulnerable corazón.

Se lo pregunté a pesar de que acabábamos de hablarlo esa mañana en el desayuno, comentando cómo necesitamos dar amor a los demás. Así que, por supuesto, ella está intentando poner en práctica las palabras a medias de su madre, y yo voy a tener que decirle que es algo vistoso y brillante, querer ser un cartel andante de mi pequeña charla del desayuno.

Normalmente soy yo la que toma su cara entre mis manos,

pero ahora ella me tiene aquí, arrodillada ante ella, así que toma mi cara entre sus manos. Y se me acerca tanto que puedo sentir su cálido aliento.

—Tenemos que pegarnos los corazones en nosotros, mamá. Para que siempre lo sepamos —dice, frotándome ligeramente la mejilla—. Para que siempre sepamos que su amor está con nosotros en todas partes.

Su amor está con nosotros en todas partes.

Si solo pudiéramos llevar puesto un corazón justo en el centro de nosotros mismos para que siempre se supiera esto: Dios no te ha olvidado. Dios no te ha abandonado. El amor de Dios está contigo en todas partes. Cuando sientes en tus entrañas que eres su amada, no te limitas a buscar señales de su amor en el mundo, a tener una señal de su amor; tú misma quieres convertirte en una señal de su amor.

Sus palmas me calientan las mejillas. Entonces lo siento durante un prolongado instante: cómo podemos volver a ser abrazados. Quisiera que nunca dejara de abrazarme. Tal vez sea a esto a lo que se parece el amor verdadero: una leve fractura del corazón, y una ligera sorpresa, que te deja sin aliento, al encontrarte restaurada en una especie de plenitud. *Shalom.*

Shalom baja la mirada, se alisa el corazón de papel, blanco y desbordante (porque ¿acaso no es el amor siempre desbordante, acaso no es siempre esa la cuestión?). Y entonces sucede lo inevitable, lo que sucede siempre: se rompe el corazón, se rasga justo ahí en el centro, justo donde ella intentaba alisarlo. Se me hizo un nudo en la garganta.

¿Cómo diantres vives con el corazón roto?

Shalom mira el suyo. Estoy esperando que llegue a su límite y estalle.

—No pasa nada —encuentra las primeras palabras correctas. Me extiende el trozo rasgado de su corazón de papel a mí—. ¿Será que el amor entra más fácil allí donde el corazón se ha partido?

Le guiño el ojo, repitiendo el momento.

¿Será que el amor entra más fácil allí donde el corazón se ha partido?

La aprieto contra mí, la beso suavemente en medio de su perfecta frentecita... y ella se va con su corazón roto. Y yo sentada allí siguiendo su estela, despertando: quizá puedes vivir una vida completa y hermosa a pesar de los momentos grandes y terribles que tendrán lugar justo dentro de ti. En realidad, quizá *llegues* a una mayor abundancia *gracias* a esos momentos. Quizá —no sé cómo, pero de alguna manera— tal vez nuestros corazones estén hechos para ser quebrantados. Partidos. Abiertos con dolor. Tal vez las heridas más profundas den a luz la más profunda sabiduría.

Fuimos creados a imagen de Dios. ¿Y no tuvo también el corazón de Dios que ser partido? Las heridas pueden ser grietas que se abren a la belleza que hay en nosotros. Y nuestra debilidad puede ser un recipiente de la gloria de Dios.

Ana probó la sal de las lágrimas de la infertilidad. Elías le rogó a Dios que le quitara la vida. David le preguntó mil veces a su alma por qué estaba tan abatida. Dios hace grandes cosas por medio de los que sufren grandes heridas. Dios ve al quebrantado como lo mejor y ve lo mejor en el quebrantado y llama a los heridos a ser transformadores del mundo.

En lo alto del hastial cuelga el cuadro de Jesús partiéndose sobre todo nuestro quebranto, Jesús sangrando aquí en nuestro caos: *nuestro quebrantamiento malo alcanza su plenitud por su quebrantamiento bueno.*

Si pudiera hacerme una idea de ello —vivirlo—, ¿podría entonces conocer la gracia que sabe cómo vivir plenamente, aun cuando tienes el corazón roto?

El Granjero viene del granero, deja un balde del gallinero en la puerta de atrás con sus botas. Puedo oírlo lavarse en el fregadero de porcelana del vestíbulo. Entra en la cocina. Levanto la mirada de los platos hacia él. Ya lo ha visto. El hombre puede leer mis ojos mejor de lo que lee el cielo. A veces, todo nuestro quebranto inconfesado habla con más fuerza que nada que pudiéramos decir. Lee mi lento quebranto sobre las raudas noticias de la niña y toda mi insuficiencia, que ni siquiera puedo tantear el dolor de encontrar las palabras adecuadas.

Me aprieta contra él, me envuelve con sus brazos. Y entonces, en la quietud, lo dice tan suave que casi no lo percibo, aquello a lo que me he aferrado más de mil veces desde entonces.

—Ya sabes, todo en esta granja comunica lo mismo, y tú sabes qué ¿no es cierto? —Espera hasta que le dejo mirarme a los ojos, le dejo mirar en mí y en todo este quebranto—. La semilla se rompe para darnos el trigo. El suelo se rompe para darnos la cosecha, el cielo se rompe para darnos la lluvia, el trigo se rompe para darnos el pan. Y el pan se rompe para darnos el banquete. Incluso hubo una vez un frasco de alabastro que se rompió para darle toda la gloria.

Él mira por las grietas de mi ser. Huele a granero, a suciedad y al cielo, y lleva algo de los árboles de arce del límite del bosque, lleva una vieja luz. Pronuncia despacio sus palabras, sabiendo lo que dice: «No tengas miedo de ser algo roto».

No lo tengo, ni siquiera sé lo que eso significa. *Tengo* miedo. Y creo que, de este viaje, de este camino, nadie de nosotros está exento. Pero... ¿no será este el camino a la libertad? Tengo que acordarme de simplemente seguir respirando, seguir creyendo.

En Cristo —no importa cuál sea el camino, la tormenta, la historia— siempre conocemos el resultado.

Nuestro Salvador: a nuestro alrededor.

Nuestro futuro: asegurado.

Nuestro gozo: seguro.

Cuando conocemos a Cristo, sabemos siempre cómo serán las cosas: siempre para nuestro bien y siempre para su gloria

El amor puede poner de alguna manera luz en las heridas.

Detrás de él, en la ventana de la cocina, el cálido sol de primavera va poniéndose. Por todo el campo, hacia el este, el trigo ondea como una cobriza promesa.

Lo tomaré. Tomaré sus palabras como un pacto atrevido, aun todavía ignorante de lo que se aproxima: no hay crecimiento sin cambio, no hay cambio sin entrega, no hay entrega sin herida... no hay abundancia sin quebranto. Las heridas son lo que parte el alma para plantar las semillas de un crecimiento más profundo.

Mi papá me lo dijo una vez. Para que una semilla consiga su razón de ser, debe deshacerse por completo. La cáscara debe partirse, su interior debe salir, y todo debe cambiar. Si no entendía a qué se parecía la vida, podía caer en un error completamente destructivo.

Se lo susurro al Granjero, una frase que se abre como manos oferentes y expectantes: «El quebrantamiento puede traer la abundancia».

Y el peso infernal pasa casi sin darte cuenta a sentirse más como un peso de gloria, aun no estando muy segura todavía de si vendrá una gracia mayor.

Re-membranza de tus pedazos rotos

Pero, primero, recuerda, recuerda, recuerda...
C. S. LEWIS

El día después de nuestro prolongado abrazo en la cocina, llegó por correo este paquete con tres palabras «Ábreme con cuidado», como si pudiese ser un alma.

No tengo ni idea de cómo sucede. Cómo, en medio del dolor, puedes ser este dique macizo —todavía recoges pedazos de una canción en una radio de alguna parte, o la luz cae de cierta manera por el piso, o abres el buzón y un paquete te cae justo en las manos— y, en un instante, la pérdida de todo esto te quebranta por completo.

Quizá sea así porque nunca dejamos de esperar lo mejor, aguardamos lo mejor como si se hubiera extraviado en el correo, y entonces, un día, allí está, por sorpresa, con nuestro nombre en el destinatario.

Examino la tinta de la parte superior del paquete. No reconozco la letra.

El paquete es bastante grande, y demasiado pequeño para el enorme peso de preguntas acerca de qué pasa con todo esto. Sigo olvidando, yo y mi amnesia crónica del alma.

Afuera, la tórtola arrulla en el arce, al oeste de la cocina. Grita valiente, sin miedo en su lamento.

El sufrimiento es algo contagioso. Cuando una persona sufre en una familia, todos lo comparten. Y esta es siempre la opción: el dolor exige que lo sientan... o demanda no sentir nada.

Abro la caja. Sea lo que sea, viene envuelto en papel de seda, una fina envoltura. Lo saco y cae una nota a la mesa. Es de Perú, encontrado en una tienda que una amiga halló por casualidad. En la tarjeta en relieve me escribe: «Lo vi y pensé en ti». El papel de seda me recuerda las vendas de las momias, ocultan algo lo suficientemente antiguo como para albergar la mayor historia imaginable. ¿Qué dicen? Que las mayores historias son las que necesitas escuchar de nuevo, las que te recuerdan que busques la plenitud de tu persona de nuevo.

Lo desempaqueto lentamente, expectante. Hay... algo de arcilla. Arcilla roja. Una base de unos veinte centímetros de largo. Tiene el borde pintado en imitación de ladrillos finos. Como una base, como la base para una historia que puede recomponer pedazos de algo roto. Lo desenvuelvo despacio, con cuidado... cuidado con lo que pueda ser. Hay trece figuritas, de tierra y primitivas, arrodilladas a lo largo del perímetro de la base. Tardo un poco en reconocerlo.

La Última Cena. La Gran Historia. Jesús agachado, de rodillas con sus discípulos, arrodillado cada uno de ellos ante su copa y su pan oscurecido.

Aquí está la plenitud, justo aquí, en mis manos, como mi principio, mi intermedio y mi final; esta es la gran historia que derrota la pérdida y la soledad, que hace más grande tu corazón. Tan grande, tal vez, como para partirse.

¿He dejado algo en la caja? Suena algo suelto. Y entonces veo la mano.

A Jesús se le han roto y caído las manos. Jesús no tiene manos.

Me siento. Ahí están las manos de Jesús, delante de él, frente a todos los discípulos, dos manos partidas, palmas abiertas como invitando.

El cántaro que tiene delante de él está tumbado. Derramado.

¿Cuántas veces en la vida te entregan la Última Cena en tu propia puerta? ¿Acaso no es esta la historia que he estado desentrañando por los últimos cinco años? ¿No he estado buscando precisamente una respuesta a la pregunta de cómo vivir con el corazón roto? ¿Dónde está la vida abundante? ¿Y cómo diantres encontrarla?

«También tomó pan y, después de dar gracias, lo partió, se lo dio a ellos...».[1]

Primero lo había leído lentamente, años atrás, cómo en el idioma original «dar gracias» es *eucaristeo*. La raíz de *eucaristeo* es *jaris*, que significa «gracia». Jesús tomó el pan y lo vio como gracia y dio gracias.

Había más. *Eucaristeo*, acción de gracias, también contiene el término griego *jara*, que significa «gozo». Gozo. Y de eso era de lo que principalmente se había tratado siempre, de lo que afirmaba Agustín: «Es uno mismo el fin a donde todos conspiran y desean llegar, que es a vivir felices y contentos».[2]

Solo se encuentra un profundo *jara* en la mesa del *eucaristeo*, la mesa de acción de gracias.

Allí estuve sentada un buen rato, preguntándome: ¿es así de sencillo? *¿La altura de mi gozo* jara *depende de la profundidad de mi acción de gracias* eucaristeo?

Así que en la medida en que era posible dar gracias así era siempre posible el gozo. El santo grial del gozo no siempre estaba en algún lugar exótico o en alguna experiencia cumbre emocional. La maravilla del gozo podía estar aquí, en el caótico y penetrante dolor del ahora. El único lugar que necesitamos ver antes de morir es este lugar de ver a Dios, *aquí y ahora*.

Lo había susurrado en voz alta, que la lengua sienta cómo suena, que el oído perciba su verdad.

Jaris. Gracia. *Eucaristeo*. Acción de gracias. *Jara*. Gozo.[3]

Un trío estelar que revela el esquema de la vida más plena, agradecimiento, alegría. Cinco años de vivir las gracias, de enumerar y dar gracias por un millar de obsequios diarios, de luchas y desdichados fracasos, para luego proponerme de nuevo tomármelo todo como gracia, obsequio —*jaris*— darle gracias por ello —*eucaristeo*— y de ese modo encontrar el gozo —*jara*— en él.

Ahora bien, ¿qué pasa con el quebrantamiento? ¿Y qué significaba que el «quebrantamiento malo se rompe con el quebrantamiento bueno»? ¿No había estado más que arañando la superficie? ¿No tengo la respuesta justo aquí en mis manos?

Sostengo ante mí la Última Cena rota, Jesús con las manos rotas. ¿Qué hizo Jesús después de dar gracias?

«También tomó pan y, después de dar gracias, lo partió, se lo dio a ellos».[4]

Lo tomó y dio gracias. Eucaristeo.

Lo partió y se lo dio a ellos.

¿Cuántas veces lo he dicho: «*Eucaristeo* precede al milagro»? La acción de gracias precede al milagro: el milagro de saber que todo es suficiente. ¿Y cuántas veces he leído cómo Jesús «tomando los siete panes y los pescados, dio gracias, los partió y se los fue dando a los discípulos. Éstos, a su vez, los distribuyeron a la gente?».[5]

Eucaristeo —Jesús abrazando y agradeciendo su carencia— que precedió al milagro. ¿Pero por qué no me había yo despertado ante el estruendo de esta revelación antes? ¿Cuál fue el milagro en realidad?

El milagro sucede *al partirse algo.*

Apenas hubo dado gracias, el milagro sucedió: algo fue partido y repartido —en una forma de comunión— en una plenitud de abundancia dentro de la comunidad. *El milagro sucede al partirse algo.*

Me pregunto si... si esta es la verdad que podría dar sentido a tantas preguntas, al dolor. No es que tenga aún la más mínima idea de lo que significa, ni de lo que cueste entenderlo. Pero algo de este momento insólito, este obsequio, hace que quiera intentarlo.

Si el *eucaristeo* había sido el primer desafío, el primer viaje de descubrimiento a una vida de dejar que Dios me ame y de enumerar todas esas formas de amor, ¿podría esto ser un reto para el siguiente tramo de la travesía, la forma de llevarme más alto y más hondo, retándome a dejar todas las carencias ahí en mis manos abiertas, para cambiarlas en sobreabundancia? Un desafío a dejar que todo mi quebrantamiento se convierta en abundancia. *Partir y dar. El camino del quebrantamiento.*

¿Y si este fuera el abrazo más seguro, la forma de ser querida y abrazada y encontrada en medio de mi derrumbe? ¿Qué hizo Jesús? En sus últimas horas, en su abandono, Jesús no busca comodidad ni intenta protegerse contra el rechazo; él rompe la tentación de protegerse y entrega su propia vulnerabilidad. En el agudo filo del dolor, Jesús no busca algo con que llenar los lugares rotos y solitarios; él toma y da gracias, y después hace lo más contracultural: no guarda ni acumula, sino que parte y da. En medio de la traición profunda, no se defiende ni se ahoga en distracciones adictivas; es partido y entregado: da su vida. Porque ¿qué otra cosa hay que dé vida?

Por la plenitud de la gracia que ha recibido, da gracias, parte y da, y abre un camino para la comunión vivificante. Un camino de quebrantamiento.

¿Cómo encontrarle sentido racional a esto? No se puede. Pero es quizá la única forma de que llegues a conocer las verdades más grandes: las mayores verdades son siempre la paradoja más grande. ¿Y hay mayor paradoja que esto? Al sentir esta esplendidez con que Dios te ama, uno puede partir y dar ese amor abundante, y conocer la entera plenitud del amor.

El milagro sucede al partirse algo.

De alguna manera... el milagro de la comunión, la integridad, la plenitud, la abundancia, sucede en su opuesto exacto: cuando se parte y se da.

De alguna manera... el milagro, la intimidad de la comunión, viene mediante el quebrantamiento.

Recorro con mis dedos las tres grietas que atraviesan la base de la escultura.

¿Y si se encuentra una especie de comunión en una trinidad de quebrantamiento: en lugares rotos, en personas quebrantadas y en ser partidos y entregados?

Siento como si la arcilla dura le estuviese dando forma a algo en mis propias manos. Como si Alguien estuviese tocando mi punzante herida abierta.

Cuando nuestro propio quebrantamiento se encuentra con el del mundo, ¿no nos involucramos y experimentamos el quebrantamiento y la entrega de Cristo?

¿Y no es esta en realidad la abundante plenitud de la comunión?

De alguna manera, me pregunto si no será en los lugares asolados, con las personas rotas, donde estamos más cerca del corazón quebrantado de Cristo. ¿Y si únicamente encontramos

«LO QUE IMPORTA EN LA VIDA

NO ES LO QUE TE PASA,

SINO LO QUE RECUERDAS

Y CÓMO LO RECUERDAS».

nuestro ser completo por medio de este misterio: el misterio de la muerte y la resurrección, del quebrantamiento y la abundancia? ¿Podría esto ser lo que significa vivir en el abrazo de la comunión: el quebrantamiento que da paso a la abundancia, y entonces la abundancia, que a su vez es partida y entregada... se da para una abundancia aún mayor? Creo que este es el círculo de la comunidad de la comunión. Y junto los pedazos rotos de la Última Cena.

¿Por qué nos dan miedo las cosas rotas? Puedo pensar en mil razones primarias. Pero, si tocas al quebrantado y al hambriento y al doliente y al sediento y al destrozado, tocas un poco de Cristo. *¿Por qué nos da miedo el sufrimiento?* ¿Y si la abundancia de la comunión se encuentra solamente en el quebranto del sufrimiento, porque es en el sufrimiento donde Dios vive? Es en el sufrimiento donde Dios da la intimidad más sanadora.

Y si... y si adquiero el hábito de poner mis heridas al servicio de las de Cristo ¿se convertiría mi quebrantamiento en abundancia sanadora para el quebrantamiento del mundo? ¿Una especie de comunión? ¿Podría todo el quebrantamiento reunirse en el misterio del quebrantamiento y entrega de Cristo y convertirse en el milagro de la abundancia? ¿Tendríamos así al quebrantamiento bueno rompiendo al quebrantamiento malo?

La fuerza de la realidad debilita un poco las rodillas aquí. Un cambio de paradigma... o más bien un terremoto, como un fundamento que se rompe, que se parte y abre.

¿La vida más real es así... o la vida es realmente así? ¿Me estoy salvando... o muriendo, o ambas cosas? Oh, Dios.

Al recoger las manos rotas de Jesús que ruedan por la agrietada Última Cena, esas dos manos de arcilla parecen de repente el ofrecimiento de un obsequio, como una abertura en la palma de mi mano.

Jesús había dicho que hiciéramos esto en memoria de él. «Hacer», el término griego *poieo*, imperativo presente. El presente indica acción continua y se puede traducir como «sigan haciendo esto». Continúen haciendo esto literalmente, con pan y vino, y hagan esto de manera continua con sus vidas, con el pan de sus instantes y el vino de sus días.

Las palabras de un predicador me habían agarrado por la despreocupada yugular: *Este es el único mandamiento que Cristo dio para que lo hiciéramos continuamente una y otra vez.* Este es el ejercicio que nos dio para que practiquemos nuestra fe, para practicarla una y otra vez. *En memoria de él.* Algo para hacer de manera continua en la pila, en la estufa, en la esquina, a la puesta del sol y cuando vuelve a salir, y *nunca cesar* de hacerlo, continuamente.

¿Sabía yo algo sobre esto? ¿Cómo estaba practicando el único mandamiento que Cristo pidió que hiciera de manera continua?

¿Y hacer continuamente qué? Recordarlo a él. Nosotros, personas con amnesia crónica del alma, somos llamados a ser *el pueblo de la re-membranza.* Las personas que recuerdan y hacen re-membranza de sus miembros rotos.

El haz de luz que ilumina el piso, que ilumina mis pies, lo rompen las sombras de más allá de la ventana.

Remembranza procede del griego *anamnesis.*

Las únicas cuatro ocasiones en que se utiliza la palabra *anamnesis* en la Escritura, esta aparece haciendo referencia al sacrificio de Cristo que se «rememora» en la Última Cena (Lc 22.19; 1Co 11.24, 25; Heb 10.3).

Tengo la sensación de que los panecillos de arcilla en mis

manos son como un recuerdo por el que siento hambre. Como un recuerdo que se hace real entre los dedos.

Leí una vez que *anamnesis* era un término empleado para expresar que una idea intangible se trasladaba a este mundo material y tangible. El filósofo Platón había utilizado el término *anamnesis* para expresar un acto de recordar que le permitía al mundo de las ideas impactar en nuestro mundo cotidiano, haciendo posible que algo de otro mundo adquiriese forma en el mundo físico.

Esta era la cuestión: la remembranza, *anamnesis*, no significa simplemente recuerdo por evocación mental, como cuando te acuerdas de cuál es tu dirección, sino que se refiere a experimentar de nuevo un hecho pasado por medio de lo físico, a hacer que tome forma mediante reconstrucción. Como la manera en que te acuerdas de la abuela Ruth por cómo se ríe tu tía abuela Lois, por cómo hace los dulces de azúcar para las tardes de domingo, por cómo camina con sus Birkenstocks con el mismo tacón blando que la abuela, por cómo le crujen las rodillas al subir las escaleras también. La manera en que actúa tu tía abuela Lois te hace recordar de una forma que causa que tu abuela Ruth vuelva a ser real y estar presente en un sentido físico ahora.

Hay una gracia adherida a esto: cómo el recordar llega a ser sanidad. Acogemos el recordar, abrazamos el recordar, dejamos que el recordar nos abrace y nos lleve como en una danza que no necesita fin.

Nunca estamos abandonados cuando nos aferramos a la remembranza.

Gabriel García Márquez lo dejó grabado una vez, como palabras metidas en una botella cerrada y enviadas al mundo: «Lo que importa en la vida no es lo que te pasa, sino lo que recuerdas y cómo lo recuerdas».[6]

Eso es. Lo que importa en tu vida no es tanto lo que te sucede como lo que recuerdas, y la manera en que esto influirá en cómo transcurre tu vida. Lo que recuerdas y cómo lo recuerdas determinará si tus lugares rotos, des-membrados, te causarán re-membranza en tus lugares rotos.

¿Y cómo practicar esta continua re-membranza? Recuerda tu corazón quebrantado y roto, recuérdalo a él crucificado y recuerda quién eres tú y cuál es tu verdadero nombre: la Amada.

«Hagan *esto* [continuamente] en memoria de mí».

La verdad de la *anamnesis* es «hacerme a mí [a Cristo] presente». Esa es la verdad de lo que él estaba diciendo: «Háganme presente de manera continua». ¿Cómo rayos haces que Cristo, que está siempre presente, se haga presente de manera visible a través de este caos de añicos?

Doy la vuelta a las manos rotas de Jesús en la mía. *Pártete y entrégate en un millar de maneras, normales e insólitas. Una vida entregada un millar de veces al día. Muere un millar de pequeñas muertes.* Tengo la sensación de que este reto me señala a mí. No estoy segura de saber cómo hacerlo. No estoy segura de *querer* hacerlo.

El sol se derrama. Es como si el Jesús de arcilla sin manos encendiese la mía con la luz.

El piso se ilumina, todo se ilumina: no hay más cuerpo físico de Cristo aquí en la tierra que el nuestro. Somos el único cuerpo terrenal de Cristo ahora... y, si no somos los que se parten y se dan, somos los que des-miembran el cuerpo de Cristo. Si no somos los partidos y entregados, estamos incapacitando al cuerpo de Cristo en la tierra.

Tal vez no haya ruptura del quebrantamiento malo a menos que su pueblo llegue a ser quebrantamiento bueno.

Algo me arde como una pira fúnebre en la garganta. ¿Qué sé yo de la Vía Dolorosa? ¿Qué sé yo de ese sufrimiento y sacrificio del camino del quebrantamiento?

Es como si sus manos rotas me rogaran con un nuevo reto suplicatorio.

Cuando quieres cambiar
tu quebrantamiento

*Parece que el mundo se ha creado especialmente
para este fin, para que el eterno Hijo de Dios
pudiera tener una esposa a la que dirigir la infinita
benevolencia de su naturaleza, y sobre la que poder,
por así decirlo, abrir y derramar toda esa inmensa
fuente de condescendencia, amor y gracia que había
en su corazón.*

JONATHAN EDWARDS

Nuestras manos descaradas se extienden y lo toman todos los domingos por la mañana.

Cuando lo pasan de una cansada mano a otra en nuestra capilla rural en la mañana del domingo, cuando la cesta de fresno con la hogaza de pan que acaba de ser partida por la mitad pasa de las nudosas manos del granjero porcino a las manos arrugadas de la viuda con su deslustrada alianza de boda, y a la madre que la alcanza pasando el brazo por encima del niño que duerme con la boca abierta en su regazo, yo observo. Miro cómo presionan con sus dedos el pan partido, miro cómo todos hacemos pedazos el pan. Somos todos lobos necesitados de un cordero.

Hagan esto en memoria de mí. Hagan que el siempre presente Cristo esté continuamente presente. Sean de continuo parte de la re-membranza del quebrantamiento. Esto sucede cada domingo. Cuando eres un condenado caos con esta maldita amnesia crónica del alma, es bueno recordar que tu alma está peligrosamente famélica y necesita un revitalizador bocado de su recuerdo.

La señora Van Den Boogard pasa el pan partido a la señora Van Maneen. Desgarran los pedazos del pan con la mano, se llevan el trigo machacado a los labios. Y yo resueno por dentro: «En el nombre de Dios, santo y bueno, ¿qué es lo que estamos haciendo aquí?». Ingerimos lo que está partido. Nos convertimos en lo que está roto. El trigo ha sido triturado. Cada grano fue destrozado para este pan. Se machacaron todas las uvas. La dulzura se presentó en el quebrantamiento. *En lugares destrozados, con personas rotas, estamos más cerca del corazón quebrantado de Cristo, y encontramos la plenitud de nuestro ser mediante el misterio de la muerte y la resurrección, el misterio del quebrantamiento y la abundancia.* Somos el cuerpo sustentado por su partimiento, su entrega, sustentado por esta Última Cena, que durante siglos se llamó simplemente «acción de gracias»: *eucaristía.*

Ese es el meollo de la cuestión con nosotros: el cuerpo partido viene a la acción de gracias para nutrir la bendición de su cuerpo partido y entregado.

El milagro sucede cuando algo se parte: un partimiento en la suficiencia de la comunión.

La cesta con el pan llega al final de mi fila, en esta circulación de la comunión. La están pasando de mano en mano, más cerca. El piano toca de manera conmovedora «La cruz excelsa al contemplar».

El milagro de la unión íntima, de la comunión, viene mediante el quebrantamiento: mediante lugares rotos y personas rotas y el quebrantamiento de Cristo y mediante ser partido y entregado.

Por todo el santuario tiene lugar el desgarro del pan, su paso por nuestra garganta.

Así es como vives con tu corazón roto: lo das. Así es como entras en la plenitud de la *koinonía*, la comunión.

El santuario alberga una quietud cada vez más profunda. Un ujier ofrece el pan a lo largo del pasillo y se lo da a las manos que lo quieren. Y yo estallo por dentro, estoy deshecha: nadie podrá alimentarse completamente, a menos que uno se convierta en un santo partido.

Oh, Jesús.

Tras las ventanas de la capilla rural, al sur, los campos de trigo ondean al viento. Este pan y esta sangre son símbolos de su muerte, y son la esencia de nuestra nueva vida. Tómalos y pruébalos de un millar de maneras: hay una revolución de quebrantamiento convirtiéndose en plenitud abundante justo en el centro del universo.

Todo nuestro quebrantamiento confluye en el misterio del quebrantamiento y entrega de Cristo, y se convierte en el milagro de la abundancia.

Sus palabras son las ondas en que se agita el trigo: «Ciertamente les aseguro que, si el grano de trigo no cae en tierra y muere, se queda solo. Pero si muere, produce mucho fruto».[1]

Muerte y resurrección. La paradoja irrumpe renovada: a menos que muramos, a menos que nos entreguemos, a menos que nos sacrifiquemos, seguimos estando solos. *Sola.* Pero cuando morimos, cuando nos entregamos, cuando nos sacrificamos, es cuando experimentamos la abundancia, es cuando danzamos en comunión. La vida que rinde al máximo... es la que rinde al máximo.

Los campos al sur cantan al entregar su vida: «En cambio, quien no se apegue a ella en este mundo, la conservará para la vida eterna».[2]

Tengo que dejarlo correr. Este pan, esas cosechas, esta gente, todo.

Y el Granjero me pasa la cesta con el pan. ¿Qué haces si te sientes demasiado herida, demasiado asolada para recibir? La desesperación te conduce a veces a través de la devastación. Parto mi pedazo de pan. *Este es mi cuerpo*, y los granos machacados se disuelven en mí, se convierten en mí. La semilla de trigo creció en un tallo de trigo que maduró, fue partido y llegó a mi quebrantamiento. Si no sabías cómo se elabora el pan, puedes hacerte una idea pensando que se parece a una destrucción total.

Oh, Jesús.

Gary Goodkey, el pastor, le pasa la copa de vino a Johnny Byles, que se la pasa al Granjero. Es como si se pasaran esa historia que conoce tus heridas y tu nombre, y yo trago saliva como una mujer sedienta antes incluso de que la copa llegue a mí.

Había sido en la víspera de Pascua cuando oí a un pastor contar la historia de cuando estuvo en Jerusalén, sentado en un aula de una clase judía ortodoxa, mientras un rabino judío comenzaba a enseñar sobre las costumbres nupciales de los judíos del siglo I.

Dijo que, cuando un hombre había decidido con quién quería casarse, su padre llenaba una copa de vino y se la pasaba a su hijo. El hijo entonces se volvía hacia la joven a la que amaba y, con toda la solemnidad de un juramento ante el mismo

EN LUGARES ASOLADOS,

CON LAS PERSONAS ROTAS,

ESTAMOS MÁS CERCA

DEL CORAZÓN QUEBRANTADO

DE CRISTO.

YHWH Todopoderoso, el joven le tendía la copa de vino a la mujer y le pedía la mano en matrimonio. La petición era con estas palabras: «Esta copa es un nuevo pacto en mi sangre, que yo te ofrezco».

El pastor me había contado cómo se echó para atrás en su asiento, impactado. Este rabino judío ortodoxo describía las costumbres nupciales del siglo I, una propuesta de matrimonio, con las palabras que Jesús había usado aquella noche: «Esta copa es el nuevo pacto en mi sangre, que yo les ofrezco».

La Última Cena fue una alianza nupcial.

Me siento demasiado rota para ser elegida.

Entonces el pastor pronunció despacio, para que no se perdiera ninguna palabra, extendiendo la copa con las manos: «En otras palabras, Jesús te dice a ti con esta copa: "Te amo. Te quiero. Me prometo a ti. Me comprometo contigo. Esta copa es el nuevo pacto en mi sangre, que yo te ofrezco. *¿Me amas? ¿Quieres prometerte a mí?*"».

Está sucediendo ahora mismo. La copa pasa de Claude a Harold y a Mary. Esto es lo que está pasando, esa verdad que un predicador compartió una vez conmigo: cada servicio de Comunión es una remembranza del acto marital. El servicio de comunión y la intimidad marital no son nada menos que una ceremonia de renovación de la alianza.[3]

Con mano temblorosa, tomo la copa de tinto el domingo por la mañana. ¿Quién se lleva el desafío a los labios? ¿Quién sella su sí con un beso? ¿Puedes creer que, en todo tu quebrantamiento, aún puedes ser escogida? ¿Que lo eres?

¿Establecerás un compromiso conmigo como yo lo he hecho contigo?

Todo abandono que hubieras podido experimentar alguna vez podría olvidarse en este acto sacramental. ¿Tomaré la copa de su corazón? Si la tomo, si la bebo, acepto su vida por la mía. Y le ofrezco mi vida.

Y me convierto en la rotura del fracaso. Soy la mujer con secretos que no sabe cómo expresar, con pecados que son como el moho negro escondido que crece al costado de su alma, que ha padecido con un sufrimiento mudo y se ha sentido destruida en la base de sus fundamentos en desplome, y que sabe lo que significa estar perdida, sin idea de cómo reconstruirlo todo. Soy la mujer cuya lengua machete ha levantado jirones de las nalgas de sus niños, la amiga que ha levantado frías y seguras paredes para proteger su corazón al precio del corazón de quien sea, la mujer que ha estado más interesada en su instinto de conservación que en ninguna otra cosa. Soy la mamá cuya hija parece inclinarse a la autodestrucción ahora mismo, la que no puede poner fin a su tórrida aventura con la culpabilidad, la esposa cuya cerviz puede endurecerse como una renuente columna de sal, la que ha caído y se ha roto y está desesperada por que Alguien la recomponga. Soy la rotura del fracaso... y me dan la copa con el fruto machacado de la vid. Si la tomo, si la bebo, acepto su vida. Y le ofrezco la mía.

«En virtud del anillo de bodas de esta, es decir, por su fe, es como si Cristo mismo hubiera cometido el pecado», escribió Martín Lutero como su primera imagen para explicar las buenas nuevas del evangelio. «De donde resulta que los pecados son absorbidos por Cristo», escribió con pluma encendida: «¿Acaso [...] el novio rico, noble y bueno, se despose con una insignificante ramera, pobre, despreciable y mala, sacándola así de todo mal y adornándola con toda clase de bienes? Ya no es posible que el alma sea condenada por sus pecados, una vez que éstos también son de Cristo, en el cual han perecido».[4]

¿Quién te ha amado jamás así hasta la muerte?

Y echo la cabeza hacia atrás para tragar el vino color de sangre y mis pecados son tragados por Cristo. Y entonces llega el alivio que eso comporta, esta es la unión sobrenatural: «La misma fe también une al alma con Cristo, como la esposa con su esposo».[5] Las palabras de Lutero tocan todos estos lugares punzantes de dentro.

De tal matrimonio, como dice San Pablo, se sigue que Cristo y el alma se hacen un cuerpo, de modo que tienen en común todas las cosas en campo común, para bien o para mal. Esto significa que lo que Cristo posee pertenece al alma creyente, y lo que el alma posee le pertenece a Cristo [...] Cristo posee toda la santidad y todo lo bueno; esto ahora le pertenece al alma. El alma posee vicios y pecado en abundancia; esto ahora le pertenece a Cristo [...] ¡Cristo, el novio rico, noble y santo, toma en matrimonio a esta pobre pequeña ramera, despreciable y pecadora, se lleva todo su mal y le otorga todas sus bondades! Ya no hay posibilidad de que el pecado la abrume, porque ella ahora está en Cristo.[6]

Está en Cristo.
Quiero agarrar todas esas impolutas copas de Comunión y tragarme la bandeja entera. Quiero estar en un santuario en silencio, levantarme de mi asiento y decir que sí, repetir mil veces que sí, que lo tomo a él en matrimonio porque él me toma a mí, nada menos que a mí. *¿Podría él tomarme?*

«¿Quién entonces puede apreciar en toda su dimensión lo que significa este matrimonio real?». Lutero le pide al creyente que se aferre a lo incomprensible: «¿Quién puede entender las riquezas de la gloria de esta gracia? [...] Y ella tiene esa justicia en Cristo, su esposo, y puede jactarse de que esa justicia es suya y que puede presentar sin temor sus pecados ante la muerte y el infierno y decir: "Aunque yo he pecado, mi Cristo, en quien creo, no ha pecado, y todo lo suyo es mío, y lo mío es suyo"».[7]

¿Cómo puede ser esto? Cuando estamos desnudos y avergonzados y solos en nuestro quebrantamiento, Cristo nos envuelve con su gracia íntima. Cuando nos rechazan y abandonan y nos sentimos lejos de ser queridos, Jesús nos sujeta la cara con las manos: «Acércate, amada mía». Cuando estamos sucios, manchados de lágrimas y desesperados, atraemos a Jesús y nos propone un amor imperecedero: «Yo asumo todo lo que estás cargando... y todo lo que soy es tuyo».

¿Cómo te recuperas de eso? «Porque este gesto es como cuando el novio se acerca a la novia. Su consumación apropiada es como la entrega y aceptación del anillo en el matrimonio. De hecho, es como la culminación del acto de amor conyugal mismo».[8] Existe una clase de intimidad que solo se puede degustar y aceptar. Hay un cortejo que te limpia las heridas. Hay una unión para todos los pedazos de este quebrantamiento.

«En última instancia, todo se reduce a lo siguiente: la causa real de nuestro problema es que perdemos de vista que estamos unidos a Cristo», escribió Martyn Lloyd-Jones.[9] Eso. Me siento ahí, en medio del descubrimiento de esa causa real de todos los problemas.

Un quieto silencio se asienta sobre el santuario.

Todo nuestro quebrantamiento se cura solamente mediante la unión.

¿No es esto lo que supe en un museo de París, lo que descubrí de la unión al enumerar un millar de obsequios de su amor?

Los pedazos de mí, los escombros que no sabía cómo recomponer, el dolor que me mantenía levantada en la noche y para el que ni siquiera tenía palabras... ninguno de mis pedazos encontraría paz hasta que pude ver, sentir y entrar de una manera vivencial en la realidad de mi unión con Cristo. La paz no es un lugar, es una Persona. La paz no es un lugar al que llegar, sino una Persona en la que permanecer. «Yo soy su paz», dice Jesús.[10]

¿Es así como vives con tu corazón roto? Tu corazón roto solo se cura mediante la unión con él.

¿Estoy dispuesta a darle todo lo que tengo? Y, Dios no lo quiera, ¿qué pasa si no me ha dado todo lo que él es?

Miro cómo se pasan por el santuario el pan partido, las uvas machacadas, entre filas de manos abiertas, a lo largo de los pasillos. De esto es de lo que se trata: la comunión con él no es mero simbolismo; es radicalidad extrema. ¿Puedo personificar el ser partida y entregada en acción de gracias a Cristo? Aún puedo gustar el dulce quebrantamiento del grano y de la uva en el dorso de mi lengua. La mente me da vueltas, trata de entender lo que está sucediendo aquí: la Última Cena encarna plenamente el ADN del cuerpo de Cristo, de la iglesia. Dar gracias, luego partir y dar. La doxología, luego el discipulado. El *eucaristeo*, luego la *koinonía*.

Koinonía. Yo la había entendido únicamente en el sentido de comunión, fraternidad, pero es mucho más, nada menos que plena participación en el quebrantamiento y entrega de Cristo, una unión más profunda con él. Ahora lo siento: *koinonía* no es un mero símbolo, sino este abrazo milagroso que puede poner fin a nuestro abandono, nuestra soledad. Es esta relación envolvente de la cruz extendida, participando de la unicidad de la vida misma de Cristo. ¿Y acaso no es la esencia de la iglesia esta *koinonía* dispuesta, la unión íntima entre Dios y la humanidad, el regalo que viene de Dios y es el propósito de Dios a la vez?

Algo se tararea por el santuario, por el universo entero: no somos llamados simplemente a conocer a Cristo; somos llamados a participar en la unión total con Cristo. Él se parte y da su vida por los rotos. Y en la comunión —*koinonía*— los rotos obtienen la vida que se le dio a él, el Dios que buscaba una íntima *koinonía* caminando en el jardín con Adán, que procuró una estrecha comunión con Enoc, que habló cara a cara con Moisés, como habla un hombre con su mejor amigo. La comunión es siempre más que un servicio íntimo; es en última instancia ser dado en servicio íntimo a él. Somos hechos partícipes (*koinonía*) de Cristo y de la naturaleza divina,[11] y él viene en un acto radical de *koinonía* y habita en nuestros lugares de dolor.[12] Este palpitar recorre mis rendidas heridas: «Oh Dios, tú eres mi Dios; yo te busco intensamente. Mi alma tiene sed de ti; todo mi ser te anhela, cual tierra seca, extenuada y sedienta».[13]

¿Puedo recordar? ¿Puedo entrar en el discipulado radical y el simbolismo radical de la Última Cena y encontrar lo que he deseado desde el principio: comunión... *koinonía*... la unidad que cura mi corazón roto?

En esto consiste el llamamiento, en esta reverberación en el espacio que hay entre los bancos y todas nuestras almas: seamos el pueblo que recuerda.

Me pregunto si todo el quebrantamiento malo del mundo comienza con el acto de olvidar; olvidar que Dios es suficiente, olvidar que lo que él da es más que suficiente, olvidar que siempre hay mucho más que suficiente y que podemos vivir en una comunión íntima. El olvido es pariente del temor.

Siempre que olvido entra el temor. *Somos llamados a ser personas conocidas por recordar, un pueblo que recuerda.* Si te olvidas de dar gracias, te olvidas de quién es Dios. Si te olvidas de partir y dar, es tu alma la que se parte. Si te olvidas de vivir en *koinonía*, en comunión, acabarás viviendo en una unión de vacíos.

Si todo nuestro quebrantamiento malo comienza con un acto de olvido, ¿el acto de recordar no hace a Cristo presente mediante su quebrantamiento y entrega? ¿No nos lleva a la *koinonía*, la comunión, la que literalmente hace re-membranza de nosotros?

Todo lo que él personificó en la Última Cena, eso es lo que iba a sanar el quebrantamiento del cuerpo. El quebrantamiento se puede sanar con la re-membranza. Hacer remembranza de nuestra unión, de nuestra comunión, de nuestra *koinonía*, con Cristo. Hacer re-membranza sana el quebrantamiento.

No quiero dejar nunca de gustar el grano roto y la uva allí en el fondo de mi garganta anhelante.

Por eso somos llamados a ser *el pueblo de la re-membranza*, que rememora el corazón de Dios por nosotros, rememora la cruz y la comunión y la crucifixión, rememora la *koinonía*, se acuerda de partirse y darse al mundo, para que así Jesús recomponga todos nuestros corazones des-membrados.

Porque cuando los que estamos rotos damos al quebrantado, estamos dándonos a Cristo, el Sanador Herido, el Amante Quebrantado y Entregado. Y él nos da su corazón abierto y entregado, nos da su propia vida, nos da unión… comunión. ¿Era esta la esencia del cristianismo? ¿No solo dar gracias, sino entregarnos nosotros mismos a él en un millar de maneras y rostros? No puedo dejar de responder a su proposición con un «sí» inverosímil: sí. *Yo te tomo en matrimonio, y tú me tomas.* Todo lo que tengo por todo lo de él.

Camino a casa, toda esta luz que podemos sentir se introduce por todas las grietas.

Cuando entramos por la puerta de atrás llegando del servicio de domingo, del partimiento del pan y de la tangible intimidad del intercambio, encuentro sobre la mesa este bolígrafo negro frente a la figura peruana rota de la Cena del Señor.

Agarro el bolígrafo y giro la muñeca. ¿Por cuántos años me había cortado esa pálida muñeca, llevando mi quebrantamiento por fuera? Agarro el bolígrafo y, movida por un impulso —por una convicción, una especie de desesperación ridícula por recordar la simbología radical, recordar la unión, la comunión— dibujo algo en mi muñeca, y que sangre como un voto justo aquí en la piel más frágil: una pequeña cruz negra.

Estoy rota y soy suya, y él se partió y se dio y es mío.

Dibujo esa cruz negra: *¿puedes atreverte a partirte en una especie de comunión, una especie de unión? ¿Puedes dejar que se abra el camino a la re-membranza de los lugares rotos?*

Es como si fuera un loco desafío a la vida cruciforme, a permitir que la vida llegue a tener la forma de una cruz. Podría ser un reto a dejar que la vida adquiera la forma de la unión.

Es un desafío a vivir para los misterios de modo que Cristo tenga de nuevo manos en este mundo, y en concreto en el mío.

Las manos rotas de Jesús están ahí sobre el aparador, al lado de la pequeña Cena del Señor de arcilla. Les doy la vuelta. Sus manos en la mía, mis manos para la suya. Mi muñeca tatuada con su cruz. Hay más de un millar de maneras de que Cristo tenga manos en un mundo destrozado para que el quebrantado pueda encontrar una clase más profunda de plenitud.

Se han roto las nubes. Ahora se han abierto hacia el oeste. Llueve, como un dejarse ir hacia el *más* que empiezas a creer que llegará.

Cuatro

Cómo partir el tiempo en dos

Como si pudieras matar el tiempo sin herir la eternidad.

HENRY DAVID THOREAU

Cuando despierto en la mañana de mi cuadragésimo cumpleaños, me importa poco que el sol deje de salir, o que haya una oferta de botas a mitad de precio en The Bay, o si alguna vez recorreré Islandia de excursión, o si los niños montan una explosión volcánica por toda la casa. Puedes olvidarte de cualquier luz que haya en la vida, en tu alma. Puedes tener dificultades para recordar. Tu bolígrafo puede quedarse sin tinta azul y tú puedes olvidar ese diario de agradecimiento y preguntarme cómo lo sé. Puedo desarrollar Alzheimer hacia Dios.

Doy vueltas por la cama, entierro la cabeza bajo la almohada. La ansiedad puede surgir de la nada. Si estás ocupada, distraída, puedes perder la cabeza y la paz. Si te olvidas de Dios, todo lo que recuerdas es la ansiedad. La ansiedad puede producirte un Alzheimer de Dios. Si olvidas el rostro de Dios, te olvidas de que tu nombre es Amada. *Amada, eres el pueblo de la re-membranza. Busca tus pies. Busca su rostro, su corazón de comunión partido de par en par.*

Ahí me quedo un rato que parece largo, pero no lo bastante. Las manecillas del reloj de la pared no dejan de seguir lo invisible, tratando de controlarlo.

Puedo oír cómo lame el perro en esa otrora cazuela que degradamos a plato de beber.

Una prima había llamado a medianoche. Tenemos álbumes de fotos enteros, ya amarillos, en los que aparecemos las dos con los flequillos y los envases de gaseosa de los ochenta. Su hijo, que estaba en el tercer año de universidad, y que había sido bautizado y había compartido su testimonio ante la congregación, acababa de decidir que es ateo. Él le ha puesto fin a los supuestos cuentos de hadas sin fundamento. Puedes llorar con una madre a medianoche y sentir cómo el peso de la oscuridad llena tus sollozos.

Mi profesor de ciencias de noveno grado, el señor Biesel, decía que el tiempo no se puede ver. El tiempo solamente se puede representar mediante el cambio, por la forma en que las cosas se mueven y cambian. Ahí tumbada en una mañana de cumpleaños, sin querer salir de la cama, como si pudiera cambiar, o incluso detener, el tiempo. Detener los cumpleaños de la mediana edad y... ¿cómo se ha hecho tan tarde tan pronto? *¿Lo que estás haciendo aquí contribuye a algo que importe? Y, finalmente, ¿lo que has elegido trata en definitiva de Cristo y su reino?* Si no, no importa lo que hayas elegido, no importará en absoluto.

Esa cruz que había dibujado en mi muñeca el día anterior se está borrando. No tengo la más mínima idea de cómo asume una el desafío. ¿Cómo se puede romper todo el quebrantamiento malo con quebrantamiento bueno? ¿Cómo vives una vida conforme a la cruz y eres partida y entregada en una especie de comunión?

Hay una mamá a la vuelta de la esquina de la granja, dicen que lleva dos días despierta acunando a su hija recién nacida, a la que los doctores diagnosticaron la semana pasada una enfermedad mortal. ¿Qué, por Dios santo, es lo que dice el reloj de su pared?

Me había levantado tarde en la noche anterior para escribirle de nuevo a mi amiga Elizabeth. Nos habíamos conocido casi seis años atrás —dos madres que casi sumaban una docena de hijos juntas— compadeciéndonos de los hogares que parecían estar fabricando caos, como si eso fuera nuestro plan de negocios en realidad. Le dije que estaba tratando de acordarme de darle prioridad a todas las cosas que no se ven. Le dije que estaba intentando destruir el ídolo de las cosas visibles, destrozar los ídolos del cumplimiento, y creer que el estado de mi casa no refleja el estado de mi alma. Y ella había confirmado que lo que significa algo, lo que se lleva el mérito, son las prioridades invisibles: las oraciones, las relaciones, el amor al realizar el trabajo. Y se había inclinado hacia mí y me había preguntado si podríamos ser amigas para toda la vida, y yo había dicho: «Trato hecho», y se rio a carcajadas.

No habría podido entonces saber que Elizabeth resultaría ser diferente de cualquier otra amiga que haya tenido jamás. ¿Qué otra persona enviaría una caja que contiene ánimo y libras de chocolate con leche para que te la encuentres en la puerta? ¿Quién más te llamaría tarde en la noche y diría: «Te veo, veo la Ann que hay detrás todo lo que estás haciendo, y me gusta esa Ann, la Ann que es tal cual»? ¿Quién más vivía las prioridades invisibles, las prioridades que hacían visibles a las personas de su entorno, del mío? No habría podido entonces saber que Elizabeth sería la amiga para siempre que mi vida necesitaba en sentidos que ni había imaginado.

Entonces, anoche, Elizabeth dijo que los de cuidados paliativos ya habían empezado a visitarla en casa.

¿Cómo acabas teniendo cuarenta y tantos y con los de cuidados paliativos llamando a tu puerta? ¿Cómo puede Dios dejar que el mundo se rompa de esta manera? ¿Cómo puede *esto* ser todo gracia? ¿Cómo puede *esto* ser amor?

Hundo más la cabeza en la almohada. Froto un poco la mancha de cruz de mi muñeca... y, sin embargo, *es amor. Quién sabe por qué Dios permite que se rompa el corazón, pero la respuesta debe ser bastante importante, porque Dios deja que su propio corazón se rompa también.*

Extiendo la mano para tomar el bolígrafo de mi mesita de noche, de la manera en que he extendido la tinta para enumerar un millar de formas en que él me ama, de la manera en que he encontrado en la tinta la más barata de las medicinas. ¿Ahora bien, se puede vivir la tinta, imprimirse en la piel, cómo abandona la página y marca un camino a través del dolor? La tinta comenzaría justo ahí, en mi muñeca cicatrizada, justo donde una parte de mí deseaba algo como morir, y no en el sentido salvífico, y, de alguna manera, de cada cicatriz y herida que suframos sale un quebrantamiento bueno. *Trazo una línea vertical en mi muñeca, justo sobre las cicatrices.* La cuestión del mal y del sufrimiento se contesta al ver cómo el corazón de Dios también se rompe. *Trazo otra línea, horizontal, en mi muñeca, rompiendo las líneas de la cicatriz con las líneas de la cruz.* Nuestros corazones rotos siempre rompen el de Dios. Es la física cuántica de Dios: tu corazón roto siempre parte el corazón de Dios en dos. Nunca lloras sola.

Y, aun así, tu quebrantamiento puede parecerte una tumba de cuyas garras casi no puedes soltarte. ¿Cuál es la clase de lágrimas más dolorosa? ¿La que nadie puede ver? ¿Aquella en que tu alma llora sola? Puedes sentir cómo cada rincón de tu ser se mustia con el peso del tejido cicatrizal sobre tu alma.

Siento como si las sábanas de franela fueran una mortaja. *¿Cuánto tiempo puedo negarme a moverme?* Exhalo.

Quizás no sea el aire lo que te mantiene viva. Hay una cruz que me está ayudando a respirar. Me está haciendo recordar, re-formándome, y soy insufriblemente olvidadiza. Intento recordar que la gracia aceptada con valor es elemental para la vida.

Una cruz de tinta que se diluye en mis brazos. Acepto su gracia. Lo que él da es suficiente: coraje suficiente para levantarse de la cama. *Un pequeño paso para una mujer, pero un gran salto para su cordura.* La mujer con hijos rotos, la amiga con amigas terminales, el dolor de un corazón quebrantado. Tú da el primer paso. Luego el siguiente. Coraje es estirar el brazo y tomar aunque sea un poco de esa gracia.

Estiro la mano, la que tiene una cruz pintada, estiro la mano y apago la luz. La manera de encontrar luz en la oscuridad es siempre estirando la mano.

Encuentro una camisa vieja de franela en el cajón del tocador, extiendo los brazos para cubrirlos con el gastado tejido. ¿Si todos nacemos con las manos cerradas apretando los puños, qué significa vivir con las manos abiertas, extendidas?

¿Cómo diantres vas a vivir con el corazón roto?

Al filo del tocador, un libro descansa sobre un charco de luz. En la cocina, reposa en una bandeja un puñado de galletas desmenuzadas de ayer. Cuando voy hasta el buzón rojo del principio del camino a casa, dejo un libro y una bolsa de papel marrón con galletas para el cartero.

Al regresar a la puerta, me apetece recoger un manojo de

zinnias y gladiolos del parterre enmarañado y lleno de yerbajos que simula ser un jardín. Digo su nombre en voz alta mientras las corto: «gladiolos, gladiolos, gladiolos». *Hazme recordar. Renuévame.* Esa cruz de mi muñeca ruega como una oración: *Hacerme cruciforme. Como una cruz. Transformarme.*

Si es verdad que hacerse cruciforme, dejar que tu vida sea conforme a la cruz, es hacerse más plenamente humano —y más plenamente semejante a Cristo—, entonces esa es la labor más urgente, la más necesaria.

Bajo mis uñas siento la suciedad del jardín como gracia arenosa. No tengo idea de cómo se me ocurrió llevar esas flores a la residencia de la ciudad justo entonces, y no hay ni un hueso de mi exhausto cuerpo que desease hacerlo. Hay días en que una no tiene ganas de seguir respirando, pero tu cuerpo no olvida la mecánica y respira de todos modos.

Tu cuerpo respira por ti de todos modos. Y tú eres siempre parte de un cuerpo. Hay una cruz que es tu columna vertebral, y todo lo que tienes que hacer es extender los brazos.

Busco agua para las zinnias. Uso los frascos de conservas como floreros.

La manera de encontrar la luz en la oscuridad es extender la mano: extenderla en expresión de gratitud, extenderla al dar. Y tal vez tengas que estirar la mano para que tu corazón siga latiendo, para que alguna otra persona siga respirando. Tal vez esta pueda ser una manera de seguir partiendo el pan y pasándolo, precisamente por medio del quebrantamiento.

¿Cómo voy a dejar de extenderla si sigo viva?

Quizá fuera porque el tictac del reloj sonaba con fuerza mientras llenaba estos frascos de conservas, quizá fuera eso lo que me hizo pensar en cómo quería pasar mi cuadragésimo cumpleaños. O tal vez fuera el acto de rellenar los frascos de conservas. Quizá fuera porque *era* mi cumpleaños y podía elegir lo que quisiera, y lo que quería era no perder más de ese tiempo que se me sigue escurriendo entre los dedos como el agua. Quizá porque había pensado en lo que Elizabeth, con su cáncer terminal, me había dicho. La había mirado directo a la lacrimosa esperanza de sus ojos cuando dijo que siempre que se entrevistaba con su doctor en esa blanca y estéril habitación lo que más deseaba era una cifra. Lo que todos los pacientes terminales desean de veras es una cifra.

«*¿Cuánto tiempo me queda, doctor?*».

Elizabeth lo había dicho sin rodeos, como si quisiera confiármelo directamente a mí. «La verdadera lucha en la vida y en la muerte es siempre una lucha por un número».

Mi Elizabeth se moría, y ella todavía no tenía idea de cuánto tiempo de vida le quedaba en realidad. Quizá el saber que te estás muriendo lo cambia todo, *aunque en la práctica no cambia nada*. Porque eso es algo que todos sabemos todos los días, ya sea que tengamos o no tal diagnóstico: todos tenemos un recipiente de tiempo, pero nadie llega a saber de qué tamaño.

Hay solamente un número determinado de órbitas completas alrededor del sol, que marcan el tiempo para estar en cama y escuchar el tamborileo de la lluvia en los tejados o llevarse a alguien a tomar un helado de fresa y pasar el rato en el puente, con el río que corre bajo él recordándote cómo el presente se te escurre entre las manos. Y hay gladiolos que recoger de la tierra y hay aún tiempo para vivir en el ofrecimiento de todas las cosas.

Tu tiempo es limitado, así que no te limites la vida deseando el tiempo de otro.

A veces, después de que todos se han ido a la cama, me quedo en la sala de estar y escucho ese lento tictac del reloj. A veces, el sonido del reloj es como el código Morse, con más y más golpecitos que dicen:

Cada día tienes que tomar una única decisión: ¿cómo vas a usar tu tiempo?

El mejor uso de tu tiempo es a veces estar ahí y escuchar un reloj. Todos somos terminales y lo único que queremos es una cifra. *¿Qué tamaño tiene el balde de mi tiempo? ¿Cuántos días tengo?*

Recuerdo cuando el calendario entró en un nuevo año y nuestra hija menor, la de la nariz salpicada de pecas, me preguntó cuántos días vive una persona, y yo no supe qué decir. ¿Le dije que tal vez, tal vez, su número sería 25.550?

¿Cómo le dices a un niño que el tiempo es como el vapor y que, aunque extiendas la mano, se escurre como el agua y cae como el rocío y pronto se habrá ido todo?

Shalom se había reído como una lechuza, giró sobre el edredón blanco de mi cama.

—Te lo estás inventando, mamá.

—No —contesté. Le estiré uno de los dedos cerrados de su pie desnudo. Ella tenía ganas de aventuras enmarañadas y panecillos dulces las mañanas del sábado, y del arroyo que brota tras el bosque y de esperanza sin frenos, abierta. Le apetecía abrazar el tiempo—. ¿Por qué se inventaría un número como ese tu vieja y loca mamá?

Se le habían arrugado las pecas. Realmente creía que su mamá era capaz de inventárselo.

—Bien, si llegas a los setenta años, *si*, entonces, contando desde el día que naciste hasta el día que vueles al Hogar, habrás vivido 25.550 días. Ese es tu número, pequeña, probablemente.

Dios, danos baldes enteros de tiempo. Y «el hombre que quiere conocer a Dios debe entregarle su tiempo».[1] Así es como la cruz dibujada en la piel ruega en silencio.

Shalom se incorporó en la cama, como si hubiera visto algo. Como si necesitara entenderlo.

Se lleva las rodillas hasta la barbilla.

—¿Con qué se puede comparar un número como ese?

—Se parece a…

El tiempo se parece a la luz atrapada en las ramas de los árboles dispuestos, creo, a arrugas de expresión que abarcan mil sonrisas valientes, a una corriente constante de sábanas arrugadas y lentos amaneceres, de vapor de tazas humeantes, de abrir y cerrar puertas, y al clic de millares de últimas luces al apagarse. El tiempo es siempre una corriente del «Ahora ilimitado» de Dios, en palabras de C. S. Lewis.[2] *Se parece a un río de Ahoras. Incontenible. En libertad.*

—¿Sabes…? —Me sumerjo junto a ella en la cama—. Papá planta un millón y medio de granos de trigo por acre cada primavera. —Afuera, mirando hacia el este, se ve el trigo moverse como un amanecer del más allá, escalando las colinas—. Y ese millón y medio de granos produce unas dos fanegas de trigo. Así que 25.550 granos dan… más o menos cuatro tazas de trigo.

La miro a los ojos.

—Ve por un tarro de cristal.

Se baja de la cama, sin apartar de mí la mirada. Busca un viejo frasco de conservas azul de vidrio de burbujas y me lo entrega. Está suave y seguro en mi palma. Lo volteo. Un tarro en mis manos. Una cruz escrita sobre las cicatrices de mi muñeca.

Acarreando el cesto grande del trigo que usamos para hacer el pan, me coloco ante la despensa y mido cuatro tazas de grano.

Las vertemos, con cuidado de que no se caiga el frasco.

—Aquí están tus 25.550 días —le digo.

Nuestra chica gira el tarro entre sus manos. *Ahí está tu vida*, pienso. *¿Cómo vas a vivir con tu corazón roto?* Los granos caen como lluvia sobre el vidrio. Toma tu recipiente de tiempo y cree que contiene exactamente el tiempo que necesitas para una vida con significado.

—¿Cuántos granos tengo que sacar? —susurra—. Los que ya se han ido para mí, los que ya he vivido.

Los que ya se han ido.

Levanta el frasco a contraluz, lo convierte en oro.

—¿Cuántos granos has dejado? ¿La mitad?

Se había dado la vuelta y todo el sol del cosmos le encendió el pelo. Está tranquila, girando el tarro. Apenas oigo su susurro.

—No quiero pensar en eso —dice, pero no puede parar—. ¿Has dejado la mitad de un frasco?

Nadie puede medir la longitud de su vida, pero tú puedes siempre determinar que tu vida tenga sentido. Ella ha pronunciado en voz muy baja, como si estuviéramos en lugar sagrado:

—Todo lo que somos... son estos días de grano.

Estos días de grano. Estos días de gracia.

Lo único que puedo pensar es: «*Si el grano de trigo no cae en tierra y muere, se queda solo. Pero si muere, produce mucho fruto*».[3]

Hay una manera de multiplicar tu vida. Dejando que cada grano de ella muera.

«*Sé cruciforme, como yo soy cruciforme*».

No creo que lo haya notado antes, cómo las manecillas del reloj se mantienen extendidas.

Shalom sigue dándole vueltas al frasco. Y yo lo detengo. *Trato de detener todas las cosas.* Y sostengo el tarro, levantándolo otra vez hasta la luz.

Me pregunto si no habré estado equivocada en todo esto. Cuando he pensado en el tiempo, lo he concebido como algo que agarrar, que intentar atrapar, o que nos quitan y roban, y solía tratar de ralentizarlo antes de que se esfumara. He pensado en el tiempo como algo de lo que tienes que sacar el máximo, exprimirlo hasta la última gota. *Carpe diem, gente, carpe diem.*

¿Pero qué había dicho Jesús? «Mi hora ha llegado».[4] ¿Qué hora? ¿La hora *de su muerte*? Para Jesús, el tiempo no era algo que aprovechar, sino más bien algo que sacrificar. ¿Cómo es que yo había pensado toda mi vida en el tiempo como ese asaltante de caminos que nos *roba* la vida, hasta que acabamos muriendo? Pero, a lo largo de toda la Escritura, Jesús habla del tiempo como ese *camino* por el que tenemos que llegar a la muerte, de modo que en última instancia *obtengamos* una vida más abundante. El tiempo no es algo que aprovechas, es algo que sacrificas. No es algo que agarrar, es algo que *dar*.

Si el *eucaristeo*, la acción de gracias, ralentiza el tiempo... ¿puede entonces el ser quebrantado y entregado en la comunión partir el tiempo multiplicándolo? Quizás el tiempo se parte y se multiplica y se convierte en algo más cada vez que alguien se parte y se da a sí mismo.

La muerte detiene el tiempo para nosotros aquí y nos convierte en una semilla que será enterrada, pero quizá cuando morimos al yo rompemos el tiempo aquí y nuestro amor sacrificial irrumpe en la eternidad, y no termina nunca. «El amor vive para siempre».[5] ¿No es eso precisamente lo que Jesús hizo, romper las mortales garras del tiempo que nos atenazaban?

Él murió, y su muerte abrió un hueco en el muro del tiempo y la vida abundante de afuera se convirtió en una nueva puerta posible para que todos escapemos del tiempo.

Tal vez el tiempo cronológico se haya creado para morir al yo, de modo que tu yo eterno pueda vivir de verdad.

Ahí en la cocina, ¿han dejado de moverse las agujas del reloj? Hace falta valor para escuchar con todo nuestro corazón el tictac del tiempo de Dios en lugar de marchar al son de los ruidosos tambores de nuestros miedos.

El tiempo no puede dictar sueños ni secuestrar la esperanza ni determinar el destino. No puede obligarnos a vivir nada que no sea lo que creemos. No importa lo que digan las manecillas del reloj, bajo nosotros tenemos los brazos eternos, y los brazos del tiempo son demasiado débiles para quitarnos ninguna esperanza, robarnos ninguna oración, destruir ningún gozo o acabar con ningún propósito. El tiempo nunca cura las heridas como Dios lo hace.

Son las manos de Dios las que controlan el universo. Las manecillas del reloj están limitadas por las decisiones de nuestras manos. Y él ha hecho nuestras manos libres para ser suyas.

Le di vueltas a aquel frasco transparente y vulnerable lleno de trigo, traté de contar los granos, imaginé que aquellos granos eran días, el único tiempo de que dispongo. Es un pensamiento *contradictorio. La manera de romper el control que el tiempo ejerce sobre mí es partiendo y entregando mi tiempo.*

Se había quedado un grano en el aparador, había otro en la taza de medir. Recogí cada pepita de oro con la punta del dedo. *No puedes desperdiciar ni una.* No puedes permitirte no romper cada grano o día —*morir al yo*— y tener el doble de vida. *¿No era a eso a lo que me retaba la cruz de mi muñeca?*

La forma del tiempo multiplicado se parece a una cruz. Cruciforme. Rota y entregada, extendida.

Hay todavía tiempo para recoger gladiolos bajo el bochornoso sol de una mañana de agosto y llenar los floreros de tarros de conservas con flores para las personas olvidadas, las que son dejadas al margen. Hay tiempo para dejar pasar el rato ante una taza de café y para escuchar a alguien que derrama su corazón destrozado, tiempo para largas llamadas telefónicas y para compartir un pastel y andar la segunda milla. Y hay tiempo para partirse y entregarse al quebrantamiento de todo el mundo, porque así es como rompemos el yugo del tiempo.

Al comienzo del año, había dejado destapado el frasco de conservas, miré cómo Shalom pasaba una y otra vez sus manitas por los granos.

Tal vez lo importante no sea qué queremos del tiempo que tenemos por vivir... sino lo que el tiempo quiere de nosotros.

¿Por qué es tan fácil matar el tiempo en vez de emplearlo para morir al yo y experimentar una resurrección?

Los gladiolos reposan en el aparador, esperando un recipiente.

Cinco

Ser el regalo que el mundo necesita; y que tú necesitas

Que uno tenga la capacidad de darle a Dios más de lo que él te da es algo que está más allá del reino de las posibilidades. Incluso si le entrego la totalidad de mi valor, él encontrará una manera de darme a su vez mucho más de lo que le di.

CHARLES SPURGEON

Un auténtico gigante, ahora encorvado, que vive en la habitación 112 del hogar de ancianos de la ciudad, había orado por nuestros niños cada día. Me mostró sus nombres garabateados en su lista y lo dijo como una respuesta a la oración: «Nunca vivas para las batallas ganadas o para el final de tu carrera. Lo que importa es cómo vives "durante el camino". Y es durante el camino cuando tienes que recordar: a las personas les interesa más lo que compartes con ellas que lo que les dices».

Agarro ese balde de lata que el Granjero dejó en el escalón de la puerta de atrás. Vierto cada de uno de los 25.550 granos de trigo de ese polvoriento frasco de conservas que lleva en el alféizar desde principios de año, que parece una cápsula del tiempo. Como un desafío a romper el tiempo.

Les pongo agua y gladiolos y llevo unos cuantos de esos

floreros a la residencia de ancianos. Los niños y yo los dejamos en las entradas de los cuartos de los residentes, y no se echa en falta la belleza de lo que contuvieron viendo lo que ahora contienen, o viendo cómo alas enteras del hogar de ancianos se iluminan con sonrisas de un millar de vatios. En los días duros de luchar con el tiempo y con los pedazos de tu pasado roto, resulta que siempre puedes encontrar una manera de extender la mano y simplemente encender la luz.

Cuando estamos en la habitación 112 con el señor Bender, se inclina, alto y gastado, hacia nosotros y nos pide que cantemos un himno más, y yo siento que se me cierra la garganta cuando justo al final, justo antes de dejarle el frasco con flores, dice: «¿Me prometes que no derramarás ni una lágrima cuando yo llegue al final de mi carrera y ya no esté aquí, cuando haya partido? Sabrás que por fin ya estoy en casa con mi Dios».

Koinonía, comunión.

El alma anhela más que mera comunicación; busca comunión. ¿Es la comunicación más auténtica siempre una clase de comunión, un partirse y rendirse a la unidad, al amor?

El señor Bender me agarra la mano, la aprieta y la mueve de arriba abajo, y el tiempo se divide y vuela. También lo hará el señor Bender algún día. El comienzo está justo ahí y puedo sentirlo: algo que se ha roto en ti... puede comenzar a romperse.

Que venga. Que venga.

Creo que no sé muy bien lo que podría significar eso.

Saliendo del hogar de ancianos, pasamos al auto de la policía en Main Street delante de Chocolates on Main, y esos locos hijos nuestros quieren dejar una caja de galletas en el capó del auto patrulla bajo el sol. No les da ninguna vergüenza decir, un poco más audiblemente de lo necesario, que podrían confundir la caja con una bomba.

Todo esto es como una mecha lenta en mí que podría comenzar una explosión. ¿Podría haber una mejor manera de emplear el tiempo y de encontrar el significado de existir y de celebrar otro cumpleaños que abriéndose camino entre la ansiedad que hace que una vida se mantenga encerrada y reducida? ¿Y si esto detonase en mi propio corazón: extiende tu débil brazo y deja que tu propio quebrantamiento comience a reparar y tocar el calor de la comunión? *¿Puedo confiar en que él es suficiente en mí para hacerme suficiente?* Todo esto es parte de entender, de encontrar la manera.

La medida de tu disposición a darte es la medida de tu capacidad para la comunión.

Nos llevamos una empanada de Zehrs Markets y la dejamos en la consulta del nuestro doctor, en agradecimiento por su labor en mis partos. Nos dirigimos a la cafetería local y pagamos una ronda de cafés a la fila que tenemos detrás («*Sí, de veras. Sí, en serio. ¡Sí, es verdad!*»). Nos llevamos una docena de rosquillas para entregárselas a los buenos chicos de la municipalidad.

Y está ese momento, un vislumbre que capta mi reflejo en la ventana de la cafetería, que da a luz este pensamiento que me hace sonreír: *aprender el arte de vivir es aprender el arte de dar.*

Porque tanto amó Dios al mundo *que dio...*[1]

El arte dar está en creer que hay suficiente amor en ti, que él te ama lo suficiente como para que tengas suficiente amor para dar.

Porque tanto amó Dios al mundo que dio... ¿Hay palabra más poderosa que *dar*? *Dar gracias. Dar el perdón. Dar cuidados. Dar vida.* Todo lo que importa en la vida procede del dar.

«El dar es el verdadero tener», dijo Spurgeon.[2] La calle entera mira hacia mí en el reflejo de la ventana. ¿Y si hay momentos en que tienes que mirar atrás para entender las cosas que tienes por delante?

El amor de Dios siempre da, siempre se parte y da, *para dar gozo.* Dios busca su gloria solo porque él promete que es el Dios que da; da lo que más necesitamos.

Hay un dolor en mí que necesitaba todo esto. Como si fuera el principio, el camino, a algo más.

Durante una serie de treinta días, como parte de esta peligrosa osadía, leímos en voz alta como familia después de la cena, leímos las atrayentes palabras de Dios:

«[El ayuno que a mí me agrada] es que compartan el pan con los que tienen hambre, es que den refugio a los pobres, vistan a los que no tienen ropa, y ayuden a los demás.Los que ayunan así brillarán como la luz de la aurora, y sus heridas sanarán muy pronto. Delante de ellos irá la justicia y detrás de ellos, la protección de Dios. Si me llaman, yo les responderé; si gritan pidiendo ayuda, yo les diré: "Aquí estoy"».[3]

Se encienden las luces por toda la calle. Puedo sentir las cosas que hay dentro, las cosas rotas, alrededor, un paso que se allana a través de Dios. Un camino.

«¿Dudas, hombre, en seguir este camino, cuando es el camino que Dios siguió hasta ti?», murmura Agustín desde el extremo.[4] Al dar sucede algo...

El oficial de policía ríe entre dientes ante su caja de galletas.

Glorificamos más a Dios en nosotros cuando más disfrutamos de él... *y más damos a los demás el gozo de él.*

Y yo quiero extender los brazos y apretar entre mis manos la cara de esa cumpleañera que me devuelve la mirada en la ventana de la cafetería y convencerla: no hay vida que valga la pena sin generosidad, porque la generosidad es una función de la mentalidad de abundancia. Y la mentalidad de abundancia es una función de la identidad y la intimidad. Cuando sabes que te aman lo suficiente, que has sido creado con lo suficiente, tienes la suficiente abundancia como para dar lo suficiente con generosidad. Y eso te lleva a la suficiencia de una comunión aún más íntima.

Creo que esto quizá toca el borde de la verdadera naturaleza del desafío.

Es como círculos concéntricos: es la presencia de Cristo la que nos da cada obsequio. Y la presencia de Cristo nos convierte en el obsequio dado. No hay obsequios en el mundo, dados o recibidos, sin la presencia de Cristo. Cristo nos da los obsequios, y entonces —él dentro de nosotros, morando en nosotros— da por medio de nosotros obsequios a un mundo lleno de belleza y dolor.

El pan partido y entregado, compartido.

«Lo partió, se lo dio a ellos [...] Ese pan que partimos, ¿no es la *koinonía*, la comunión del cuerpo de Cristo?».[5]

Lo que partimos y damos vuelve a nosotros como un pedazo de comunión. *Koinonía*, un compartir el alma, una entrega, una participación. El momento mismo de mi *salvación* en Cristo hizo que mi *unión* con Cristo fuera un *hecho* objetivo, pero hasta este momento de descubrimiento de la *comunión* con Cristo no se *experimenta* gozo.

Es una forma de comunión.

Cuando vas a un restaurante y le dices a la mesera que tú pagas la comida de esa familia, es algo que no olvidas, y lo vives como un acto de re-membranza. La mesera sonríe y tú le haces un guiño y te vas antes de que acaben el buffet libre. Una cena y personas con hambre y la presencia de Cristo en ti, extendiendo tu insegura mano, puede sentirse como un sacramento.

Vive la eucaristía. Practica la comunión. Saborea la *koinonía*. Siente la vida abundante. En todo lo que puedo pensar es en esto: *así es como haces que el Cristo siempre presente esté plenamente presente*. Este es el principio de llegar a ser el obsequio. Permite que Cristo en ti entregue el obsequio de sí mismo precisamente por medio de tu quebrantamiento. Dios entrega a Dios de manera que podamos ser los dadores. Los dadores del obsequio.

Esta verdad de «la bienaventuranza de no poseer nada» y todas las verdades de este tipo, en palabras de Tozer, «no se aprenden por repetición, como se aprenden las reglas de la física y otras ciencias. Las verdades divinas se aprenden por *experiencia*, sintiéndolas antes de poder saber lo que son [...] Si deseamos conocer a Dios en una creciente intimidad, debemos renunciar a todo deseo de propia complacencia. Tarde o temprano, Dios nos someterá a esta prueba».[6]

Estar embarcada en la búsqueda de él mientras él está implacablemente buscándome a mí en esta creciente intimidad me habría traído tarde o temprano a esto, a este desafío a vivir la comunión de experimentar la forma de la cruz, la vida cruciforme.

Los chicos le obsequian a la cancha de tenis un buen puñado de pelotas («¿No te parece que será una sorpresa para algunos niños, mamá?»). Y yo paso por la puerta de atrás de la biblioteca, y dejo algunos de mis libros preferidos en el mostrador; luego todos juntos rodeamos el supermercado en Mitchell Street,

QUIZÁ EL ÚNICO CAMINO

DE ABUNDANCIA

HACIA ADELANTE SEA SIEMPRE

DAR.

agarramos carritos, llenamos algunas bolsas de compras y las llevamos al banco de alimentos. Metemos monedas en las máquinas de chicles de Walmart. Exploramos la tienda de abarrotes a fin de llenar un carrito de provisiones para alguien. Metemos en sobres vales de estacionamiento y los colocamos bajo los limpiaparabrisas en el aparcamiento del hospital.

El Granjero me guiña y se ríe, rellenando sobres. «¿Sabes qué? Para esto sí tenemos tiempo».

Asiento y le devuelvo el guiño. El tiempo se hizo para morir de mil maneras, así que, ¿por qué tener miedo a morir cuando hay una clase de muerte que podría llegarte a cada momento? Vive cada día como si estuvieras en fase terminal. Porque lo estás. Vive cada día como si tu alma fuera eterna. *Porque lo es.*

Y, obviamente, no podemos dar nada en pago por el cosmos. Sin embargo, ¿se nos olvida que podemos responder haciendo el bien a otros? Solo podemos *dar* para otros. Doy a Otros hoY. Yo me DOY. Y lo doy a *él*. Quizás el único camino de abundancia hacia adelante sea siempre dar para el bien de otros.

Ni siquiera sé quién tiene la audaz idea de ir a la tienda de todo a un dólar y dejar dólares por ahí en cada pasillo, pero nuestros hijos observan cómo los niños, desprevenidos, se adentran por ellos. En todos los pasillos estallan sonrisas. Y puede que un poco del quebrantamiento del mundo se rompa mediante este quebrantamiento bueno.

El chico de la gorra de béisbol se detiene en un mostrador y toma una piruleta en la que hemos puesto una nota: «Aquí tienes un dólar. Elige cualquier color. Somos los de Doy a Otros hoY. #YoDOY». Le estalla una sonrisa en la cara y unos fragmentos de alegría acaban alojados en el quebrantamiento de mi ser, y me siento de alguna manera renovada.

Sonreír a alguien es sobrecogerse ante el rostro de Dios. Y

«la belleza del mundo es la tierna sonrisa de Cristo que viene a nosotros a través de la materia».[7] Hay un vendedor sonriendo en la caja registradora. El que llena los estantes del súper se está riendo entre dientes. Hay gente que Da a Otros hoY, y dudo que cada obsequio de gracia, cada acto de bondad, no sea un terremoto en un corazón que mueva a otro corazón a dar, que mueva a su vez a otro corazón a dar, hasta formar una avalancha de gracia. No digas que no es esto lo que un mundo desolado necesita desesperadamente, no digas que no es así como se cambia un mundo roto. ¿Y si la verdad es realmente que cada temblor de bondad aquí acaba siendo la erupción de un milagro en otra parte del mundo?

Puedo sentirlo como la más leve sensación de una sutura en las mismísimas líneas de una cicatriz. Quizá nuestro sufrimiento y quebrantamiento comienzan una especie de curación cuando entramos en el sufrimiento y el quebrantamiento del mundo, a través del quebrantamiento y la entrega de Cristo.

Y estos actos de bondad, obsequios de gracia, inician una cascada de gracia para llenar una multitud de barrancos en un mundo que sufre. Quizás no existe eso de «un pequeño acto de dar». Cada pequeño obsequio de gracia crea un temblor de amor que no tiene un final lógico. Llegará a los extremos de la tierra y cambiará el mundo para después traspasar el tiempo y extenderse por la eternidad.

Más adelante leería que los que realizan cinco actos de dar en seis semanas son más felices que los que no lo hacen, que, cuando das, reduces los niveles de estrés hormonal, baja la presión arterial y aumentan las endorfinas, y que los actos de bondad reducen la ansiedad y fortalecen el sistema inmunológico. Cinco actos aleatorios de bondad en una semana pueden producir un aumento de felicidad durante los tres meses siguientes.[8]

«Él da carretas llenas a los que dan cestas llenas», escribe Spurgeon,[9] y yo pensaría en ese balde de hojalata con sus 25.550 granos de trigo. Creo que, aunque solo tuvieras puñados para dar, él podría llenar un corazón roto.

Pero, de veras, ¿y si no estuviéramos más que automedicándonos contra la ansiedad? ¿Y si no fuera más que una manera de ahuyentar los demonios que se mofan de mí por mi inutilidad? La bienaventuranza de la generosidad es un bálsamo que surte efecto sanador hasta días y semanas más tarde, y la generosidad no define ni demuestra nuestro valor, *sino que nos permite sentir el valor definitorio del amor*. La generosidad cambia nuestro cuerpo porque nos convertimos en parte de su Cuerpo. E incluso alimentamos la comunión con nuestro propio quebrantamiento. Quizá incluso en cualquiera de los motivos erróneos de nuestra generosidad, incluso entonces, somos guiados de regreso a la comunión para cosechar los beneficios del amor.

Hay una niña ahí sonriendo con su piruleta, y yo le guiño un ojo y le devuelvo la sonrisa, y no sé si tienen para esto algún nombre, como ministerio de sonrisa o ministerio de presencia, o enamorarse de Dios en un millar de rostros corrientes. Pero nuestra Hope se inclina hacia mí, sonriendo como la de la piruleta, y susurra: «¿No te parece que dar es lo máximo?». Sonríe como si le fuera a estallar el corazón de alegría. «¡Mírala! Dar es lo más hermoso que hay».

«...*a quien ofrece de beber no le faltará agua*».[10]

Existe este elixir en las venas, y dar es siempre lo más grande, lo más hermoso que hay, porque tal vez el dar sea la forma de lo que es el amor: cruciforme. El amor da. «Den su vida; a cambio recibirán vida, pero recibirán en la misma proporción que dieron: se les recompensará con mucho más y con bendición. Dar, no recibir, es el camino».[11]

Y eso es lo que estoy pensando justo entonces, porque eso es lo que sé ahora mismo: el amor debe dar a las bellas personas de los callejones de dondequiera que pisen nuestros pies, a las bellas personas que viven cerca de nosotros y que se sientan delante de nosotros y que circulan junto a nosotros, y no importa lo que diga quien sea, todas se preguntan si alguien las ama. El amor da y cada sonrisa dice: *sí, hay alguien que te ama*. El amor da, y los enormes actos para tratar de hacer feliz a alguien no dan tanta felicidad como la sencilla realización de pequeños actos para hacer que alguien se sienta amado.

Esto es raro: todos quieren cambiar el mundo, pero nadie quiere hacer las pequeñas cosas que logran que tan siquiera una persona se sienta amada.

El dar es nuestra manera de pasar los más santos sacramentos. Es el pan y el vino dados —*el amor*— que nos hablan de qué es lo que sana las heridas del mundo. El que era el más pequeño y frágil Obsequio irrumpió en el tiempo para salvar al mundo. ¿Por qué no he llegado a ese punto mucho antes de tener que soplar tantas velas? *Cuando me abandono a la generosidad, los sentimientos de abandono me llevan a abandonarme en brazos de Dios y encontrar la plena comunión.*

La koinonía es siempre el milagro.

¿Sabes cómo encontrar palabras para alguna situación, pero ignoras el significado de esas palabras hasta que las encarnas? Algunas palabras solamente adquieren sentido cuando están cubiertas de piel. Yo sabía que esas palabras son verdad. Pero no entendía lo que significaban esas palabras experimentadas en mi persona.

Lo que es más: sinceramente, este cumpleaños que pasamos bombardeando con regalos a toda la ciudad parecía ridículamente pequeño e insignificante. Por algo se empieza, supongo, los primeros pasos siempre parecen insuficientes, pero son los más valientes y dan comienzo a una travesía que tienes que recorrer. Hay que tener una gran confianza para creer en la pequeñez de los inicios.

«La Iglesia existe con el único propósito de llevar a los hombres a Cristo, de hacerlos pequeños cristos», escribió C. S. Lewis.[12] ¿Y si ser pequeños cristos significa hacer las cosas más pequeñas, las más diminutas, en Cristo y que únicamente su gran amor sea grande? Lutero se suma: «Así como nuestro Padre celestial nos ha socorrido gratuitamente en Cristo, auxiliemos nosotros también al prójimo [...] y cada uno debe ser [...] un Cristo para el otro».[13] *Entregado.*

El mundo roto podría cambiar, el corazón destrozado podría cambiar, incluso el quebrantado podría ser como Cristo para el prójimo; y solo Cristo lo cambia todo.

Después de obsequiarles una caja de bombones a las enfermeras de la sala de pediatría, me vuelvo al Granjero y le digo despacio: «Para una introvertida que se siente hecha un desastre y rota, que se debate en los límites de la depresión, hace falta una insólita cantidad de valor para buscar a otros, salir de tu zona de confort y dar de esta manera».

¡Pero mira lo que hizo Cristo!

Es posible, seguramente hay un Consolador que nos abraza con dulzura en nuestro quebrantamiento... que no se parece a una zona de confort que es una trampa mortal que nos quebranta. Y el arte de vivir de verdad tal vez implique simplemente entender esa diferencia.

Hay un tiempo para ser consolada... y un tiempo para venir y abandonarse a una clase mayor de consuelo. Y, como esa canción de la generosidad que se percibe en todos los átomos del universo, el Granjero recita en voz baja los versos: «si ofrecen su pan al hambriento y ayudan a los que sufren...».[14]

Y yo me vuelvo a la sombra de los viejos arces alineados junto al estacionamiento del hospital y me uno a él: «... brillarán como luz en la oscuridad, como la luz del mediodía». La luz se nota cálida. Motea las caras. El Granjero asiente. No hay mucho que decir cuando sientes el principio de un cambio sagrado: nuestra noche rota podría convertirse en mediodía. La luz podría alzarse sobre toda esta oscuridad, en nosotros, en el dolor del quebranto inconfesado, en todo este mundo destrozado. Comenzaremos aquí y confiaremos en que esto nos guiará: la manera de prestar atención al gozo es gastándote a ti misma; la manera de *multiplicar el gozo* es gastándote a ti misma.

El sol oblicuo lanza haces de luz entre los árboles y sobre nosotros, ahí parados, y sobre su cabeza, puedo ver cómo esta miríada de insectos ha tejido su camino de malla en los rayos de luz, ascendiendo y descendiendo como virutas de gloria de alas de serafines. *Fui creada para esto. El universo fue creado para dar. Entrega.*

«Todo cristiano —escribió Lewis— está llamado a ser un pequeño Cristo. Este es sencillamente el propósito de llegar a ser cristianos [...] Y aun es dudoso que todo el universo haya sido creado con algún otro propósito».[15]

Existimos para ser pequeños cristos. No pequeños escaladores de escaleras. No pequeños fanáticos del control. No pequeños habitantes de la comodidad. Simplemente pequeños cristos que dan. No en el sentido de ser divinos, sino, siempre y de todos los modos, sencillamente discípulos.

El término *cristiano* significa exactamente eso, «pequeño cristo»... y esa terminación del original griego —*ianos*— significa ser modelado conforme a un patrón. La cruz de mi muñeca... estoy comenzando a sentir el patrón, la forma, de todo. Se oye el eco de las palabras de Dietrich Bonhoeffer: «Toda llamada de Cristo conduce a la muerte».[16] Y Lewis interviene: «Cristo dice: "Dámelo todo. No deseo parte de tu tiempo ni parte de tu dinero ni parte de tu trabajo. Te quiero a ti. No he venido a atormentar a tu 'yo' natural, sino a darle muerte"».[17]

Ven a morir. De mil maneras. «*Dámelo todo. Te quiero a ti. Lo quiero todo de ti*». ¿No solo darle lo mejor de mí, sino incluso todo mi quebrantamiento?

Ahí parada con el Granjero bajo el toldo que forman los arces, me acordé de las palabras de Lewis refiriéndose a las de Cristo: «No deseo cercenar una rama aquí y otra allá; lo que deseo es echar abajo todo el árbol [...] Entrégame todo tu "yo" natural; todos los deseos que piensas que son inocentes, así como los que consideras malos: todo lo que eres. En su lugar te daré un nuevo "yo". En efecto, te daré mi ser. Mi propia voluntad será tuya».[18]

Es como un eco de la comunión, de ese intercambio íntimo de la entrega que hay en mi quebrantamiento y de la entrega en su aceptación. «Todo lo suyo es mío y todo lo mío es suyo». *Mi propia voluntad será tuya.* «Esto es más difícil y más fácil que lo que estamos tratando de hacer».[19] Es como si Lewis supiera lo que estoy pensando.

Ya te has dado cuenta, espero, de que Cristo mismo califica a veces el camino cristiano como muy duro y a veces como muy fácil. Dice: «Toma tu cruz», en otras palabras, es como ir a ser golpeado hasta la muerte en un campo de concentración. Un minuto después dice: «Mi yugo es suave y mi carga es liviana». Expresa las dos cosas...

Lo terrible, lo casi inconcebible, es entregarle a Cristo todo nuestro ser: todos nuestros deseos y precauciones. Pero esto es mucho más fácil de lo que en su lugar estamos tratando de hacer. Porque lo que estamos tratando de hacer es permanecer siendo lo que llamamos «nosotros mismos»; conservar la felicidad como nuestra meta mayor en la vida, y al mismo tiempo ser «buenos» [...] Si lo que queremos es producir trigo hemos de ir más allá de la superficie. El campo se ha de arar y resembrar.[20]

Entrega todo tu ser. Todo tu quebrantado ser. *Entrega.* Porque esto es mucho más fácil que fingir estar completa y no rota.

Tiene lugar una extraña sensación de entrega, de rendir todas las cosas. El corazón hay que quebrarlo, ararlo y resembrarlo si queremos que dé fruto. El cambio debe profundizar más allá de la superficie. Esto es solo el principio. Hay un balde de trigo en la puerta de atrás —el tiempo— y has recibido suficiente para saciar tu alma, todo lo que necesitas. Y, si quieres que tu vida rinda fruto, tienes que rendir el alma. Hay un arado que quebranta tu alma para que crezcas.

Estiro la mano y encuentro la de Hope.

—Feliz día, mamá, feliz cumpleaños —dice. Levanta y balancea mi mano como aquellos niños en el parque. Su sonrisa se parece a la gracia.

—No —dice el Granjero con una mueca, con Shalom columpiándose de su brazo—. Un gran día. El mejor día.

—Los niños en el parque, en la tienda de a dólar, la familia del restaurante... —nos canturrea Shalom recordando el día transcurrido, con todos nuestros muchachos delante regresando a la camioneta—. Ese anciano que estaba detrás de nosotros en la cafetería, esas mamás con sus bebés en los cochecitos, la familia a la que sorprendimos en el supermercado cuando les pagamos todo lo de su carrito, y el señor Bender en el hogar de ancianos, con todas sus canciones.

Malgastamos el día en el amor. Puedes estar pegada a una pantalla o pegada a tu horario o pegada a tus cosas, y puede que en eso haya algo de vida malgastada. Puedes ser una esclava de la necesidad de avanzar, una esclava del reloj, una esclava de la conveniencia, una esclava de algún desatinado sueño americano, y puede que en eso haya mucho de vida malgastada. Quizá incluso en un poco de quebrantamiento, la gracia se mueve en ti para levantarte y para dar a las personas que amas y a las que te están enseñando a amar, para ir al parque y reírte con tus niños, o con todos los niños, para prestarle a una anciana tu mano, tu atención y el obsequio de la presencia; eso es vida abundante.

La vida más grande siempre tiene lugar por medio de la entrega.

Cuando toda esta loca tribu nuestra, los del DOY, está llegando al lugar donde estacionamos, Hope se inclina y reposa su cabeza en mi hombro. Caminamos los últimos metros así, ella y yo. El viento hace que mechones de su pelo me acaricien la mejilla. Se rompe la membrana que separa lo sagrado de lo cotidiano y todo es sagrado en la entrega: la entrega de Dios por medio de todas las cosas, la rendición de todas las cosas a él. Todavía hay luz en el universo y viento en el mundo que se mueve al ritmo que se le da. Todavía hay tiempo para darse.

Cuando lo que sopla del este canta a través del trigo, puede sonar como una respuesta a la oración. Hay una manera de romper el quebrantamiento. ¿Y si dejas que venga en toda su plenitud... que venga?

Qué es incluso mejor que una lista de deseos

Darse uno mismo de una manera cruciforme es la dimensión distintiva de la santidad.

MICHAEL GORMAN

Llevaba semanas con un nivel peligroso de anemia, me sentía como si fuera una hoja de papel mojado y la historia se estaba desmoronando justo en medio, justo donde se supone que la situación tenía que ponerse emocionante.

Tras la ventana del dormitorio, la lluvia cae directa sobre la granja derramándose abiertamente. Otra cita con el doctor en una hora para clavarme una aguja en la vena azulada y sacar sangre, a ver si hay suficiente hierro. Sin sorpresas. Mi sangre carecería del elemento que se necesita para producir hierro. Sigo orando como una loca que la cruz de mi muñeca... que su hierro se filtre tras mi piel, que su fuerza me forme. Cualquier clase de amor que carezca del hierro de la cruz en su interior es un amor anémico.

Guardar tinta en la mesita de noche puede ser una especie de remedio, mi aguja intravenosa que me recuerda el *eucaristeo* cada noche y me inocula un poco de gratitud en la sangre. Y ahora, a repintarme una cruz en la muñeca cada mañana para recordar la *koinonía*, para drenar comunión cruciforme de mi cabeza creyente a mi corazón olvidadizo. Esta cruz es una muestra de mi creencia, de que soy «llamada a la *koinonía* de su hijo, Jesucristo».[1] Esto lo sé. El *eucaristeo* precede al milagro, y el milagro es siempre, siempre, *koinonía*. ¿Pero es que no lo he vivido bastante tiempo todavía?

Lavo mi pálida cara en el espejo del baño. La mujer del espejo es un ciervo con los ojos abiertos sorprendido por los faros de un auto, se le escurre la vida y está desesperada por saber: *¿cómo puedes creer que en ti hay valor de cualquier tipo en la medida suficiente? ¿Cómo puedes creer que hay suficiente de ti como para vivir en entrega, y que se te quiera?*

Los trigales necesitaban esta cortina de agua que suena como si en el piso de arriba tiraran de la cadena o abrieran los grifos. El cielo se desliza por el cristal que hay junto al espejo del cuarto de baño dando la imagen de estar medio roto.

Necesito estas preguntas, necesito que caigan respuestas, para que crezca en mí algo lo suficientemente fuerte como para soportar esta vida rota. Y, si de verdad quiero ser de las de Doy a Otros hoY, si quiero ser el obsequio, ¿no debo creer primero que en mí hay un regalo que pasar a otros? Seguro que creemos en Jesús, lo que pasa es que no siempre creemos en él *obrando en nosotros*.

Me sienta bien el agua fría del lavabo en la cara, bajándome por el cuello. Suena extraño, incluso erróneo, creer que él pueda encontrar ningún valor en mi empañado quebrantamiento. ¿Pero no es cierto que, de alguna manera, él lo encontró? ¿Acaso no creyó que era algo digno de redimir, renovar, resucitar, para convertirlo en más que suficiente, a pesar, y por medio de, mi quebrantamiento? Esa cruz en la muñeca, ¿no era un signo de lo que cree Jesús? ¿No es la cruz una señal de que Cristo cree en nosotros, de que cree que hay que creer en los que están rotos? Algo que no parece creíble.

La lluvia va amainando y parece una concesión, una consolidación de la creencia.

La crema hidratante penetraba con el masaje en mis palmas secas y agrietadas. Me froté en los pliegues resquebrajados de los dorsos de mis manos. Un rabino ortodoxo hasidí había dicho algo en un vuelo hacia el oeste. Se había puesto su manto para las oraciones y se había sentado, apartando las borlas que colgaban de sus bolsillos. Y en algún lugar por encima de las montañas, con las nubes iluminadas por una luz abundante, el rabino se había vuelto hacia mí, a media conversación: «¿Por qué la gente siempre habla de tener una firme creencia en Dios? ¿Quién actúa con la certeza de que la creencia de Dios en ti es incluso más fuerte que la tuya en él?».

Dejé mi taza de café de poliestireno e intenté leer el rostro del rabino. Se inclinó en su asiento y movió la cabeza de manera que pudiera mirarme directamente. «Puedes creer en Dios, pero nunca olvides que es *Dios* el que cree en *ti*».

Miró por la ventana y señaló afuera. «Cada mañana que sale el sol y tú te levantas, eso es Dios diciendo que cree en ti, que cree en la historia que está escribiendo a través de ti. Él cree en *ti* como un regalo que el mundo *necesita*».

Las misericordias de Dios son nuevas cada mañana; no como obligación hacia ti, sino como una forma de reafirmarte.

¿Estaba viviendo mi vida como si creyese plenamente en *eso*?

Asentí despacio e instintivamente estiré el pulgar, observando la cruz desteñida de mi muñeca izquierda. *¡Cristo está en mí, así que Dios no puede sino creer en mí!*

«No acabará de romper la caña quebrada, ni apagará la mecha que apenas arde».[2] Dios hizo que la obra de Jesús fuera «sanar los corazones heridos»[3] y es mayor el deseo de amarnos que hay en Cristo que el quebrantamiento que podamos llegar a sufrir. Si Jesús nos trata con su gracia, ¿por qué habríamos de ser crueles con nosotros mismos? «Las debilidades no nos apartan de la misericordia; más bien hacen que Dios se incline mucho más a nosotros», escribió Richard Sibbes, el pastor anglicano del siglo XVII, haciéndose eco de Salmos 78.39: «Se acordó de que eran simples mortales, un efímero suspiro que jamás regresa».[4]

Soy la quebrantada... y soy la amada. ¿Había en todo el universo palabras con tanto poder sanador? ¿Había algún otro bálsamo con tan eficaz alivio para todo mi quebrantamiento?

En el momento en que Dios dejara de creer en mí tendría que dejar de creer que él es suficiente. *¿Cómo creemos en Jesús de una manera que Jesús crea en nosotros?*

Aquella mañana había sorbido el humeante café por encima de las nubes, bebiendo un poco de lo eterno. Y ahora, esta mañana, con las nubes pesadas, lentas y cargadas de lluvia, solo me bebo esto: la creencia es una rara forma de comunión. Nosotros, en nuestro quebrantamiento, creemos en Dios, *y Dios cree en nosotros por medio de nuestro quebrantamiento.*

Dejo la loción hidratante en la repisa del cuarto de baño. Detrás de mí están las nubes bajas al este, que se reflejan en el espejo. La lluvia es un ritmo que la gracia reafirmante marca en los cristales y que el trigo se bebe. De repente suena el teléfono. Cada mañana, después de llevar a sus niños a toda prisa por los caminos de grava a la escuela, Elle Jae llama para ver cómo estoy. Decido confesar.

—Bueno, aquí estoy, luchando para creer que en mí hay suficiente para tener algo que dar. Intentando recordar.

—Eh, escucha esto —dice Elle Jae mientras se come el desayuno—. La conversación de anoche en el grupo pequeño fue exactamente sobre eso —cuenta, y yo oigo caer un líquido por la línea telefónica como si se estuviera sirviendo una bebida—. Cuando Jesús eligió a sus discípulos, escogió piezas que no encajaban. Fue en los rotos en los que creyó, ¿no es cierto?

Me paso lentamente el peine por los cabellos.

—Cierto.

El extremo de los aleros reflejado en el espejo muestra este goteo constante.

—Pues, ¿recuerdas cómo cuando Pedro salió de la barca quería ser como Jesús, caminar sobre el agua, pero vio las olas y comenzó a hundirse? —pregunta Elle Jae—. Pues escucha: ¿en quién no creyó Pedro?

Me vuelvo hacia la lluvia, que cae, y me hago esa pregunta.

En sí mismo. No lo digo en voz alta, pero es inmediato. Ya entiendo. Pedro seguramente no dudó de Jesús en ese momento de hundirse, de Jesús, que estaba en pie sobre las olas justo delante, de Jesús, en quien creía lo suficiente para gritarle que lo salvara...

—Tal vez de lo que realmente dudó Pedro fue de que Jesús creyera *en él.*

Y así sin más, dejándome inundada con su sabiduría, me emplaza a tener un día maravilloso y cuelga.

Y ahí me quedo, a solas con sus asombrosas palabras que hacen que algo resuene en mí. He recibido una llamada y una ayuda. *¿Puedo creer en Dios, en Jesús, de manera que sepa que Jesús cree en mí?* Quizá no baste con creer en Jesús, a lo mejor tengo que creer que Jesús cree en mí lo suficiente como para escogerme. Si Cristo me ha escogido, ¿puede *no* creer en mí? *¿Puedo yo creer que Jesús cree en mí?*

¿Y qué es lo que sé sobre vivir contando con que él cree en mí? Nada puede separarnos del amor de Dios que está en Cristo Jesús.[5] *¿Y aún dudo?* ¿No era esa cruz en mi muñeca la señal de que Jesús cree incluso en mí? Jesús nos llama a la vida abundante porque sabe que él puede capacitarnos y llenarnos de su Espíritu. Y si él cree en nosotros y en lo que puede ser dado a través de nosotros, ¿cómo puedo yo no creer?

Me vuelvo a la ventana. Agarro mi bolso. Las gotas de lluvia descienden sin miedo por el cristal. Jesús todavía camina sobre el agua. Jesús no calmó solamente una tormenta; él puede calmar todas nuestras tormentas. Jesús proclama gracia al viento, derrama misericordia como lluvia, hace crecer la abundancia a través de la rotura de las cosas como hace con el trigo, y no romperá una caña quebrada ni apagará una mecha que apenas arde. Y viene a nosotros como una señal, una señal de la cruz, una señal de que Dios se inclina a nosotros, cree en nosotros, en el amor, en la redención, en hacer nuevas todas las cosas, en que seamos suficiente porque *él lo es*. Y viene como una luz a través de la lluvia que cae. «Ven, sígueme; ven, creo en ti, *porque he venido a vivir en ti*».

Por los caminos de vuelta a la ciudad, siento la lluvia como la más agradable unción de creencia.

En la oficina del doctor, esperando un análisis de sangre, tomo la revista que hay en el asiento al lado del mío y las páginas se abren en la columna de cierto editor.

La chimenea en el extremo de la sala de espera parpadea como una sonrisa. La señora que tengo delante, con su sombrero menonita, carga a su incansable niño en su regazo, para alejarlo del calor de la chimenea.

«Todos tenemos una». Una lista de deseos. Leo este artículo, con las palabras de Elle Jae sonando todavía en mi cabeza. Según el autor del artículo, una lista de deseos es «una serie de experiencias o logros que uno espera tener o conseguir en el curso de su vida [...] Ya sea que esté anotada o escondida en alguna parte de nuestras mentes esperando el momento adecuado para pasar a ser puesta en negro sobre blanco».[6]

Hago una pausa, me hace gracia la coincidencia. Aquí estoy, poniendo el *eucaristeo* en negro sobre blanco, escribiendo *koinonía* en mi muñeca, intentando dejar una forma de espíritu cruciforme en mí, cosas que me hagan prestar atención, estar presente y hacer presente a Cristo. Y ahora un escritor recomienda anotar las experiencias que podrías realizar para liberarte de tu vida de aburrimiento y pasar a la vida de abundancia y emoción *¿A esto es a lo que se parece el ser suficiente?*

Paso la página de papel cuché. El inquieto niño ha sucumbido al sueño, despatarrado y perfecto en los brazos de su madre. La llama de la chimenea caracolea contra el vidrio, la lluvia se deja oír en el tejado como una visita de cortesía.

Levanto la mirada de la revista. Hay una señora de más edad, de cabello blanco y escaso, peinado con permanente. Está sacudiendo un bolígrafo Bic con sus manos exquisitamente huesudas, intentando que fluya un minúsculo río de tinta. Todo lo que ella necesita es suficiente...

Y está este niño con su camiseta amarilla demasiado corta y descolorida, colgándose del revés de su asiento al final de la fila; le caen los cabellos y su redondo ombligo busca a todo el mundo como el que te pide que lo pulses para la respuesta a la alegría; y, por este extraño y bello instante, recorro la mirada por una sala de extraños gloriosos con audífonos, bastones, bisutería, sombreros menonitas y ombligos, y todas nuestras vidas se entretejen, respirando, rotos y ligados a este ancho mundo y el uno al otro.

Estoy ahí sentada, en una sala de espera llena, y quiero encontrar a ese redactor y decirle: «Mire, muchos de nosotros estamos hartos de la teología de sala de espera. Nos hemos cansado de esperar un cierto momento de un futuro que nunca llega en el que decir que la vida es bastante buena. Nos hemos cansado de esperar una casa suficientemente grande, un progreso suficientemente grande, una experiencia lo suficientemente grande como para creer que por fin hemos llegado a la abundancia de ser y vivir suficientemente».

Podía sentirlo, algo así como el hierro circulando por las venas: estamos cansados de esperar una existencia suficiente, sentados fuera de «la vida real». Estamos hartos de *la vida de sala de espera*. La vida real está sucediendo, y lo está haciendo *ahora mismo*.

¿Y si en vez de esperar que nos pasen cosas suficientemente buenas a nosotros pudiésemos ser la cosa buena que le pasa a algún otro que está esperando? ¿Y si pudiésemos curar nuestra propia adicción a la sala de espera haciendo espacio en nuestra vida para ser el bien que otros están esperando? ¿Y si no se trata de sentarnos en la sala de espera de la vida, aguardando una oportunidad de que algo suficientemente bueno ocurra y lo podamos tachar de la lista de deseos? ¿Y si *la vida abundante* no consiste en lo que tú puedes esperar de la vida, sino en lo que la vida puede esperar de ti?

¿Y si la cuestión en todo esto es sencillamente: cambia tus expectativas de la vida para centrarte en lo que la vida espera de ti, y tu vida cambia?

El Niño-boca-abajo, con la lengua afuera colgando, ahora parece como si jadeara por algo. Doña Esperando-la-tinta, con sus lentes de cadenita, dibuja círculos optimistas en el dorso de un sobre encima de su delgada rodilla. El Pequeño-durmiente tiene los mofletes rojos, la boca abierta y un bendito aliento cálido, envuelto en los seguros y fuertes brazos de su mamá. Quiero alojar entre mis manos todas sus caras gloriosas.

Esto es lo que sé justo entonces: el mundo está desolado y lleno de sufrimiento, y, si prestas tu oído a lo que la vida necesita en vez de a lo que tú necesitas de ella, podrías llenar lo que está roto con tu propio amor destrozado, y este a su vez te llenará a ti. ¿Y si echaras fuera el temor?

Doña Esperando-la-tinta se ilumina radiante cuando me inclino hacia ella y le doy el bolígrafo que he encontrado en mi bolso.

Hay una cosecha de lluvia en la ventana que se parece a la gracia al derramarse.

El artículo sigue con lo suyo: «Aunque he tenido la gran fortuna de tachar varios puntos de mi lista de deseos, muchos siguen pendientes: recorrer Venecia en góndola; practicar heli-esquí en las Rocosas canadienses; escalar las montañas de Salzburgo, Austria; navegar en kayak por las aguas que delimitan Minnesota; visitar el Coliseo de Roma. Como pueden ver, la lista es larga y ambiciosa, y no deja de crecer».

¿Ambiciosa? Hay un cubo de lata lleno de trigo en el escalón de atrás que está suplicando conmigo morir y crecer hasta

LOS BALDES VACÍOS, VERTIDOS,

SON EN REALIDAD

LOS QUE ESTÁN MÁS LLENOS.

multiplicarse por cien. Si te pasas la vida esforzándote por tener más, ¿no es esa la manera de acabar teniendo menos?

¿Quién necesita más cuando él ya nos hizo con lo suficiente?

¿Por qué crece la lista de lo que quiero tener y no la lista de lo que puedo dar? ¿Por qué no dejar que el corazón se engrandezca con un amor lo bastante grande como para romper tu corazón y entregar los pedazos de ti? ¿La «vida real» sucede solamente cuando consigues algún viaje reconfortante y un vuelo barato? ¿La «vida real» no se da más bien cuando eliges ser pan para el hambriento, sea de la clase que sea? ¿Y no será esta la manera en que tu alma se alimente de veras al fin y al cabo?

Tengo que levantarme, apoyo la cabeza contra la ventana, le hago cosquillas a ese niño en su panza descubierta, me agacho y le digo a la señora que su mirada está llena de luz, y le pregunto de dónde viene su ánimo y cuál es el gozo que tiene ante sus ojos. ¿Cómo es que estar presente a la presencia de ellos me ata y me desata al mismo tiempo? ¿Era ese el desafío a correr, no huir a alguna otra parte en la que encontrar lo suficiente, sino ser como los cuervos de Elías, llevándole el pan a la gente, creyendo que podrías llevar lo suficiente, llevarlo a él, llevar a Dios? Representando su entrega, solo cinco minutos para el Dar a Otros hoY, para *ser lo que se da*. ¿Quién no tiene cinco minutos para ser un obsequio? ¿Y si hacer eso te proporcionara el obsequio que has estado anhelando para ti mismo?

Paso la mano por el papel cuché de la revista, trato de alisar toda esa idea retorcida. La parte inferior del cielo roza con sus nubes bajas y oscuras el horizonte y las copas de los árboles. La lluvia cae ahora con fuerza contra la ventana.

«¿Adónde quieres ir?», pregunta el columnista. Y yo siento este abrumador deseo de escarbar en busca de otro bolígrafo para tratar de ponerlo en claro. ¿En última instancia? La alegría consiste no en las experiencias en sí, sino en exaltar a Cristo, en gastarlo todo por Cristo.

«¿Qué quieres ver y, lo más importante, con quién? ¡Pues hazlo! Imagina una manera de hacer que suceda y dentro de veinte años no te sentirás decepcionado. Mientras tenemos la oportunidad de tachar puntos de la lista, no solo recibimos fantásticas historias que compartir, sino que también ganamos recuerdos que durarán toda la vida».

¿Esa es la gran cuestión acerca de lo que es una vida abundante, tener historias que compartir? ¿El derecho a presumir de una aparente vida de abundancia? No, es como el hierro en las venas. Antes de que, en un abrir y cerrar de ojos, tu vida ya no sea más que una voluta de humo, un recuerdo, neblina, algo pasado, has de saber esto: *estás donde estás durante este tiempo no para causar una impresión, sino para marcar una diferencia.* No estamos aquí para ponernos unos por delante de otros, sino para ayudarnos unos a otros a ir adelante.

Podrías seguir leyendo, aceptar lo que dice el editor e imaginarte cómo hacer una lista exótica de deseos. Y dentro de veinte años puede que te levantaras con unas cuantas arrugas más y con esa desagradable sensación de que te creíste una mentira. Porque en más de un par de ocasiones habías chocado contra esta verdad: ningún cambio en las circunstancias puede cambiar tu vida como sí pueden cambiarla el significado y el propósito. Ningún lugar puede darte vida abundante como sí puede hacerlo tener un propósito. Nada puede hacerlo como el propósito, el significado y la conexión.

Tenía un profesor de filosofía que dijo una vez que puede que Freud pensara que todo en la vida gira en torno al placer, y que Adler pensara que todo en la vida gira en torno al poder, pero ha habido santos que han pasado por el fuego y pueden dar testimonio de lo siguiente: la vida tiene que ver con propósito, pasión y significado. En el centro de nuestro ser, necesitamos tanto significado como pertenencia para creer que somos lo suficiente como para formar parte de lo que importa en realidad. *Él cree en mí.* ¿Y si la vida que sacia en lo profundo se encontrara en la entrega llena de *sacrificio* —dedicándonos a algo que tenga *significado*— por medio del *espíritu*?

Cae la lluvia sobre los viejos árboles de arce que se extienden en fila por la calle.

Viktor Frankl, el superviviente de Auschwitz y autor de *El hombre en busca de sentido*, dice que el sentido, el significado, llega cuando uno hace alguna cosa que «apunta, o se dirige a algo o alguien aparte de uno mismo [...] mediante la entrega personal a una causa a la que servir o a otra persona a la que amar».[7] Tal vez sea así como te deshaces de todo lo que hace que una vida pierda su dirección y su valor y se extravíe: *trascendiendo esta vida mediante la entrega de uno mismo por otro.*

Experimentar todo lo que el mundo da no cumplirá tu lista de deseos de la misma manera que experimentar *la entrega personal* y encontrar el sentido que llenará tu alma.

Las reconfortantes lluvias llegan entregando vida, y la gracia común sigue cayendo sin mirar dónde.

Toda alma desea más que una experiencia poderosa. Desea experimentar una conexión poderosa. Más que quedarse en el temor reverencial, lo que el alma busca es intimidad con el Otro. Más que un profundo asombro, lo que deseamos es una profunda conexión. La comunión, la *koinonía*, es el milagro. Más que ver y experimentar algo hermoso, deseamos ser totalmente vistos y experimentados por Alguien. Más que conocer íntimamente maravillas, deseamos conocer la maravilla de ser íntimamente conocidos.

Me pregunto si es este el lenguaje de la lluvia que cae sobre los lugares rotos. ¿Y si vivir la vida abundante no consiste en tener mejores historias que compartir, sino en vivir una historia que haga que los demás vivan mejor? ¿Y si el objetivo no es experimentar más del mundo, sino que más del mundo experimente *más*?

El cielo tamborilea sobre las hojas por toda la calle.

¿No es así como Dios creó el cosmos: con la entrega en el centro y la generosidad como este sendero quebrantado a la abundancia? Míranos en esta sala de espera. Míranos deambulando con estas listas de deseos por un planeta que da vueltas, desesperados por llenarnos de significado, *cuando el significado viene de vaciarnos a nosotros mismos*.

Aquel rabino hasidí que volaba hacia el oeste había tomado una botella de agua llena de mi bandeja. «¿Sabe hasta qué punto todos queremos más?». Agarró la botella llena a rebosar y me la puso delante. «Mire esto. Uno no puede tener más a menos que la vierta. Solo puedes recibir más en la medida en que te viertes». Entonces inclinó la botella de agua sobre mi taza de café vacía; miré el agua caer, me sentí vencida y me pareció que eso era perfecto. Cuando te llenan a rebosar con la suficiencia de Cristo, la única forma de que puedas llegar a tener más es vertiéndote. El único camino a más vida es derramarte más.

Había mirado al rabino con mi sonrisa parpadeante. *Dios cree en mí. Cristo en mí me hace suficiente. Tengo más y me convierto en más cuanto más me derramo.*

Miro por la sala de espera, el cielo se vierte en lluvia sobre todos nosotros. La vida abundante no tiene tanto una lista de deseos, sino más bien un balde vacío: *la entrega de derramarse*.

Esa cruz en la muñeca donde solía autoinfligirme dolor, esa cruz sigue implacablemente suturando toda mi herida.

Y puede ser que cure el mundo con este camino de vulnerabilidad y quebrantamiento:

> La actitud de ustedes debe ser como la de Cristo Jesús, quien [...] se rebajó voluntariamente [sin renunciar ni menoscabar su divinidad, sino solo cediendo en la expresión externa de la igualdad con Dios y su legítima dignidad], tomando la naturaleza de siervo y [...] se humilló a sí mismo [aún más] y se hizo obediente [al Padre] hasta la muerte, ¡y muerte de cruz![8]

Estamos ante un profundo misterio: *Dios llegó a vaciarse de Dios.*

Cuando Dios se puso bajo nuestra piel, cuando giraba diminuto en la matriz y mil millones de células se partían y crecían dando cuerpo al Dios-hecho-carne, se vació a sí mismo. Ese vaciarse, su *kenosis*, fue una gloriosa renuncia a sí mismo por parte de Jesús, movido por el interés de los demás, «se rebajó voluntariamente, tomando la naturaleza de siervo y haciéndose semejante a los seres humanos». Se despojó de su propia voluntad y se ofreció a la sola voluntad de su Padre, únicamente en ella hay abundancia. Su «rebaja voluntaria» no dejaba ver su propia divinidad, pero se convirtió en la ventana por medio de la cual vimos la majestad divina.

Al fondo de la sala de espera, una madre acurruca a su bebé contra su pecho y puedo oírlo tragar, amamantándose: es la entrega de una mujer para que un niño viva.

Somos más como Cristo cuando nos vaciamos. Vaciándonos más como una cruz. La cruciformidad es la forma de Dios. La manera de ser más como Cristo es conformándonos a la *cruciformidad.*

El cielo se rasga de arriba abajo con una cortina de lluvia, como si acabaran de romper el código del mundo.

—Parece que hoy llevan un poco de retraso —dice la señora que tiene mi bolígrafo, señalando con la cabeza a las enfermeras que cruzan las puertas aprisa—. ¿Usted también viene a ver al doctor Reid? —susurra con voz rasgada.

—Solo para hacerme un análisis de sangre —digo, devolviéndole la sonrisa, me inclino para dejar la revista en la mesa que nos separa.

—Yo para un chequeo —cuenta. Le pone la capucha al bolígrafo y sus ojos se tiñen de una luz gris al mirar hacia mí—. Cáncer.

Hago un gesto con la cabeza, con la esperanza de que mis ojos comuniquen el dolor que hay en mi corazón.

—¿Sabe una cosa? La última vez que estuve aquí, el doctor Reid dijo que, en el cuerpo humano, las células que solo funcionan para beneficio propio son las que llamamos cancerígenas.

Es como si la sala de espera al completo hubiera entrado en un silencio absoluto.

—Pienso mucho en eso: «Las células que solo funcionan para beneficio propio son las que llamamos cancerígenas» —dice, y da una palmadita en su bolso—. Gracias de nuevo por el bolígrafo, querida.

Trago saliva y no sé cómo reaccionar. No puedo oír más que el sonido de sus palabras.

¿Cómo es que nunca supe que el cáncer consiste en células que solo se preocupan de sí mismas? *El cáncer es aquello que se niega a morir al yo.*

La sala de espera se ha cargado con el aroma de un viejo perfume, con nosotras muriendo y tratando de vivir, y me pregunto si no habrá una manera de vivir mejor que la de portar un balde que llenar: vivir para algo por lo que valga la pena morir. Que el amor irrumpa dentro de ti, se entrometa en tu vida, te relaje y te haga reír y llorar y dar, y que te duela, porque ese es el único camino a una vida de verdad. Tengas o no una lista de deseos, no malgastes ni un minuto de tu vida en nada que sea menos. No desperdicies ni un segundo en nada que esté por debajo de lo que perdura toda la eternidad.

Conocí una vez a un predicador doctorado que perdió a su madre cuando tenía solamente dos años. Tenía cuatro hermanos, eran cinco niños pobres en Kansas. Ella le había tomado la mano y le había susurrado sus últimas palabras: «Asegúrate de que siempre tengan delante la eternidad».

Nada de listas de deseos. Apenas esas pocas palabras. *Asegúrate de que siempre tengan delante la eternidad.* Piensa en la eternidad y vive partiendo de eso. Es posible que lo que realmente importe de todo sea vivir partiendo de ese momento ineludible de tu futuro:

> Entonces dirá el Rey a los que estén a su derecha: «Vengan ustedes, a quienes mi Padre ha bendecido [...] Porque tuve hambre, y ustedes me dieron de comer; tuve sed, y me dieron de beber; fui forastero, y me dieron alojamiento; necesité ropa, y me vistieron; estuve enfermo, y me atendieron; estuve en la cárcel, y me visitaron» [...]
>
> Ellos también le contestarán: «Señor, ¿cuándo te vimos hambriento o sediento, o como forastero, o necesitado de ropa, o enfermo, o en la cárcel, y no te ayudamos?» Él les responderá: «Les aseguro que todo lo que no hicieron por el más pequeño de mis hermanos, tampoco lo hicieron por mí».[9]

¿Te recuerda algo? Jesús no preguntará por las listas de deseos. Dar un vaso de agua fresca en el nombre de Jesús puede ser a la larga más satisfactorio que cumplir con tu lista.

El niño de la panza al aire salta en la silla acolchada marrón. La señora mayor, permeando con su lápiz rojo sus finos labios arrugados, se ríe entre dientes por el jaleo que arma. La chimenea de gas está encendida y siento este extraño nuevo ardor en mis entrañas. Más que una lista de deseos de ver mundo, podrías vivir una lista de deseos que está vacía por haberlo gastado todo para el mundo. *¿Dónde está la gente lista para hacer cosas santas y difíciles?*

¿Nunca antes lo había entendido así? *Cuando no te preocupas por otros, no te preocupas por ti. Cuando ayudas a otros a tener una vida mejor, es tu vida la que mejora.*

Eso es lo que siento en mis entrañas: *la fe es una gloriosa experiencia de muerte.* La fe es una gloriosa experiencia de muerte: muerte a la ley, muerte a la carne, muerte a lo que te deslumbra del mundo.[10] La justificación por fe es en última instancia una co-crucifixión diaria que resulta vivificadora.[11] La cruz dibujada en mi muñeca me está llevando a algo, a una experiencia sagrada que mi alma anhela.

Me llaman.

La enfermera me llama. Presento el brazo en la mesa. Ahí está la cruz dibujada en la dispuesta, entregada, muñeca. La enfermera extrae sangre. Puedo sentir cómo sale. Toda la vida en esta entrega.

Llueve por todo el camino de vuelta a casa, el cielo vertido sobre el trigo seco.

Después de cenar veo la reposición de las noticias: imágenes de una tormenta tropical que golpea con fuerza en Haití. La lluvia cae sobre un delgado muchacho haitiano que corre asustado, con ojos de espanto, buscando desesperado un refugio para una tormenta que se desencadena con violencia.

En el vídeo de las noticias, el niño descamisado agarra un balde en la esquina de una herrumbrosa chabola de latón y corre con ese cubo vacío sobre su cabeza. Ese balde vacío le sirve de tejado.

Y yo parada, parada como por un golpe, por una campanada. Y en mi teléfono parpadea una nota. Es de Elizabeth, mi amiga, la que está enfrascada en una guerra a muerte con el cáncer.

La semana anterior le había dado a Elizabeth un cubito rojo de *brownies*. Le había dado sus *brownies* y una cesta de comida para un banquete de pasta —pan, queso, salsas, pasta y especias, y uvas esparcidas por la bandeja—, porque, cuando te estás matando en tu lucha con todo lo que tienes contra un carcinoma en fase 4, con cinco niños en casa, uno con ortopedia en la pierna, en una silla de ruedas y con oxígeno, y el menor con síndrome de Down, puede que haga falta que alguien aparezca y te traiga la cena.

¿Sabes lo que tengo que hacer? Tengo que enviarte mañana una foto con George y su balde. Leo despacio el mensaje de Elizabeth. ¿Te acuerdas de los *brownies* que nos trajiste? Venían en un cubito rojo. Ahora es el balde rojo de George.

¿Por qué a veces parece como si todo en el universo estuviera en colisión en alguna especie de supernova o serendipia?

Tengo que contártelo, George está absolutamente encantado con la tapa y la manija del cubo, y mete dentro todo lo que encuentra, y después lo vuelca. George tiene cinco años de edad. Es su pequeño George con síndrome de Down; a Elizabeth le angustia que se olvide de ella.

En lo que más pienso es en eso —se despliegan las palabras

de Elizabeth por la pantalla—, en la alegría del cubito y de ver a George llevarlo por todas partes, llenarlo con lo que encuentra para luego vaciarlo. Y puedes estar segura de que a los siete nos encantaron los *brownies*.

Asiento y noto cómo todas sus palabras se enturbian por mis lágrimas. Yo le di algo a ella, decidí ser de #YoDOY y puedo ver la sonrisa de Elizabeth, con su cabeza brillando sin cabello, y a George con su balde rojo, como una erupción celestial en la oscuridad de ella, recogiendo lo que sea que encuentra, y encontrando exactamente más que suficiente. Y luego va vertiendo esa gloria cotidiana. Y lo único en que puedo pensar, lo que todo en el universo parece estar diciendo, es lo que le envío en mi mensaje de texto: Por lo que parece, el cubo tiene más sentido vacío que lleno.

Ella contesta: Esa es la cuestión. ¿Quién necesita un balde lleno de deseos? Los cubos vacíos, derramados, son en realidad los que están más llenos.

¿Sabe ella que justo estaba yo sentada en una sala de espera y había leído ese artículo que me había enervado tanto? ¿Sabe que mi corazón está golpeándose contra estas paredes y ahogándose en este extraño gozo doloroso?

Aún tiene más que decir. ¿Sabes qué? No voy a morirme hasta que haya entregado todo lo que hay en mi cubo. Todo el amor, todas las gracias, todas las historias secretas de felicidad. ¿Me oyes? Mi cubo va a quedarse VACÍO.

El sentido de la existencia es la entrega. Pregúntale a Cristo.

El teléfono vibra con las últimas palabras de Elizabeth, que caen como una bendición con el cielo entregado:

Cae, cae la lluvia…

Siete

El amor es un techo para todo nuestro quebrantamiento

Nuestra nostalgia de toda una vida, nuestro anhelo de volver a unirnos con algo del universo de lo cual ahora nos sentimos separados [...] es [...] el más verdadero índice de nuestra situación real.

C. S. LEWIS

Cuando el Granjero viene del campo después de las once, acumula en su camisa mugrienta unas cuantas libras de suciedad. Me pregunto si percibe todo el abrasivo mundo que reposa sobre sus hombros.

Me encuentra en la mecedora, frente a la ventana y con una lamparita encendida. Hay un libro en mi regazo. Él no tiene palabras. Antes de que yo pueda encontrar las mías, antes de que pueda decir nada, antes de verlo venir, el hombre, cansado, se arrodilla en el piso. Toma en sus manos mis pies desnudos y comienza a masajear con esos lentos círculos toda mi fatiga.

Despacio, dibuja con sus dedos círculos en la planta de mi pie, echando con su presión el día, eliminando con sus manos surcadas como la tierra aquello que duele. Me mira. ¿Por qué quiero apartarme, retirar el pie?

¿Por qué es tan difícil recibir? ¿Por qué es tan difícil creer que alguien cree en ti? ¿Por qué puede ser más fácil derramarte que dejar que te amen? ¿De qué diantres tengo miedo? Él frota ligera y suavemente mis empeines cansados, muy despacio, luego haciendo círculos con presión, con intensidad.

Y yo simplemente trato de respirar. Permitirte ser amada implica una terrible vulnerabilidad y entrega. Permitirte ser amada es tu propia forma de entrega. Permitirte ser amada te entrega a la misericordia de otro y te quedas simplemente con la confianza de que seguirá amándote, de que te querrán de la manera que quieres que te quieran, que no romperán el corazón que has entregado.

No sé qué decir. Quiero distraerlo de su amor por mí, quiero preguntarle por el trigo, la humedad y la paja, por el contenedor lleno de maíz y la previsión del tiempo, si se acercan más lluvias de la región de los lagos.

Me guiña un ojo, silencia mi angustia en aumento con su tacto apacible, remediando con sus manos el dolor de mis plantas. Un día puede espirar completamente bajo el toque de otro. Y permitir que alguien te ame implica romper los muros de tu autosuficiencia y quedarte menesterosa y con las manos abiertas para recibir. Permitirte recibir amor implica confiar en que recibirás amor siendo una vulnerable necesitada; implica creer que eres digna de ser amada. ¿Por qué eso puede llegar a ser tan angustiosamente difícil?

¿Acaso dar amor no es en ocasiones infinitamente más fácil que recibirlo? ¿Es que la amnesia crónica del alma me hace olvidar que, si él cree en mí, soy suficiente, porque él lo es? Lo que siento es que no merezco un amor como este; y es que no lo merezco. Es un obsequio, y en la pura entrega hay pura comunión. Esta mañana le he gritado a uno de los niños.

Él necesitaba dar un paseo por la ciudad, y yo he resoplado con fuerza y he dicho que hoy *no*. No leí en voz alta anoche, y una niña se fue a la cama un poco rota.

Sé que él puede sentir, sin necesidad de palabras, los pesares que se anudan muy dentro de mí.

¿Por qué te da miedo que alguien te ame?

El Granjero está de rodillas delante de mí, tomando mis pies sucios con sus curtidas manos. Existe una clase de entrega mutua necesaria para la comunión, la decisión que se toma para recibir el derramamiento que yo antes no entendía. Él rodea mis pies descalzos. En todas partes puede haber una disposición a entregarse. En todas partes puede existir la posibilidad de una comunión vulnerable. *La* koinonía *es siempre, siempre, el milagro.*

Se parece a Jesús de rodillas ante una mujer sorprendida en adulterio, y la manera como Jesús trató las críticas cae despacio como una gracia: perturbó del todo a los que estaban bien situados y consoló poderosamente a quien estaba en peor situación. La mujer arrastrada por los fariseos recibió lo que necesitaba desesperadamente. Ante todos los dedos que la señalaban, Jesús vio a la persona herida y reescribió su destino: «Eres culpable, pero no estás condenada. Estás en ruinas, pero alguien cree en ti. Estás rota, pero alguien te ama».

Sea lo que sea en lo que has sido sorprendida, yo te libero. Sea lo que sea de lo que te acusan, yo te perdono. Sea lo que sea por lo que te juzgan, yo te eximo. Sean cuales sean tus cadenas, yo las rompo. He convertido en belleza y abundancia todo pecado, vergüenza, culpa y carencia.

¿Quién se cree un amor así? En medio del juicio, Jesús garantiza la mejor sentencia: eres culpable, pero no estás condenada. No hay condenación ni por fallarle a todo el mundo

DIGAN

LO QUE DIGAN,

LO QUE TODOS PREGUNTAN ES:

«¿PUEDES AMARME?».

ni por no hacerlo todo ni por echarlo todo a perder cada día. *¿Quién se cree una liberación como esa?*

Tú eres mía y yo soy tuyo, todo lo que tengo es tuyo y todo lo que tú tienes es mío. Te tomo como esposa para el misterio de la perfección total, y cargo con todo tu quebrantamiento para alejar de ti toda desesperación.

Puedo sentirlo a lo largo del contacto en mis heridas, como una luz que entra: Jesús no es simplemente útil; *él es hermoso por excelencia.* Cuando veo a Jesús meramente como útil, tengo la tentación de desear que mueva mi mundo. Cuando veo que él es hermoso, es el corazón el que se mueve, y eso comienza a cambiar mi mundo. Cuando Jesús es solamente útil, es un artilugio o una píldora para mejorar la vida. Pero, cuando veo a Jesús como verdaderamente hermoso, él es un gozo que nos hace *vivir mejor... amar mejor.*

Esta noche, en este hombre, Jesús se ve sencillamente hermoso.

Y está haciendo que germine algo en mí: la gracia de un amor como este. Una gracia que va a crecer, como siempre hace.

Me cubre el talón con la mano y me levanta el pie. La gracia que cubre tus pecados es siempre gracia suficiente para hacerte crecer hacia la transformación. Extiendo la mano, toco su mejilla. Gracia entregada... gracia rendida y recibida. No es algo sin importancia, es lo más poderoso: el mismísimo poder de Dios, algo que nunca se debe subestimar. La gracia no *niega* la trasformación, sino que siempre la *inicia.*

El maravilloso orden del cristianismo no es «ve y no peques más, que entonces Jesús no te condenará»; el orden de Cristo y del cristianismo es: «Tampoco yo te condeno. Ahora vete, y no vuelvas a pecar». Esta gracia lo reordena todo según su estilo de bondad radical. Así como Dios no entregó sus mandamientos y después miró a ver si el pueblo era digno de ser liberado del cautiverio, Jesús nos libera con su amor y luego conquista nuestros corazones con su nuevo orden. Es la experiencia de sentir cada día el contacto de su disposición a salvarnos primero lo que nos mueve cada día a partirnos y darnos. Es su amor hermoso e implacable el que hace que sean implacablemente hermosas nuestras vidas, no nuestros esfuerzos por estar a la altura o por seguir los mandamientos.

Las fieles manos del Granjero trabajan el arco del pie y apenas puedo respirar. Parece incomprensible: Dios da gracia y aceptación *antes* de que rompamos nuestro pecado.[1] Porque son su gracia y aceptación las que te permiten romper el pecado. No tienes que vencer tu quebrantamiento para reivindicar el amor de Dios. *Su amor ya ha vencido a tu quebrantamiento y te ha reivindicado.*

En alguna parte entre mis pulmones y mi caja torácica se despliega la comprensión de algo. Su declaración de «NO TE CONDENO» es la semilla de toda transformación. Los hábitos de autocondena únicamente pueden cambiar cuando los llevamos a la cruz de Jesús, no a la corte del juicio. Ve primero a la cruz y oye el «no te condeno»; luego ve al espejo y contempla la profunda transformación. Siempre hay más gracia en Cristo que culpa en nosotros.

El tacto de las manos de mi marido en mis pies es una metáfora de esa tierna liberación. Hay una gracia que es lo bastante fuerte como para cubrir las cosas que desearía no haber hecho, y las buenas cosas que desearía haber hecho. Sobre todas esas cosas sin hacer puede caer el peso de condena más abrumador.

Su masaje sigue repasando una y otra vez la planta del pie. *Si pude dejarle a él que me amara, también podría dejar a Jesús que me amara. Podría recibir el hecho de que vertió todo su ser... incluso por mí.*

Quiero mirarlo a los ojos y decirle lo que estoy descubriendo de esta manera lenta e indirecta: todo el mundo se pregunta siempre una sola cosa: *¿me amarás?*

Pero no digo nada. Ni él. Decimos lo que siempre decimos sin decir palabra. Nos sentamos en la casa a oscuras, en un anillo de la luz que llega de una lámpara. *¿Pueden soportar ser amados los que se sienten imposibles de amar?*

Me mira y sonríe. Yo cierro los ojos, soportando apenas la ternura.

¿Pero no es así como es el amor? ¿El amor todo lo *soporta*?[2] «Soportar», *stego* en griego. En su etimología alude literalmente a un techo de paja. El amor es un techo.

El amor todo lo soporta, como un techo soporta el viento y la lluvia, como un techo soporta la carga del azote de las tormentas o de un calor brutal. Como un balde vaciado que podría convertirse en un techo sobre tu cabeza para contener las tormentas, que se entrega como un recipiente para llevar las cargas de los otros.

El amor real es un techo. El amor real te convierte en un refugio. El amor real te convierte en un lugar seguro. El amor real te pone a salvo. *Stego*.

Si puedo aprender a recibir, ¿puedo llegar a ser el amor que se parte, que se vierte y se convierte en techo sobre otra persona? *Stego*. Digan lo que digan, lo que están preguntando es: «¿Puedes amarme?».

Me atrevo a devolverle la mirada. Sigue con sus ojos puestos en mí. *Permítele derramarse. Permítete recibir.* No tengas miedo de esta clase de comunión. *Stego*, pasa adentro, ponte a salvo.

Abraza mi talón con sus manos, con un masaje lento, apretando, haciendo un refugio seguro sobre mí.

—Tienes que estar cansado —susurro apenas, no quiero ser más carga para él, intento apartar el pie, pero no quiero apartarme de él. Deja que llegue el amor, sé lo bastante vulnerable como para dejar que el amor de corazón roto llegue, y déjalo llenar tu quebrantamiento.

—No —sonríe él—. No estoy cansado... Ya no.

El momento de la entrega, de derramarse —de convertirse en un techo— es como esto.

Libre de todo peso.

Llega la noche, él yace con sus brazos alrededor de esta blanda cintura, calentándome la nuca con su respiración. Y el pensamiento llega como el resplandor de un relámpago mudo tras las nubes: cualquiera puede dedicar unas monedas a comprar flores, bisutería, una caja de bombones. Pero eso no es amor. El amor no consiste en cuánto dinero se quiere gastar alguien en ti, sino en cuánta vida está dispuesto a dar para ti. El Granjero reposa junto a mí en la oscuridad. Su mano descansa frente a la mía, la que tiene una cruz negra garabateada en la muñeca.

Después de escurrir el agua de la tina esta noche, había visto estos anillos. Las alianzas son hermosas con toda la arenilla. Él había dejado detrás su sacrificio, la suciedad con la que había trabajado en los campos.

Había estirado el brazo para alcanzar un paño con el que limpiar la capa de suciedad. Entonces la vi en mi muñeca: la cruz negra que me había pintado para recordar esas cuatro palabras: haz presente a Cristo. *Hagan esto en memoria de mí, continuadamente. En re-membranza de mí, re-membranza del mundo, re-membranza de ustedes al partirse y darse.*

Es extraño cómo puedes hacer memoria de algo cuando no te lo esperas, cómo restregar la suciedad puede parecerse a un sacrificio, a presentar una ofrenda: a *presentarse*.

El estropajo se mueve en círculos, más y más círculos. Ya he estado aquí antes, y la vida va en círculos, y yo voy a sacarle brillo hasta que sea la perla de gran precio. Me había preguntado por qué tenemos vidas que consisten en listas de tareas. Voy a deshacerme de esas lamentables listas, voy a hacer bolas de papel con ellas y las voy a arrojar al fuego. La suciedad va desapareciendo de la tina y ya se puede ver la claridad restaurada: *las listas de quehaceres pueden convertirse en listas de «queamares»*.

La loza parece ridículamente sagrada, como si fuera un espacio donde amarle. Como si todos los lenguajes del amor se hablaran en el dialecto del tiempo. Tiempo para servir, tiempo para tocar, tiempo para dar.

Había levantado la vista al reloj. Para eso está el tiempo. Las agujas del reloj nunca cesan de moverse para reclamar mi atención, ese tiempo y mis propias manos no tienen otra razón de ser que el amor, y no las agendas, programas ni listas de quehaceres. Haz siempre presente al Cristo que está siempre presente. Las manecillas del reloj no dejan de señalar esto: la mejor utilización de tus manos es siempre con el amor. La mejor manera de decir que amas siempre es con el tiempo. El mejor momento para amar es siempre ahora.

Si practicas el quebrantamiento y la entrega, ya tenemos aquí un pedazo del reino.

Había limpiado la tina despacio, prestando atención a lo que realmente es todo esto: el toque en el hombro, la nota sorpresa que no te esperas, la llamada de teléfono que llega con regularidad, la taza caliente que te traen sin interrumpirte. Sobre este arte de partirse y darse, de ser el obsequio, había leído que, al parecer, estimula los nervios que van del bulbo raquídeo al abdomen. Estos obsequios de amabilidad pueden estimular el nervio vago, que literalmente *calienta el corazón.*

Los obsequios de amor que das, literalmente, calientan, *reavivan* tu corazón.

Y si... no debes tener miedo de la necesidad, de hablar de tu quebrantamiento inconfesado, de sentirte como si fueras una carga: el amor real es un techo.

Pasa y entra en calor con los corazones que han entrado en calor.

La luz de la luna nueva salpica la pared, ilumina una foto enmarcada del día de nuestra boda, que celebramos en el granero, porque ese día había llovido. Necesitábamos un techo. Nunca he dejado de estar necesitada.

El Granjero había firmado hoy un cheque para la energía hidráulica, el veterinario, el teléfono, rellenándolo con garabatos de tinta azul de un Bic. Lo vi firmar, buscar un sello. No dije nada, con mis brazos cargados de ropa recién lavada para tender: *jeans* gastados y fieles camisas a cuadros.

Después de que el sol la secara junto a los fresnos, después de colocarme la cesta de mimbre de la abuela Nelly en la cintura para ir a descolgar su tibia ropa de la cuerda, lo encontré encaramado en una escalera de aluminio en la esquina de la casa, con un cinturón de herramientas puesto, trabajando en un alero del tejado.

—¿Qué estás haciendo ahora?

Es así como se cubre de su trabajo, su suciedad, como si hubiera brotado de la tierra, con sus *jeans* luciendo como si se hubiera peleado por el suelo. Él ni siquiera mira abajo desde la escalera. Oigo la sonrisa en sus palabras:

—Quererte.

Una palabra y había detenido mi corazón: *quererte*. Toda lista de quehaceres puede ser una lista de «queamares».

Me quedé allí mirándolo en lo alto de esa escalera y de repente lo que quería ya no era una lista de deseos vacía, sino una lista de «queamares» para todo esto. Con «esto» podría referirme a nosotros. El viento podría estar en nuestro cabello de la misma manera, el cielo abrirse con esperanza sobre nosotros, las pruebas no ser sino piedras en el camino, y todas las piedras no ser sino peldaños para elevarnos y profundizar en Dios. Podríamos llenarnos con el alimento del consuelo de la Palabra, no del mundo, sumergidos en el partido-y-entregado de una comunión vulnerable, y el Amor en Persona nos convertiría en amor, nos derramaría y haría de nuestros corazones un techo que amortiguara las tormentas que azotan a otros. *Stego*... podríamos ser un techo, un lugar seguro. La nuestra podría ser una vocación de conversiones: cada enemigo, convertido en un estimado huésped; cada rostro que encontráramos, convertido en el rostro de Cristo; todo esto, toda esta vida, convertida en la cruciformidad de Cristo. Podríamos ser baldes derramados y triturarnos para ser pan que alimente al desolado; y podríamos morir a todas las escaleras y no ir más arriba, solo más abajo, donde están los solos, los últimos, los anhelantes, los perdidos. Justo esa sería nuestra canción de amor.

Él me mira desde arriba, en la escalera, mira hacia abajo desde el alero del tejado. Esa barba de cuatro días dibuja una mueca que expresa aquello que únicamente puedes sentir allí donde se encuentran las cámaras del corazón. Sí, están todos esos momentos de grandes pancartas, medios y redes sociales, rodaje de cámaras con una imaginaria banda sonora llevando a un crescendo atronador, ocasiones en las que creemos que podríamos derramar nuestras vidas, lanzarnos desde un avión, ponernos delante de un tren, no mostrar la más mínima moderación y hacer frente al aullido del huracán para rescatar el amor, para salvar nuestro amor. Pero el amor real no siempre tiene ese aspecto tan heroico, eso es más de Hollywood. El amor real es más como un salvador que se sacrifica. Esa es la santa verdad. Los románticos reales saben que las estrías son marcas de belleza y que mujeres con formas diferentes encajan en almas de hombres con formas diferentes, y que el romance real es en realidad *sacrificio*.

Dios es amor. Y, puesto que Dios es amor, es él quien lo define: «En esto conocemos lo que es el amor: en que Jesucristo entregó su vida por nosotros. Así también nosotros debemos entregar la vida por nuestros hermanos».[3]

El amor no es siempre estar de acuerdo con alguien, pero sí es siempre sacrificarse por alguien.

El amor solo tiene lógica, solo tiene sentido, cuando asume la forma de la cruz.

Haces algo grande con tu vida cuando haces todas las pequeñas cosas con el gran amor de Dios.

Esa cruz de tinta negra, la que se dibuja a diario en mi muñeca, puede que me raje como una tierna cirugía, me rompa y me recomponga, me reforme para ser cruciforme. Parecía todo embarazosamente pequeño, cómo terminé la misión diaria de ser yo el obsequio: con cumplidos a un niño inseguro, limpiando suciedad, preparándole la cama a un hombre cansado, garabateando una nota de amor en un espejo empañado y salpicado.

¿Por qué no apareció mucho tiempo atrás nadie con traje y chaleco para decirme que esos pequeños actos de amor intencionado accionan realmente en el cerebro las redes receptoras de oxitocina, la reconfortante hormona de la vinculación afectiva maternal? ¿Que esos actos diminutos de enorme amor liberan dopamina, la hormona asociada a las emociones positivas, y te dan un subidón natural? ¿Por qué no me lo había dicho nadie: inclínate para los pequeños actos de amor, que así tendrás literalmente un «subidón»?

El amor real te desafía a lo realmente peligroso: *morir en lo diminuto*. Romperte y entregarte en lo pequeño, en los momentos tan pequeños en los que nadie puede aplaudir. Derrama tu vida en cuartos de lavandería y sobre retretes y tinas, y derrama vida en los callejones, en la parte escondida de la sala, detrás y lejos de los focos. Derrama tu vida en los momentos pequeños, porque solo ellos suman para lo monumental. La única forma de vivir una vida verdaderamente notable no es conseguir que todo el mundo se fije en ti, sino dejar marcas visibles de tu amor por dondequiera que vayas.

El amor es tan grande que tiene que vivir en la santidad de minúsculos momentos de sacrificio. El amor requiere que te tumbes y mueras en los momentos pequeños, los instantes no escritos para guiones de cine, sino grabados en el pliegue interno de un corazón que puede cambiar la manera como alguien respira.

En la calma nocturna de nuestro dormitorio, su respiración es cálida y cercana. Sus dedos encuentran los míos. Nuestras manos se entrelazan en la oscuridad, seguimos manteniendo la promesa, incluso en duermevela. *Dejaré que me moldeen para ser un techo, un refugio para ti. Seré tu techo. Seré tu stego, tu lugar seguro. Te amaré.*

Esto es. Ahí tumbada pienso en cómo es esto. Los románticos reales son los del taladro, los que dejan que el corazón del otro haga un profundo agujero en el interior del suyo. El camino del quebrantamiento es el modo hermoso, el del taladro, el de dos vidas que entran en contacto y profundizan en el tiempo la una con la otra, con un acto de amor sacrificial tras otro. El mejor amor podría ser un amor roto, de taladro —dejando que otro corazón perfore el tuyo, un pequeño acto de amor tras otro—, la manera como le tocas la curva de la espalda en medio de la noche cuando no encuentra alivio a la fiebre. La manera en que le guardas un pedazo de pastel de fresa. La manera en que guardas silencio como una forma de abrazarlo. La manera en que detienes tu ritmo y miras a los ojos de una niña cada vez que habla, para que se sienta vista, conocida y segura. Este es el amor que todos buscamos, es sencillo, pequeño y complicado, y un poco como un taladro; es lo más grande de todo, el amor es todo lo que hay. Es discreto. El amor real consiste en los gestos realmente pequeños, en el modo de moverse de tus manos y tus pies para expresar lo que dice tu corazón.

Los dos caemos rendidos al final de un día monótono como un taladro, empeine con talón, mientras la luna deja caer bandas de luz sobre nuestro tejado.

Ocho

Por qué por el amor vale la pena romper tu corazón

*Amar es ser vulnerable. Ama algo y tu corazón se
retorcerá hasta casi romperse.*

C. S. LEWIS

—Tengo más de sesenta años de pruebas de que cada día parece mejor con beicon —dice mi papá, criador de cerdos, mostrando una veta de confianza al otro extremo del teléfono—. Y oye lo que te digo, hasta el fin del mundo parecería menos crítico si tuvieras una buena bandeja de beicon delante.

Estoy removiendo las tiras de beicon para el desayuno. La única forma de amanecer a la belleza del amor es levantarse y servir.

Papá me habla de motores y pistones de tractores viejos abandonados que ha encontrado en depósitos de chatarra y de cómo está reconstruyendo un granero centenario con estructura de vigas que trasladó desde una granja vecina antes de que el granjero dejara que lo demolieran. El beicon chisporrotea y salpica a luz del sol.

Me cuenta que está a punto de terminar el tejado de latón, pero yo quiero preguntarle lo que me está sacudiendo las venas: ¿y si partes tu corazón para abrirlo y te arriesgas a derramar tu vida en entrega y luego no eres recibida como suficiente *para recibir amor en respuesta*? Me imagino que papá sabrá algo sobre eso.

Sujeto el teléfono entre el hombro y la oreja, asintiendo mientras apilo bandejas de esmalte en el extremo de nuestra mesa de vigas de granero. La había ensamblado el mismo carpintero que trabajó con mi padre para construir la casa de mi niñez, el mismo que construyó el hastial bajo el que yo había dormido todos esos años de crecimiento, mientras las ramas del arce arañaban el tejado en las noches de viento del oeste. Tres comidas al día con todos nuestros chicos sucios por haber estado en las tareas del granero, acudiendo para comer aquí. Vigas del granero para las patas. Vigas que nos sostienen a todos nosotros. Pidiéndonos que de alguna manera hagamos sitio para Dios, que hagamos a Cristo presente y que sea él nuestro techo, *stego*, un lugar seguro para todo el que simplemente necesite entrar.

Conforme entran los muchachos, riendo ruidosamente por la cocina, con las gorras al revés, empujándose por cualquier motivo, balbuceo un adiós a papá, que se despide como siempre, diciendo que tiene un millón de cosas que hacer y sin embargo aquí está hablando conmigo, y que sí, que tiene que irse. Espero que el beicon esté en su punto, como les gusta. ¿Cómo han alcanzado sus espaldas esta altura, y cómo es que los veo como los niños que antes abrazaba y a la vez como los casi hombres que guardan un poco de mí? ¿Y cómo me verán ahora?

Debería haberle preguntado a papá exactamente eso: ¿y si tomas la única vida que tienes y la arriesgas viviendo en entrega, y al final te sientes vacía porque nadie te vio como digna de recibir amor?

¿Quién no ha leído esa angustia en los ojos de una anciana? ¿Quién quiere arriesgarse a un descenso al sepulcro como este?

Cuando nuestras chicas entran cargando unos huevos, traen la luz del sol enredada en su pelo, cayendo por sus hombros, y parecen una estampa de la gloria congelada en el tiempo. Shalom deja rodar por la encimera el nido de huevos que ha formado con su camisa y luego se vuelve y me abraza por la cintura junto a los fogones. «Te quiero, mami». Hunde su cabeza en mí, con su pelo caliente por el sol, y yo la arropo en mis propios lugares rotos.

¿Y si te arriesgas a partirte para dejar a la luz tu propia necesidad vulnerable, a exponer tus propios lugares rotos que necesitan el toque del amor... *y tu quebrantamiento queda expuesto e insatisfecho?*

Sirvo en la mesa las bandejas de beicon, observo a la tribu de pilluelos despeinados estirarse para servirse su parte. Y todo lo que hay bajo este techo, toda nuestra valiente entrega por medio del quebrantamiento, toda nuestra valiente disposición a recibir, toda nuestra expuesta necesidad, todo eso es una comunión vulnerable. La vida abundante *es* una comunión vulnerable. Esto es lo que quiero, pero ¿cómo edificas una vida así?

El sol de la mañana inunda las pecas de Shalom, ella se bebe el jugo de naranja y los muchachos discuten ruidosa y acaloradamente sobre la tabla periódica. Hope contempla la mañana que viene por los campos y yo quiero extender el brazo y tocarla: *por cada uno de nosotros vale la pena el riesgo de cualquier quebrantamiento.*

Ese lienzo del Cristo que cuelga del hastial sobre la mesa. Esa comunión vulnerable es un riesgo. La entrega es un riesgo. *La única vía a la vida abundante pasa por el quebrantado camino del riesgo.*

Cuando llamó esta mañana, papá me había contado algo de

CUANDO TE SACRIFICAS

POR LO QUE AMAS,

GANAS MÁS

DE LO QUE AMAS.

su amigo granjero, Alan Bertrand, con su característico overol de *jeans* y su gastada gorra:

—Estaba tratando de decidir si pasarse los años que le quedaban restaurando otro de esos antiguos tractores que tenía en la tienda —dijo con un suspiro—, o si debería emplear el tiempo que le queda, los años que todavía tenga, intentando contactar con su hija, con la que lleva diez años sin verse ni hablarse.

Podía ver a papá en mi mente con su overol de tirantes.

—Y bien, ¿qué ha decidido Alan?

—El tractor.

Pero...

Eres lo que sea que ames. En tu esencia misma eres, no lo que piensas, sino lo que amas. Abre la carta de amor que Dios nos dirige. Dice que somos todos seres que aman, movidos por nuestros amores. No nos impulsa que lo que creemos sea verdad, *sino lo que amamos por encima de todo.* No te dirigen tus deberes, tampoco las doctrinas; lo que te mueve es lo que en última instancia deseas, *¿y es posible que en la práctica realmente no ames lo que crees amar?*

Y lo más triste de todo puede ser cuando entregamos nuestras vidas a cosas insignificantes, las cosas que, sin darnos cuenta, subconscientemente amamos. Dicho a la inversa: entregamos nuestras vidas a cosas a las que nunca las dedicaríamos si por un momento fuéramos sinceros y pensáramos en ellas. Sucede constantemente: nuestra vida no deliberada, circunstancial, traiciona nuestros verdaderos amores y aquello en lo que subconscientemente creemos.

La cruz de mi muñeca me interpela, me moldea cruciforme, me va convirtiendo en lo que digo que amo. Esto no es ninguna nimiedad, porque a nadie lo moldean sus ideales como lo hacen sus amores.

¿Por qué amar las cosas equivocadas de modos equivocados? *Nuestros ideales nunca nos mueven como nuestros amores.* El único camino a la vida abundante es amar las cosas *acertadas* de modos *acertados.*

Yo meneé la cabeza levemente sobre el beicon en la sartén, un poco sorprendida, y no me salían las palabras.

—¿Consideró deliberadamente las opciones, te las dijo... y se decidió por *el tractor?*

—Sí. El tractor ya sabía él cómo arreglarlo —papá hablaba despacio, puntuando cada palabra, como si su vida lo demostrara—. El riesgo es pequeño. Pero ¿la hija? Ni siquiera sabe dónde está. Ahí era *todo* riesgo. Y ya sabes... —dijo, apagando la voz.

Y yo miré esa pequeña cruz dibujada en mí, que me llama, que me reta a asumir cada día el riesgo de ser partida y entregada. Sí, papá, lo sé, lo sé: nuestros amores se forman con nuestros hábitos cotidianos. Nuestros amores se forman con nuestras liturgias cotidianas. *Nos convertimos en aquello de lo que creamos hábitos.*

«¿Negación del *yo*?», había preguntado Ayn Rand, uno de los individualistas más polémicos de la historia. «Pero es precisamente el yo lo que no se puede ni se debe sacrificar».[1] ¿Era eso lo que Alan Bertrand estaba rumiando en su mente de mecánico? ¿Era eso lo que mi padre estaba repitiendo? Pero cómo freír una sartén de beicon y decirle a papá: en última instancia, no sacrificamos el yo al dar, sino que encontramos nuestro verdadero yo. En la entrega sacrificial de nosotros mismos recibimos de vuelta nuestro yo *real*, el yo para el que fuimos creados; somos bendecidos para bendecir, recibimos para dar, somos amados para amar.

Alguien se inclinó hacia mí una vez en la iglesia, señaló con la cabeza hacia nuestra surtida tropa de media docena de hijos y me susurró: «¡Qué sacrificio has hecho!». Como si hubiera renunciado a algo. Yo negué con un gesto, sintiendo un nudo que me quemaba como un ascua en la garganta, que impedía salir a mis palabras: ¿es un sacrificio dar tu amor a quien más amas?

Un sacrificio no consiste tanto en perder lo que amas, sino en dar tu amor a aquel a quien más amas. Cuando te sacrificas por lo que amas, ganas *más* de lo que amas.

El amor es un riesgo... que nunca supone un riesgo.

No sabía cómo decirle eso a papá, no podía parar de negar con la cabeza. Nada de lo que me decía tenía sentido. *Y sin embargo lo tenía. Yo sabía cómo era posible porque lo había vivido.*

—Mira —dijo papá con total franqueza, justo cuando chisporroteaba el beicon—, ¿acaso no renunciamos a lo que nos hace realmente felices, a aquello en lo que somos buenos, una vida entera de felicidad, para arriesgar nuestras vidas en una relación que podría no hacernos jamás felices? ¿Acaso no sacrificamos lo que nos hace realmente felices día tras día por una relación que tiene el potencial de hacernos desgraciados?

Papá tenía este punto punzante: puedes sacrificar tu tiempo, carrera, cordura y alegría por un hijo, una pareja, una amistad, y puede ser que acaben apartándose de ti para siempre, despreciando tu reputación, lo que has invertido, tus esfuerzos, destrozando tu corazón y sin mirar atrás. Y no puedes recuperar el tiempo y la vida que has entregado.

Papá lo había dicho con este dolor en su pecho que yo podía sentir en el mío: «*Con las personas no hay garantías*».

Y, antes de que pudiera pensarlas, salieron estas palabras

de mi boca: «Jesús dijo: "El que pierda su vida por mi causa, la encontrará"».[2]

Jesús se arriesgó conmigo. *¿Cómo no voy a arriesgar mi vida contigo?* Puede que no correspondas a mi amor. Puede que me humilles, me rebajes, me rechaces, me destroces el corazón y arrojes los pedazos sobre mi alma; pero no es esta la parte importante. Lo más importante es siempre la comunión más vulnerable. *La* koinonía *es siempre, siempre el milagro.* Lo que importa es que en la acción de amar seamos más como la entrega del Amor en Persona. Lo más importante no es si nuestro amor hace cambiar a otras personas, sino que, al amar, *cambiamos.* Lo que importa es que, al sacrificarnos para amar a alguien, nos hacemos más como Alguien. Independientemente de que alguna otra persona o cosa cambie, el éxito de amar está en cómo cambiamos nosotros gracias a mantener el amor.

¿Quién iba a saber que a veces, si no asumes ningún riesgo, en realidad lo estás arriesgando todo?

Cómo extender la mano y tocar los lugares quebrados de mi padre: el amor es algo por lo que siempre vale la pena arriesgarse, porque la *recompensa* de amar está en el propio *gozo de amar. El amor es un riesgo que nunca supone un riesgo.* Amar es en sí mismo el mayor resultado, porque el amor aumenta nuestra belleza, la hace más como la quebrantada Belleza en Persona. El riesgo de una comunión vulnerable siempre te deja saborear la gracia de Cristo.

No importa qué apariencia tenga el resultado, si tu amor se ha derramado, tu vida estará *llena de éxito.*

Al hablar mi papá siento cómo me duele el pecho, sus palabras duelen con su quebrantamiento mudo. Todo eso me hace sentir que las relaciones son la realidad más real, y el riesgo más real... *y el riesgo que más vale la pena.* Porque al sacrificarnos tenemos la garantía de descubrir las profundidades de nuestro yo mejor y más real. Porque, cuando te niegas a ti mismo, tienes la garantía de encontrar tu mejor yo. Lo que se interpone entre tú y todo lo que de verdad anhelas es el anhelo de una seguridad más cómoda.

Miro en esa mesa a esos niños engullendo el desayuno, miro los rostros de mi propio riesgo, como Alan Bertrand y papá y los miles que nos han precedido, mi propio corazón palpita como una ofrenda dispuesta:

Soy lo que amo y te amaré como Jesús, por causa de Jesús, mediante la fuerza de Jesús. Amaré cuando no reciba amor a cambio. Amaré cuando esté dolida, decepcionada, traicionada, incomodada y rechazada. Simplemente amaré, sin expectativas, sin condiciones, sin exigencias. *El amor no es siempre estar de acuerdo con alguien, pero sí es siempre sacrificarse por alguien.*

Y nada me impedirá seguir amando, ni el tiempo, la distancia, la decepción ni la muerte. Nada me impedirá asumir el riesgo de amar con vulnerabilidad, porque un amor así no supone ningún riesgo. El amor desafía la lógica y sigue amando cuando no tiene sentido, porque eso es lo que hace el amor.

Levi se inclina para ponerse a mi vista.

—¿Hay más?

Y yo sonrío. Más. *Siempre hay más.* Vivimos en su reino y en su abundancia inagotable de lo suficiente, de más que suficiente. No tenemos más que rendirnos a la entrega. Entonces tomo la bandeja y le doy más al muchacho.

Y caeré enamorada y fallaré en el amor y me caeré en mi amor, pero nunca dejaré de practicar, practicar, practicar, la entrega y la disposición a recibir. ¿Pues qué es la fe, qué es el amor, si no se practican? En esta vulnerable comunión de quebrantamiento y entrega, simplemente seguiremos rindiéndonos una vez más al amor, porque Dios es amor y ahí está toda la victoria. Tal vez sea únicamente el barniz de las cosas lo que hace que este parezca un mundo en guerra, porque, en el fondo, este es en realidad un mundo que suplica que lo enamoren. Somos todos los amantes constreñidos por el amor. Sea amor o guerra, la respuesta es una y la misma: *me rindo.*

Entregada.

Hay cosas imposibles sanando aquí, sanándonos a todos bajo este techo. Entregar el corazón sana el corazón.

Las vigas de granero sostienen esta mesa, sostienen estas tablas en las que partimos el pan, como sostuvieron tiempo atrás un tejado.

Nueve

El milagro antiestrés que llevas en el bolsillo

Debes prestar especial atención a aquellos que, por circunstancias del tiempo, el lugar u otras hayan llegado a tener una conexión más estrecha contigo.

SAN AGUSTÍN

Un día es una bolsa de posibilidades que está siempre ahí, esperando a tu mano.

Cuelgo al viento los vaqueros en la cuerda holgada de tender la ropa, sujetándolos por los pétreos forros de los bolsillos con pinzas de madera tamaño extra. Hoy sopla el viento de levante, se hace notar en la huerta y agita las perneras de todos los *jeans* Wranglers manchados de la granja, como si fuera imposible tenerlos quietos.

Algo hay en el aire, el campo y los largos senderos de grava que te hace amarlos, y en el olor de los *jeans* secados al sol y en la hierba y el barro bajo tus pies, algo hay que te hace inhalar todo este mundo recibido y saber que esta vida es tu historia. El estrés puede quitarnos casi todo, menos nuestras historias; nada nos puede robar nuestras historias, ni siquiera la muerte.

Me pongo la cesta de mimbre con la ropa en la cintura, paso adentro para preparar el almuerzo. La tensión y contracturas de nuestros hombros hace que nos sintamos como si nos hubiera zarandeado el viento mientras tratamos de recomponer los pedazos de nuestro mundo roto. Pero sigo diciéndole a mi amnesia crónica del alma que renuncie a la idea de ser el mortero que cohesiona nuestras vidas mortales y que simplemente los deje ir, pues creo que los pedazos de un corazón quebrantado son arena en el viento de Dios que, con su erosión, esculpe una vida mejor.

Cuando el Granjero entra desde el taller, con su olor a grasa de tractor y a trabajo honesto, los niños están discutiendo a gritos en la planta de abajo como desaforados, yo estoy intentando controlar a esta tropa de macacos y todavía no hay nada en la mesa para aplacar el estómago de este hombre, que ya ruge después de un día duro y largo. Trae los *jeans* manchados de grasa y los bolsillos traseros raídos.

Las patatas todavía bailan hirviendo sobre el fogón. Él sonríe al alcanzar las manoplas para el horno.

—Eh, chicos. Parece que están un poco revueltos por ahí abajo.

Intento sacar el asado del horno antes que él. Él escurre las patatas.

—Eh, ¿por qué no suben todos aquí y nos ayudan a poner la mesa? —dirige sus palabras hacia las escaleras y al caos ininteligible de los niños, que están peleando en las entrañas de la casa.

Suben atropellándose por las escaleras y Hope dice:

—Papá, se acabó, yo ya no puedo más con estos locos. Mañana tengo examen de geometría —habla remarcando cada palabra con expresión de angustia—, y no tengo tiempo para esto. Pero bueno, ¿ni siquiera está puesta la mesa?

El Granjero sonríe, deja la sartén grande de acero en la encimera.

—¿Sabes lo que he oído hoy en la radio, cuando estaba en el taller, debajo del tractor?

Hope frunce el ceño, desconfiada.

—Un estudio de Yale decía que la mejor manera de tratar el estrés es realizar un pequeño acto de generosidad por otra persona.[1]

Me detengo y doy media vuelta, con el asado en el aire de camino a la bandeja.

—¿Así que un estudio sostiene que recibes el obsequio de un descenso de estrés... cuando bendices a alguien?

—Paradójico, ¿no?

El Granjero sirve un montón de patatas en un cuadrilátero de platos de loza.

—Te lo estás inventando —contesto, poniendo el jamón en la fuente.

Él lo niega con la cabeza.

—Lo han dicho en la radio hoy —explica. El lado inferior del cielo raspa los pararrayos del tejado del granero—. Citaba a unos científicos de Yale y el punto principal era que cuando estamos estresados, si ayudamos a otros, acabamos ayudándonos a nosotros mismos.

Corto el jamón en tajadas finas, intentando abrirme paso hasta el centro de las cosas. Los charcos de jugo derramado en el plato atrapan la luz. Lo celebro saboreando la confirmación: *suavizas tu estrés cuando suavizas el de otra persona.*

Me vuelvo a la cocina y el Granjero sonríe sirviendo platos mientras la manada de niños pone los cubiertos y los vasos y sirve el agua. De paso diré que su sonrisita es la del perro que se ha comido al gato y tiene la intención de disfrutarlo.

El mejor método antiestrés es bendecir.

Me pongo detrás de Hope, con mis brazos rodeando sus hombros, la aprieto contra mí y la beso en la cabeza.

—¿Sabes? Me parece que te iría bien un abrazo.

—Mami.

Se vuelve hacia mí con una sonrisa solo esbozada e inclina su cabeza contra la mía. Yo reposo mi mejilla en su cabello.

No sé amar como quiero. No sé cómo suavizar la angustia, el estrés o la preocupación, pero sé que o dejas tus preocupaciones en manos de Dios... o ellas te harán dejar a Dios.

Sinceramente, no sé cómo ser lo que ella, o cualquier otra persona, necesita que sea. No sé cómo hacerme cruciforme. Pero la vida tal vez deja de ser tan abrumadora cuando entendemos cómo dar, justo en este momento. No sé... tal vez todo sea cuestión de vivir, amar, experimentar la entrega del momento. Me parece que mi hija solo necesitaba unos brazos que la rodearan. «La atención es la más escasa y más pura forma de generosidad», dijo Simone Weil.[2]

—¿Estás un poco asustada por todo lo que tienes por delante? —le susurro a sus cabellos.

Ella asiente, yo la aprieto más contra mí y noto que se me parece mucho. ¿Y si acaba siguiendo mis pasos de desesperación muda y yo no tengo ni idea de si estoy haciendo algo bien *ni de qué diantres tengo tanto miedo*? Puedo ver la ropa tendida en el huerto, a merced del viento, con los bolsillos sacados y rendidos.

Y puedo sentir cómo Hope respira lentamente, cómo decae mi estrés, lo siento en la calidez que hay entre nosotras. Todos anhelamos el sentido de pertenencia de la comunión, y sin embargo persiste este temor a la cercanía de la comunidad. El amor es nuestro más profundo anhelo... y lo que más profundamente tememos. El amor nos parte para abrirnos y exponernos,

SUAVIZAS TU PROPIO

ESTRÉS CUANDO SUAVIZAS

EL DE OTRA PERSONA.

y luego puede rompernos con el rechazo. Existe esta hambre de comunión genuina, pero también este miedo a perder genuina independencia. La necesidad puede ser algo terrible. Lo sé: yo he levantado mi buena parte de murallas. Puedes estar sedienta de comunión, pero temerosa de ser utilizada o manipulada, de acabar asfixiada o quemada. He vertido ríos de agua para empapar cualquier chispa que prendiera una comunión vulnerable, que me aterra.

¿Cómo puedo seguir olvidando? Me lo escribo en los brazos: *la* koinonía *es siempre, siempre, el milagro.*

—Estamos aquí, estamos contigo —le susurro. Le dejo las palabras con un beso suave en su frente, y tal vez hay un poco de *koinonía* en el estrés. La cruz que tengo dibujada en la muñeca insiste en la posibilidad de nuevas formas de sentido, existencia y transformación que lleguen al meollo de las cosas.

«Muy pocas personas son conscientes de lo que Dios haría con ellas si se abandonasen a sus manos y se dejaran moldear por su gracia», escribió Ignacio.[3] ¿Qué pasaría si los abandonados se abandonaran a sí mismos al corazón de Dios y se dejaran moldear por su cruz?

Más adelante examinaría lo que dijo el Granjero, cómo los investigadores habían pedido a setenta y siete adultos que anotaran tres cosas cada día durante semanas: todos y cada uno de los hechos experimentados que les causasen estrés, todos y cada uno de sus actos de ayuda, como abrir la puerta a alguien, ayudar a un hijo con las tareas escolares o prestar cualquier cosa. Y esta fue la gran revelación del estudio: «las conductas de ayuda parecían aminorar los efectos negativos del estrés».[4]

Era como encontrar tu propio milagro de bolsillo. Si tenías una mano bien dispuesta, podías sacar un pequeño milagro, un pequeño obsequio: una nota que fortalezca el alma a alguien, una taza caliente que calme las contracturas de otro, una mano de ayuda, brazos abiertos para abrazar al agobiado y susurrarle gracia. Lleva milagros de bolsillo por el mundo y te garantizo que encontrarás el milagro de un menor estrés en ese mismo bolsillo.

Leería lo que el investigador dijo dos veces, tres veces, y una cuarta: «Las personas promedio realizaron uno o dos actos de amabilidad al día, pero lo más importante fue que, cuando hicieron más de uno o dos al día, vimos una mejora en su salud».[5]

Ahí estaba: Da a Otros hoY, entrega pequeños obsequios en abundancia a otros y obtendrás el milagroso obsequio de un menor estrés. Abandónate a la entrega de Dios y abandonarás una parte de los temores y del estrés.

Estar demasiado ocupado es una opción. El estrés es una opción. Entregarte al gozo es una opción. Elige bien.

Iba a estar varios días dándole vueltas: tres obsequios al día alejan el estrés. Estos actos de bondad eran como la enumeración de obsequios, pero aún mejor: pequeños milagros que podía sacar de mi bolsillo… y hacerle sitio a la abundancia. Era de lo más paradójico, y me estaba afectando. Podía sentir la irrupción del Reino del Revés: atrévete a romperte y entregarte tres veces al día y eso romperá una parte de tu propio quebrantamiento. *El quebrantamiento malo se rompe con quebrantamiento bueno.*

Revisando las montañas cada vez más altas de ropa, había sentido ese estímulo, una gracia cósmica, una revelación sobre la vida: «Si acaso en algo alcanzamos un ritmo, no solamente de toda la creación, sino de todo el ser, es en la entrega de sí», escribió C. S. Lewis.[6]

Tal vez la razón de que dar sea mejor que recibir esté en que solo cuando damos recibimos lo que verdaderamente necesitamos. Al dejar que esto se convierta en una costumbre en mí comienzan a restaurarse los lugares rotos.

Cuando el Granjero se arrastra hasta la cama esa noche, lo hace riendo entre dientes.

—Creo que ya sé lo que quiero para mi cumpleaños... y lo que voy a regalar a todos en los suyos.

Le da al interruptor para apagar la luz.

—¿Ah sí? —pregunto. Mis pies encuentran el suyo bajo las sábanas—. ¿Y qué sería?

—Camisetas —dice riendo—. Camisetas con una frase estampada delante: «¿Estresado? Anda y bendice».

—Muy bien —digo volviéndome hacia él—. Y en la espalda diría: «Este mensaje está aprobado por Jesús y los laboratorios de investigación de Yale».

—¿Cómo lo sabías?

Puedo sentir su sonrisa en la oscuridad. Me encanta cuando se ríe a mi oído, y es como si pudieras oír la alegría reverberar con fuerza en su alma. Descansamos en silencio, mientras ronca el perro.

—Pero parece un poco como un milagro, ¿no? —sigue sonriendo.

Sí, un milagro de bolsillo. El pan que damos para alimentar el alma de otra persona es lo que, por arte de milagro, alimenta nuestra alma.

Sé el pan partido y entregado de tal modo que un mundo hambriento anhele más del sabor de esa gloria. Sé pan partido y entregado de tal modo a un mundo hambriento que tu propia hambre se satisfaga en la comunión con Dios.

Cuando el Granjero sale a la mañana siguiente, observo cómo se mete la mano en el bolsillo de sus Wranglers como una rendida disposición.

Diez

Cómo amar apasionadamente cuando tienes roto el corazón

El perdón es la entrega, así como la recepción, de la vida.

GEORGE MACDONALD

Ve y pregúntale a tu madre, a cualquier madre.

El amor es disposición a sufrir.

Así que estoy algo más que tensa y angustiada antes de llevar a nuestra delicada muñequita de trapo a la ciudad para ver al doctor. Nuestra hija menor lleva cinco días enteros con esta fiebre. Estoy preocupada y un poco baja de moral, ¿y por qué siempre el amor a alguien tiene que hacerte sentir tan vulnerable? El amor te abre a la fuerza el pecho y le da un jalón a la puerta de tu corazón para que alguien pueda entrar y causar este desastre, que luego te restaura en algo más hermoso.

Shalom se apoya en mí en el estacionamiento del consultorio. Y en cuanto cierro la puerta de la camioneta me doy cuenta de lo que acabo de hacer. Veo el destello burlón de las llaves justo ahí, en el asiento, petulantes y descaradas. *Muy agudo, Sherlock.* Llevas una niña con treinta y nueve de fiebre y que apenas puede tenerse en pie y dejas dentro del auto las nada prescindibles llaves. Traigan acá el Premio a la Madre del Año.

¿Y para acabarlo de rematar? También he dejado dentro el teléfono.

Bueeeno, genial. Con la enfermita aferrada a mi pierna como una lapa, entramos en el despacho del doctor y llamo a casa, y solo se pone al teléfono Malakai. Shalom me abraza con fuerza; le arde la cara como una antorcha.

Intento explicárselo; veo cómo la de admisiones se muerde el labio.

—Eh, sí, ¿puedes mandar a uno de tus hermanos con las llaves de repuesto?

Siento las mejillas calientes, esta vez son las mías.

—De acueeerdo —contesta. Noto la agitación al otro extremo de la línea—. Está bien, sí, un juego de llaves de repuesto —dice; puedo oír su tintineo burlón—. Se lo diré a los mayores. Alguien estará ahí pronto, mamá.

—Gracias. Te quiero. ¡Y *no te olvides de nosotras*! *Necesitamos* esas llaves para regresar a casa.

Cuelga sin apenas dejarme acabar las palabras, y aquí estamos, a merced de una casa llena de muchachos y de un juego de llaves, a la distancia ideal de siete minutos de la ciudad.

Shalom y yo esperamos una hora y trece minutos para ver al doctor, que está sobrecargado de trabajo. Y paso cada uno de esos minutos entre mirar el reloj y arrimarme a la ventana para ver el aparcamiento.

Vamos, chicos. Shalom está desfallecida en mis brazos, fláccida como un globo de agua estallado.

Para cuando el doctor nos ve, le toma la temperatura, le mira la garganta, le dice que esté tranquila mientras le hace otro frotis en el fondo de su garganta obturada, le enfoca los oídos con una linterna, le palpa los ganglios como un agente de la TSA, nos dice que esperemos… y esperamos… y regresa con su receta ilegible... ya hemos consumido, oh, veintitrés minutos más, y creo que no necesitaré llamar a casa otra vez, a estas alturas ya deben de estar aquí.

Cuando salimos hacia nuestro auto, somos las últimas en abandonar la consulta y la enfermera cierra las puertas. Echa la cerradura con su juego de llaves y nos sonríe levemente con su teléfono ahí, en el escritorio. Y sí, soy lo bastante tonta como para creer que uno de los muchachos estará ahí sentado, balanceando un juego de llaves en su bendito meñique.

Ni hablar. No hay nadie en el estacionamiento.

Me he quedado abandonada con una niña ardiendo de fiebre, a solo siete minutos de casa, y hace una hora y cuarenta y tres minutos que llamé. Y saben que estoy en la consulta del doctor, y no precisamente haciéndome la pedicura; es para llorar.

Y ahí está: de nuevo soy la niña abandonada, varada durante horas después de la escuela en el frío más intenso; olvidada, andando de un lado a otro y esperando. La niña en la ventana de la cocina que mira hacia fuera en la oscuridad, esperando los faros de un auto, alguien que la lleve a casa. La niña abandonada por meses debido al deterioro de la salud mental de los adultos, sola para ocuparse de las comidas, la ropa, un hermanito y una hermanita en soledad. ¿Hay algo tan aterrador como que se olviden de ti? Porque, cuando se leen los obituarios, se compran lápidas mortuorias o se llevan flores a la tumba de alguien, no está muerto en realidad; la muerte se produce solamente cuando se olvidan de uno.

Está bien, vamos. Tienes una niña enferma que depende de ti. Y cuentas con al menos un par de hijos mayores que pueden ayudarte, chicos a los que el gobierno considera lo suficientemente adultos como para conducir, pero que obviamente no poseen bastante cerebro como para acordarse de su madre.

¿Ya no hay teléfonos públicos en esta ciudad de granjas? Repaso mental: el que estaba junto a la farmacia ya no está, ¿el de al lado de Mac's Milk, el de la calle principal frente a la ferretería? Siento la mejilla de Shalom como un hornillo contra mi brazo mientras pasamos junto al banco y la tienda de a dólar. Arrastra los pies como plomo cuando llegamos junto a la ferretería. Encuentro una cabina de teléfono, introduzco el cuarto de dólar que logro arrancarle al fondo de mi bolso, marco el número. Shalom cae rendida en la acera.

—¿Hola?

—Hola. Soy. Tu. Madre —exhalo las palabras, tratando de no exteriorizar totalmente el dolor que me atenaza la garganta.

—¡Oh, les dije a los chicos que fueran a buscarte, en serio! Uno de ellos va ahora mismo para allá. Acaban de salir. ¿Oyes la puerta?

Quiero estallar, acurrucarme junto a Shalom en la acera y llorar a gritos. ¿Qué clase de madre he sido? ¿De la que cría unos niños que se olvidan totalmente de ella en su crisis y no acuden a rescatar a su propia mamá, que intenta ayudar a una hijita enferma? Me siento peor que abandonada, siento que soy un fracaso. ¿No los he amado lo suficiente como para que ellos me amen? Es el egoísmo el que cría egoísmo, es el rechazo el que enseña a rechazar. Solamente el herido hiere. ¿En qué he fallado en amarlos? ¿En qué he roto sus corazones?

Vaya, mujer. No se trata más que de unos adolescentes y unas llaves.

Pero mi yo dramático, ansioso, disparado, siente algo mucho peor: *me siento abandonada.*

Estas cosas pasan: tienes hijos y en tu interior se gesta esta especie de diálogo entre Jekyll y Hyde. La paternidad es algo lógicamente complicado, teológicamente revelador y, a veces, un poco destructivo psicológicamente.

¿Cómo, en nombre de todas las cosas buenas y correctas, he hecho tantas cosas mal? ¿Cómo pulso la tecla de rebobinar: rebobinar en el tiempo y regresar para ser otra persona, alguien mejor, alguien que pueda hacer que todo esté como es debido?

Y mi yo lógico trata de envolver en consuelo la angustia de mi drama: la vida no consiste tanto en una fórmula, sino que es más cuestión de fe; la vida es más que Bien Dentro = Bien Fuera, se parece más a «cuando Dios es suficiente hay gracia suficiente». La vida no puede consistir en ser lo bastante buenos, sino en creer que Dios existe y es suficiente: Dios suficiente para todo aquello para lo que nuestra propia humanidad necesite gracia. Y siempre está esto: el pan de hoy es suficiente pan, la gracia de hoy es suficiente gracia, el Dios de hoy es Dios suficiente. La cuestión es si puedo creerlo cuando vienen el sufrimiento y el dolor. Y, si puedo, ¿puede eso hacerme sentir algo menos sola?

Shalom extiende su mano y me acaricia la mejilla. «¿Hay una cosa por la que puedas estar agradecida, mamá?».

En un puñado de palabras, la niña le da a la mamá una espada: *combate la oscuridad con doxología.* Estoy tan exhausta que apenas puedo empuñarla.

Eucaristeo. Esto puede ser un alivio: la doxología puede desintoxicar el día. *Porque así es como empiezas a hacer presente al Cristo siempre presente. Y no puedes ser amor hasta que sientas que eres amada.*

—Por ti —le aprieto la mano—. Por eso es por lo que mamá está agradecida: por ti.

Y aunque no sé cómo terminará la historia de hoy, recuerdo: la fe le da gracias a Dios en medio de tu historia.

QUIZÁ LA PLENITUD

CONSISTA EN ABRAZAR

EL QUEBRANTAMIENTO

COMO PARTE DE TU VIDA.

Me acaricia la mejilla como si yo fuera una de sus muñecas. Algo estropeada, rota. Siento su mano caliente sobre estas heridas y fracasos que apenas pueden decirse en voz alta.

Cuando uno de los muchachos aparece con las llaves, las agarro lentamente. Sé que estoy sobrerreaccionando y a punto de precipitarme, pero dentro de mí hay un volcán al borde de la erupción, de derretir mi corazón, y no hay cómo detenerlo, se me nubla la vista y gotas de lava empiezan a salpicar.

Giro las llaves suavemente y despacio, porque ya has estado aquí y ya has hecho eso y sabes una cosa: amar significa contener la lengua cuando tienes el corazón endurecido. *O cuando se está rompiendo.*

Espero, me susurro a mí misma, calmándome, tranquilizándome. «El amor siempre te hará sufrir. El amor solo pregunta: "¿Por quién estoy dispuesta a sufrir?"». Es la severa gracia del amor haciéndome real. El amor real es paciente y se muerde la lengua. Deja que se le parta el corazón como pan. Nunca lo había sentido de una manera tan visceral antes: tomar tu cruz se parece mucho a la *paciencia*.

Ahí estoy con las llaves en la mano. El amor, antes de ser nada, para ser amor tiene que ser primero paciente. Y yo había experimentado lo suficiente como para saber que la paciencia no es otra cosa que disposición a sufrir. Tanto la paciencia como la palabra «pasión» proceden de la misma raíz, *patior*, sufrir.

La pasión tiene mucho menos que ver con la euforia y mucho más con la paciencia. La pasión abraza el sufrimiento porque no hay otra manera de abrazar el amor. El amor no trata sobre sentirse *bien* con respecto a otros; el amor es en última instancia estar dispuesto a *sufrir* por otros. El término se acuñó precisamente para describir a Cristo yendo a la cruz, de modo que *pasión* originalmente no significaba otra cosa que el «sufrimiento voluntario de Cristo». Pasión es lo que se expresa en esa cruz que llevo pintada en la muñeca. Esta imagen es la representación exacta de lo que Dios quiere para una vida. Y su pasión y su muerte son lo que él quiere compartir con nosotros, lo que nos quiere dar. «*¡No combatas el sufrimiento! ¡Únete a mí y abrázalo!*».

No hay manera de evitar el dolor. No hay manera de evitar el quebrantamiento. No hay otro camino que el del quebrantamiento.

¿Acaso no es el sufrimiento lo primero que Jesús nos promete? ¿No es así como hacemos presente a Cristo? «Ciertamente les aseguro que ustedes llorarán de dolor [...] Se pondrán tristes».[1]

La única forma de evitar el quebrantamiento es evitar el amor.

Nuestro muchacho, ahí frente a mí, me parece ahora todo un hombre. Cuánto lo amo... y, oh, *¿cuánto lo amo?*

No tienes tanta disposición a sufrir por amor hasta que sabes cuánto le hizo su amor sufrir por ti. La esencia de ser cristiano tiene que ver con la pasión; la esencia de ser cristiano consiste en estar dispuesto a sufrir, a sacrificarse, a servir, a vivir en la entrega: pues esa es la verdadera comunión de amor con Dios y las personas. *Y con un hijo.*

Y si omito que el cristianismo consiste en amor apasionado y sufriente, me pierdo su esencia. Por el amor de Cristo puedes soñar con poner en marcha un comedor benéfico o abrir un orfanato o llevar a cabo alguna obra innovadora que marque el comienzo de una utopía. Pero alguien, en alguna parte, en algún momento, va a derribarte al suelo. Alguien no va a presentarse como lo necesitas, alguien va a quejarse de que no eres justa, de que no puedes hacer eso, y alguien va a dejarte muy claro que estás equivocada. En todos los grupos hay amigos de

Job. Hay sufrimiento en todas las esquinas, al acecho de cada acto de amor.

Y, si no puedes soportar la ingratitud del mundo, no puedes traer amor al mundo.

Le doy una mirada a mi muchacho, que también me mira. Ambos apartamos la mirada y luego tratamos de encontrar la del otro de nuevo. Y todo en mí es un eco de lo que una y otra vez sé que es lo más cierto acerca del amor: *en el momento en que eres más rechazado por el corazón de otro es cuando necesitas acercarte más a ese corazón.*

Doy un paso hacia nuestro hijo. Si lo toco, ¿nos romperemos y derrumbaremos ambos, y puede que todo comience a encajar en su sitio?

Toma tu cruz. Ni tú ni nadie puede conocer una resurrección si no es así. Lleva tu cruz de manera que esa carga de dolor produzca amor. La carga no la crea la cruz que llevas, sino tu resistencia a la cruz. Asimila el dolor con un amor mayor: toca un hombro. Muérdete la lengua. Trágate tus quejas. Guárdate el dedo acusador. Desgástate para el amor. Relaja cada vez más tus articulaciones, de modo que tus manos no tengan dificultad para dar, para partirse y entregar tu yo, que lucha para estar más dispuesto.

Te haces más real cuando conviertes cada situación, cada sufrimiento, cada momento en un camino que te lleva a una comunión más estrecha con Cristo. *Un camino de quebrantamiento.*

Hablo despacio, las palabras me vienen como una ofrenda, como una especie de embrollada claridad efervescente. E, incluso antes de pronunciar las palabras, vuelve a suceder, como cada vez. Cuando pides perdón es justo cuando recuerdas cómo has negado el perdón a otra persona.

—Lo siento... lo siento, no te he amado como necesitabas, hijo.

Al mirarlo a los ojos, puede ver mi fragilidad. Mi imposiblemente vulnerable fragilidad y cómo he fallado y me han fallado. Y no importa si es la constelación de mis fracasos, o si me han provocado, simplemente conozco, y acepto, la amargura de este desastre. ¿Necesito admitir esto o lo necesita él? Puede que todo lo que importa sea que somos posesión de Cristo y que el Amor nos posee a todos. Esa cruz de mi muñeca señala el camino quebrantado. No me dice tan solo lo que hacer; me confirma Quién es él en mí. ¿No tenemos que perdonar porque estamos unidos a Cristo, que está en nosotros? ¿Y acaso no es él un perdonador? Todo perdón es únicamente una sombra del de Dios. Cualquier cosa que sea menos que perdonar es como un beso de Judas en nuestra propia mano, una traición a nuestra persona y a Cristo en nosotros, perpetrada *por nosotros mismos.*

Me saco la mano del bolsillo y la extiendo para tocarle el hombro. Coloco mi mano despacio, completamente apoyada en él, como una bendición. Como un obsequio. *Un sencillo milagro de bolsillo.*

Y puedo sentirlo: Cristo dentro. Puedo sentirlo como algo que quema: nadie obtiene el perdón sin que muera algo. Siempre tiene que haber una especie de muerte para que haya perdón de cualquier tipo.

Él y yo en esta vulnerable comunión, un pedazo del milagro que nos espera.

—No. Soy yo quien lo siente, mamá.

No aparto mi mirada de sus ojos. *¿Solo amas realmente a otra persona cuando la amas más que a ti misma? ¿Solo amas realmente a otros si cuando te rompen el corazón no los odias?*

La plenitud quizá no está alcanzando la perfección en tu vida; puede que la plenitud esté abrazando el quebrantamiento como parte de tu vida.

Y yo asiento ante el muchacho, con el alivio de una lenta sonrisa que se rompe... y que entrega gracia... a su manera.

¿Qué otra forma hay de amar apasionadamente cuando tu corazón se está rompiendo?

A la mañana siguiente le cuento a mi hermana el suceso entero, cuán desastroso realmente es esto y nosotros mismos, y mi hermana me dice algo, y trato de grabar en mi mente cómo me hizo sentir:

—Eres una madre de terciopelo. Esto te está haciendo más hermosa.

Y yo intento retener parpadeando lo que ella me transmite, algo desbordante, difícil de creer:

—Confía en él en todo este quebrantamiento. *Es un obsequio.*

Quizás... ¿tal vez toda esta fragilidad esté de alguna manera iniciando al angustiado... en lo Real? ¿Nos estará liberando?

¿Qué pasaría si no tuviéramos miedo de la pasión, del sufrimiento?

Once

Iniciarse en ser real

Creyendo contra viento y marea y amando contra viento y marea, así es como permitimos que Jesús se manifieste en el mundo y lo transforme.

FREDERICK BUECHNER

Había pasado la tarde con mamá en su residencia en la ciudad. Suenan las llaves del camión en nuestro traqueteo por la 86, de regreso a la granja. Había dejado a mamá clasificando las fotos desparramadas por la mesa como si el pasado hubiese estado de visita. ¿Por qué el pasado nunca es como pensaste que lo habías dejado? Esa foto de mi hermano y yo pequeños, con nuestros cortes de pelo en forma de tazón y pantalones a cuadros, sonriendo sobre una torre de botellas de picantes, daba la sensación de que los años setenta habían traído un estallido de psicodelia y tela a cuadros que lo inundara todo, y me reí a carcajadas.

Intento recordar el sonido de las voces de las chicas en el asiento de atrás, la hilera de estorninos en el tendido telefónico. Intento estar presente para la gracia. Las fotos parecían lograr que lo sintiera: el pasado es un recuerdo que tienes sellado en ti, el mañana es un misterio que desconoces, y el hoy es un obsequio momentáneo que Dios te hace; por eso lo llamamos presente. *Haz continuamente presente a Cristo.* Tengo una cruz en este garabato de tinta, justo aquí en mi muñeca.

Unos cinco kilómetros después de pasada la ciudad, Hope recuerda que se ha olvidado sus lentes en el mueble de mamá, así que damos media vuelta. La jovencita necesita ver. Y yo entonces no sabía cómo ese regreso me iba a ayudar a ver, pero a veces la vida misma puede cambiar cuando das media vuelta. Es la gracia la que te permite hacer esos giros de 180 grados, aunque el tiempo no siempre los dé.

Cuando entro de nuevo en la cocina de mamá buscando los lentes, ella está en la mesa, con la cabeza entre las manos, llorando.

—¿Mamá?

Le toco el hombro y ella mueve la cabeza. Mira por la ventana. En ocasiones, no hay nada tan doloroso como volver tu rostro hacia el de otro. Una cara puede desvelar demasiada información sobre un alma. Demasiada, demasiado rápido.

—Todo está bien, mamá... todo está bien.

Ella se derrumba en mis brazos. A veces puedes oírlo: la resonancia entre el repiqueteo del propio pulso y el pulso de la gracia que se alza hasta ti desde los lugares más oscuros.

—Ya está —la calmo, mesando ligeramente sus cabellos. No hay miedo en permitir que lleguen las lágrimas. La tristeza es un don para evitar el vacío de la insensibilidad, y todos los lugares duros necesitan agua. La pena es un regalo, y después de una lluvia de lágrimas siempre hay más de ti que antes. La lluvia trae siempre crecimiento.

Hay una tarjeta vieja abierta en la mesa delante de ella. Tiene mi letra de cuando iba a primaria: garabatos y borrones de tinta, ilegibles y difíciles de olvidar, de hace décadas.

«No sé cómo decírtelo —reza el papel, y yo intento recordar

quién era esa niña, qué habría sentido—. No quiero hacerte daño, pero estoy triste y enojada».

¿Yo escribí esto? ¿Qué...? Agarro la tarjeta.

«Estoy enojada por todas las veces que me sentí abandonada. Estoy enojada por todas las veces que me sentí defraudada».

No recuerdo haber escrito esas palabras, pero sí haberlas sentido. «Estoy triste por haber dicho esto, porque no quiero que nadie vea cuánto duele. No me gustaría que nadie supiera cuánto duele. Estoy triste por la situación. Estoy aún más triste por lo que tengo por delante».

Oh, qué infierno.

¿Cómo llegó esto aquí, ahora? ¿Cómo lo encontró? ¿Y cómo puedes romperle el corazón a tu madre en una aletargada y húmeda tarde de domingo con una nota de hace treinta impensables años? ¿Cómo puede un trozo de papel arrugado y borroso herir de esta manera a una madre justo por lo que ella no fue y por lo que no puede cambiar?

Mamá extiende su mano para tocar la mía, que descansa sobre su hombro ruinoso, encorvado. Lo suelta:

—No sabes cuánto... —se muerde el labio como para recobrar fuerzas, como una mujer que busca el contacto de una mano—. Cuánto más triste estoy yo por lo que ya no seremos.

Levanta la mirada y encara mi rostro, con todo su dolor hecho lágrimas.

—Haría lo que fuera por regresar a ese momento y poder rehacerlo todo. Si tan solo...

Vuelve a apartar la cara, apretando con fuerza mi mano. Sus dedos emborronan la cruz de tinta de mi muñeca.

Oh, mamá. Esa es posiblemente la cadena de palabras más triste que jamás se haya engarzado: «*Si tan solo...*».

Puedo saborear las palabras en mi boca. ¿Quién no conoce un «*si tan solo...*»?

Si tan solo tuviera la ocasión de regresar por mis segundas oportunidades, de decir cosas diferentes a los niños, de expresar únicamente palabras que hagan más fuertes a otras almas, de vivir mejor, de amar más verdaderamente. Si tan solo el luto no le hubiese provocado a mi madre este insano dolor que la llevaba al psiquiátrico durante toda mi infancia. Si tan solo aquel camión de reparto no hubiese aplastado el cráneo de mi hermana como una fruta madura delante de nuestra mirada impotente. Si tan solo no hubiera acumulado un armario lleno a rebosar con un millar de feos pecados. *Si tan solo...*

Pero no hay vuelta atrás. La vida siempre tiene un cierto regusto a lamento. Hagas lo que hagas o dejes de hacer, es imposible no catarlo. Y aunque tal vez tengas que probar el lamento, no tienes por qué creer en él, no tienes por qué vivir inmersa en él, como si remaras en un barco que solamente va hacia atrás intentando encontrar algo que ha sido arrojado al mar. Es el mar de Dios. Y eso significa que todo es gracia.

Mamá tiene las mejillas mojadas. Ahí estoy, como una tonta, examinando mi propia tristeza por lo que ya no puede ser, *porque no he sido todo lo que podría haber sido*. Ella es mi madre y yo soy su hija. Y ahora soy madre, y ninguna de las dos hemos parado de trabajar nunca, preguntándonos si llegaremos a conocer plenamente la liberación en la abundancia.

Ahí está de nuevo: recuerdo cómo una vez olvidó recogerme después de las clases de piano y yo caminé tres horas a casa en la oscuridad de una tormenta de nieve que soplaba directamente contra mi cara.

Y me acuerdo de una vez en que fui yo la mamá que se dejó a un niño, pensando que habría llegado a casa con otra persona; la que salió de una tienda y condujo hasta salir de esa ciudad sin él, y el abandono es siempre el peor miedo de un alma. Recibimos una llamada diciendo que, antes de cerrar la tienda por la noche, encontraron a nuestro muchacho aguantándose las lágrimas entre pilas de tiras cómicas usadas de Charlie Brown. Enferma, fui yo la mamá que quiso envolver a nuestro muchacho en una súplica de disculpas y en la expresión de consuelo más profunda que conozco: *aun cuando la vida te abandone, estás en los brazos de Dios.*

Fui yo la niña que llamó bruja a mi mamá e ideó un plan para escaparse. Y había sido yo la madre que había llamado monstruos a sus hijos y, siendo adulta, se dio media vuelta y huyó todo el día con su madre. Mamá y yo estamos aquí sentadas en la mesa de la cocina, con los niños en el auto esperando que yo llegue con los lentes que había dejado olvidados, y puedo ver el sufrimiento en los ojos de mamá, lo que se está haciendo a sí misma. Y lo sé porque acababa de ser yo la rota y desolada que me lo hacía a mí misma. ¿Cómo le pides a las personas que te amen cuando menos lo mereces? Porque es cuando más lo necesitas. ¿Y si fuera eso exactamente lo que hace Dios?

Mamá no necesita decir nada, porque sus ojos lo están diciendo todo: está prestando oído a las mentiras que comenzaron al principio, en el Edén, que siseaban con falsa ingenuidad: «¿Es verdad que Dios les dijo...?».[1] Mentiras que pueden mirarte a los ojos y pueden hacerte sentir el bisbiseo que te recorre la nuca: «Mírense; ustedes son un desastre, un fracaso, son mercancía defectuosa. Nunca serán suficientemente buenos ni inteligentes, nunca estarán suficientemente unidos, nunca gustarán ni serán queridos suficientemente, nunca harán suficientes cosas importantes, y Dios no es lo suficientemente bueno como para cambiar lo malo de ustedes».

Puedes sentirte demasiado rota para existir.

Puede haber una serpiente mentirosa enrollada entre tus membranas neurales y sus mentiras pueden hacer correr el veneno por tus venas. En ocasiones, nuestro sufrimiento más profundo es esa voz en nuestra cabeza.

Y esa es quizá justo la cuestión: el enemigo de tu alma no quiere al final del día otra cosa que conseguir que tú y todos tus años de dedicación parezcan un esfuerzo desperdiciado. Él sigue acosándote con ese relato implacable en tu cabeza, ese comentarista de noticias de veinticuatro horas que no dejará de burlarse de ti: «Mira tu vida, eres un desastre, un error total. Mira todo lo que has roto, todo lo que tienes roto... ¿y tú te llamas cristiana?».

Oh, mamá, tú y yo, las dos.

¿Cómo sobrevives si no luchas contra el enemigo de tu alma ni lo llamas por lo que realmente significa su horrible nombre: *acusador*? El mismo nombre *Satanás* significa literalmente «acusador». Y su trabajo no es en última instancia tentarte, sino *juzgarte*.

Juzgar tu pasado, juzgar tu perseverancia en la convicción de que tienes una dignidad, juzgar tu paciencia contigo misma y con tu mundo patas arriba. Mamá le da vueltas y vueltas a su anillo en el dedo, como tratando de encontrar una salida de sí misma.

Si él pudiera, se robaría nuestra presencia, nuestro mismísimo conocimiento de *la presencia del Sanador*. Si dejas que Satanás te acuse, acabarás encarcelándote tú misma.

Haz a Cristo presente, incluso cuando todo parezca demasiado roto. Cuesta digerirlo.

Esta es siempre el arma que el cansado y agobiado puede blandir para silenciar la voz del enemigo en nuestras cabezas:

¿Quién nos apartará del amor de Cristo? ¿La tribulación, o la angustia, la persecución, el hambre, la indigencia, el peligro, o la violencia? [...]. Sin embargo, en todo esto somos más que vencedores por medio de aquel que nos amó [...] ni la muerte ni la vida, ni los ángeles ni los demonios, ni lo presente ni lo por venir, ni los poderes, ni lo alto ni lo profundo, ni cosa alguna en toda la creación, podrá apartarnos del amor que Dios nos ha manifestado en Cristo Jesús nuestro Señor.[2]

Porque aquí está el asunto: el acusador de tu alma no tiene cómo agarrarte. El tiempo no puede arruinar tu vida. *Tú* no puedes arruinar tu vida. Nada en este mundo puede separarte del amor de Cristo, y su amor es tu vida. Tu vida es *inarruinable*. Porque el amor de Cristo es imparable.

Lo que parece estar deshaciéndote puede al final estar rehaciéndote. *¿Y si cuanto más profundamente conoces tu quebrantamiento más profundamente experimentas tu propia cualificación para ser amado?* Me pregunto si no será este es el estribillo de la vida que cree: «Me caigo porque estoy quebrantado... pero me levanto porque soy amado... y me vuelvo a caer porque estoy quebrantado... pero siempre me levanto porque siempre soy amado...».

—Mamá —digo, y siento su mejilla como la seda arrugada—. Escúchame, por favor. Todo lo que estaba destinado a hacerte daño, Dios lo ha hecho todo para bien. Todo eso ha pasado, no importa lo que sea que tuviera que hacerte daño, Dios te tiene en sus brazos.

Ninguno de nosotros llega a estar demasiado quebrantado. «Dale a nuestro Señor el beneficio de creer que su mano te guía, y acepta la ansiedad de sentirte en incertidumbre e incompleto», aconseja Pierre Teilhard de Chardin.[3]

Sin pensarlo siquiera, mis dedos buscan en mi muñeca el lugar donde una vez me corté y recorro con las yemas esa cruz; hasta el sufrimiento de José fue la puerta a descubrir más de Dios.[4] El sufrimiento que no nos separa de más cosas de este mundo y nos hace irrumpir en más de Dios es un sufrimiento desperdiciado.

Conviértete en esa cruz. Cruciforme.

—Mamá. Tú y yo —las palabras salen de algún lugar de mucho tiempo atrás—. Todo lo que ha pasado es lo que nos convierte en terciopelo. Todo eso es lo que te hace bella, lo que te hace amar, lo que te hace real. Real, ¿te acuerdas, mamá?

Mi madre levanta la mirada hacia mí.

¿Cuántas veces me había leído el cuento siendo niña? *El conejo de terciopelo*. Es lo que mi hermana había dicho que nos estaba pasando. ¿Qué significa vivir de manera real, amar de manera real, ser un creyente real, un ser *viviente* real?

Mamá musita en voz baja: «¿Qué es real?».

—¿Qué es REAL? —preguntó el conejo un día [...]

—Real no es como estás hecho —dijo Caballo de Tela—. Es una cosa que te sucede.

—¿Y eso duele? —preguntó el conejo.

—Algunas veces —dijo Caballo de Tela, porque él era siempre sincero—. Cuando eres Real no te importa ser lastimado.[5]

¿Qué es real? ¿Vida real, creencia real, fe real? La vida real no siempre se parece a vivir; a veces te puede parecer que te estás muriendo. Puedes tener la sensación de estar partiéndote y perdiendo tus pedazos... y así es. Porque, cuando te permites amar, dejas que mueran partes de ti. *Si no, es que en realidad*

PERMÍTETE AMAR.

DEJA QUE MUERAN PARTES DE TI.

SI NO, EN REALIDAD

NO ESTÁS AMANDO.

no estás amando. Debes dejar que se rompa tu falso yo, las partes de ti que solo eran necesarias en tu pensamiento. Tienes que abrazar tu unión con Cristo, rendirte sin temor y confiar en que lo que se está rompiendo y perdiendo no son nunca las partes eternas y necesarias de tu ser, sino siempre las partes temporales e innecesarias que se interponían en tu camino a ser real.

Recorriendo con los dedos estas dos líneas de tinta que se cruzan en mi muñeca, es como si todo se deshiciera hasta dar paso a la esencia de lo real: la cruz.

—Mi mamá de terciopelo —susurro, tocando su mejilla—. El milagro de lo real sucede cuando dejas que todo tu sufrimiento cree amor. Cuando dejas que el dolor produzca pasión. La pasión te hace real, mamá —le digo a ella, pero soy yo la rota y lastimada, predicándome el evangelio a mí misma, tratando en hallar el camino. Leo su mirada. Sostengo su arrugada mejilla en mi mano—. Quiero que estés bien.

Mamá asiente, cerrando un poco los párpados como una represa que lo contiene todo.

—Yo también quiero que estés bien, hija.

—Pero ¿sabes qué, mamá? —Me arrodillo frente a ella. La miro, su mano acariciando suavemente a la mía, sus labios apretados tratando de detener las lágrimas—. Tú me estás enseñando cómo sentirme segura cuando no estoy bien, cómo sentirme a salvo cuando estoy mal... cómo sentir que soy amada aun cuando esté quebrantada.

La cruz dibujada en mi muñeca toca la mejilla mojada de mamá.

—Ser valiente es algo necesario. Pero hay quizá un camino de quebrantamiento hasta sentirse lo bastante segura como para ser real y no estar bien. Tal vez lo que más valor requiera sea ser lo bastante real como para decir que estamos quebrantados y nos falta valentía; y confiar en que somos amados en nuestro quebrantamiento y falta de valentía.

Uno de los rizos blancos de mamá cae delante de sus ojos. Se lo recojo suavemente detrás de la oreja.

—¿Mamá? Eres la más valiente cuando expresas tu falta de valentía. Eres la más segura cuando eres la más real. Cuando eres la más real con respecto a tu quebrantamiento es cuando puedes saber que eres más amada.

Beso a mamá en la frente y puedo sentir cómo se inclina hacia mí, hacia la gracia.

No eres la más amada cuando finges tenerlo todo; eres en realidad la más amada cuando te sientes quebrantada y hecha pedazos.

¿Estaré comenzando a ver?

Limpio la cruz emborronada de la mejilla de mamá.

Hay una cruz que nos hace dar seguridad a todos. Jesús se fija en las partes quebrantadas de nosotros en las que no queremos que nadie se fije. Lo que más atrae a Jesús son los asolados, y él ve más bellos que nadie a los quebrantados. Y nuestro Dios quiere las partes menos queridas de nosotros más que las demás. «Las vidas de corazones desgarrados listas para el amor no se le escapan de la vista a Dios ni por un instante [...] El sacrificio que agrada a Dios es un espíritu quebrantado».[6] Nada satisface a Dios más que dejarle tocar los lugares que tú crees que no le agradan. A Dios le atraen las cosas quebrantadas... para poder dibujar las cosas más bellas.

¿Cómo cree el que está roto?

—Cualquiera puede encerrar su dolor en una caja fuerte de insensibilidad —le susurro a mamá y al quebrantamiento que hay en ambas—. Cualquiera puede fingir, disfrazarse con máscaras baratas. Pero los valientes sienten sus fracasos y abandonan todo esfuerzo por bloquear el sufrimiento. Los valientes permiten la entrada al quebrantamiento.

Tienes que poner tu quebrantamiento sobre la mesa. *Apuéstalo todo.* Algo santo está sucediendo en mis lugares rotos. *Deja que todo este sufrimiento se convierta en amor.*

«No huyan del sufrimiento; abrácenlo —nos sugiere Jesús—. Síganme y yo les mostraré cómo hacerlo. La autoayuda no es ayuda ninguna. Negarse a uno mismo es el camino, mi camino, para que se salven, ustedes y su verdadero yo. ¿Qué tendría de bueno conseguir todo lo que desees y perderte tú, *el tú real?*».[7]

Miro a mamá. *Lo hacemos. Todos lo hacemos.* Tomar nuestra cruz continuamente. Haciendo presente a Cristo contra las mentiras, justo en medio del quebrantamiento... *cree que hay poder en tu quebrantamiento.*

Froto ligeramente la mejilla de mamá, le vuelvo a susurrar como cantándole una nana, acunándonos madre e hija, dos viejas madres. «Es la pasión desolada que se parece a la suya la que nos está haciendo reales, mamá». La pasión es una disposición a sufrir por alguien a quien amas. La pasión no tiene que ver con deseo, sino con rendida entrega. La pasión no trata sobre a quién quieres más, sino sobre por quién o por qué estás más dispuesta a sacrificarte. *Pasión*; su significado general viene de «padecer», «soportar». Esa es la cuestión, la punzante cuestión: la pasión consiste literalmente en estar dispuesto a «soportar», a portar sobre ti tu cruz y llevarla por amor.

¿Acaso no está todo ahí? Llevar tu cruz consiste en sobrellevar tu dolor de una manera tal que ella lo convierta en amor.

—¿Mamá? —Me inclino hacia ella—. Tú no sabías cómo hacer que tu pequeña Aimee regresara —digo, y ella mueve la cabeza de modo que no puedo leer su cara—. Tú no sabías cómo detener las voces que decían que eras una mala madre. No sabías cómo hacer que tu matrimonio sobreviviera. No sabías cómo alejarte de las mentiras. No sabías cómo seguir adelante, *pero no te endureciste en medio de todo eso.*

Bendito aquel que persevera y hace cosas difíciles. Los malos tiempos no perduran, pero los que se aferran a Dios sí permanecen. Y la realidad es… que él ya te tiene bien agarrada.

—¿Mamá? Tú cargaste con el dolor y no te alejaste. Fuiste paciente con el sufrimiento. Tuviste la suficiente pasión, la suficiente disposición para sufrir, para dejarte romper y convertirte en terciopelo real.

A veces no es culpa tuya. La vida nos rompe. La caída nos rompe. El quebrantamiento que hay dentro de nosotros nos rompe. Estos fracasos y recaídas, sufrimiento, sacrificio y servicio, todas nuestras minimuertes, son la dolorosa gracia que puede convertir en real el terciopelo dispuesto.

—¿Recuerdas aquella vez que te llamé desde el aeropuerto? —pregunto, y ella sonríe aunque no quiere, me hace un gesto como para cambiar de tema—. Tres horas antes de mi vuelo, había registrado a fondo mi bolso, pero no estaba allí: mi pasaporte. Y tú lo encontraste en mi escritorio —continúo, la luz parece disolverse en oro sobre la mesa, en sus cabellos de plata—. Lo dejaste todo, cancelaste todos tus planes de ese día y saliste en medio de aquella ventisca.

Ella sonríe, se limpia los ojos.

—¿Condujiste esas dos terribles horas hasta el aeropuerto, desviándote por no sé cuántas carreteras cortadas y accidentes que había?

Se deja oír un poco su risa cantarina y yo la amo aún más.

—Y ni siquiera te quitaste el pijama —prosigo. Le toco la mano—. Bajaste la ventanilla repleta de nieve, ondeando ese pasaporte como una bandera de victoria. Y eras la mamá de terciopelo más linda que había visto en mi vida. Te acordaste de mí. Ese es el regalo que me hiciste, mamá. Me amaste más que a ti.

Mamá me pasa la mano por el pelo. Solo logra articularlo:

—Gracias.

Mi madre y yo estamos enlazadas en esta frágil *koinonía*, este quebrantado dar y recibir.

—¿Mamá? Tienes un corazón precioso, sobre todo los bordes rotos por los que dejas entrar al amor.

Ella se inclina hacia mí y me besa en la frente, como gracia sanadora.

La koinonía *es siempre, siempre, el milagro.*

Llevo a casa los lentes de Hope, ya puedo ver. Veo cómo ninguno de nosotros puede ver de manera natural por sí solo.

Pero, si somos pacientes, si dejamos que nos ayuden, que nos transformen, que *nos amen de manera real...* puede que podamos ver el camino a Casa.

Rompe tu quebrantamiento

El gozo del Señor se produce dentro del dolor.

TIMOTHY KELLER

Parada en el porche varias semanas más tarde, observando cómo la luz del día se condensaba y se asentaba en una antorcha que atravesaba los campos de trigo maduro al oeste, espero que Joshua acabe de ordenar sus cosas en el maletero del auto.

El vehículo está en el camino y él ya está listo para dirigirse a la universidad. Tiene sus llaves en el bolsillo, el muchacho y yo sabemos de llaves perdidas y de cómo amarnos intensamente el uno al otro a través de nuestros bordes rotos. Quiere que le corte el cabello una última vez. Sostengo la maquinilla de afeitar en la mano, aquella que habíamos encontrado muchas lunas atrás en rebajas, ya montada y lubricada.

¿Cómo dejarlo ir? Había tenido a ese muchacho, lo había acunado en mis brazos, lo había tenido dentro de mí. Más de una década y media —diecisiete años— había yo aprendido, olvidado y vuelto a recordar cómo aguantar y ser su *stego* —su lugar seguro— y dejarlo ir. En nuestra propia historia, él era el muchacho que llevaba siempre mi corazón bajo el brazo y yo era el conejo de terciopelo lleno de preguntas y con tantas

ideas acerca de cómo deberían ser las cosas que todo acababa resultando un error, la que seguía aprendiendo, más despacio que nadie, cómo ser real.

Él se ha aprendido mi mirada y yo he memorizado su cara con cada año supuestamente imposible, y estoy como desesperada por atascar los engranajes del tiempo con todos mis pesares, llevar de un jalón un revoltijo de años de regreso a sus inicios y demostrarle una vez más mi amor, de la manera como siempre esperé y soñé que se lo demostraría… si yo hubiese sido mejor, el tiempo hubiese sido más favorable y las heridas hubiesen sido menores. ¿Dónde estará ese botón de reinicio cuando los lamentos te oprimen con fuerza?

Cuando se sienta en el taburete para su último corte de pelo antes de marcharse manejando por última vez como muchacho, daría lo que fuese por trocar la última vez por la primera.

—¿Y bien?

—Corto, mamá —dice, sentándose, y yo todavía puedo ver en un lado de su cabeza la cicatriz que se hizo cuando tenía dos añitos. ¿Cómo se ve tan alto en esta silla?—. Déjamelo corto.

Cortos han sido los años, hijo. Los años pueden ser demasiado cortos, y todas las maneras en que te has quedado corta han sido demasiado largas. La maquinilla de cortar el pelo sube por su nuca desnuda. Corto despacio… todo se desvanece.

¿Me disculpo una vez más por todo lo que hice mal? Siempre habrá tiempo suficiente para pedir suficiente perdón y gracia.

Entonces, de repente, dice algo por debajo del zumbido de la maquinilla:

—Gracias por todo, mamá. No habrías podido ser una madre mejor. Todos los libros que nos leíste. Todos los paseos por el bosque. Y hacerme seguir practicando piano. Y decir «lo siento». Gracias por siempre decir «lo siento».

Le recorto el cabello por la nuca. Reprimo este nudo ardiente que se me forma en la garganta. Tenemos tan poco tiempo.

Pero cometo tantos errores.

Después de diecisiete años, ahí está: he sido la mamá rota que castigaba cuando necesitaba orar; que les gritaba a los niños cuando necesitaba ayuda; que se abalanzaba sobre las cosas cuando debía haber recurrido a Jesús. Hasta que no ves las profundidades del quebrantamiento en ti, no puedes conocer las profundidades del amor de Cristo por ti. El pelo de Joshua me parece agua que se escurre entre mis dedos.

Esta noche, la encimera está llena de platos, como recuerdos, y hay niños tumbados en el columpio del porche tratando de leer el mismo libro al mismo tiempo. Y está el trigo que ahora reposa cómodamente en el tarro en el alféizar. Y estoy yo cortándole los cabellos a nuestro hijo por última vez antes de que se aleje en su auto. Y, por el amor de Dios, apenas queda tiempo para partirse, entregarse y multiplicarse.

Nunca pensé que me equivocaría tanto. Nunca pensé que amaría de esta manera. Nunca pensé que sentiría tanto gozo. *Sé paciente con la paciente obra de Dios en ti.*

—¿Qué es lo que siempre dice la abuela? —me pregunta en voz baja, con la cabeza agachada de manera que me presenta la nuca como una ofrenda ante la maquinilla. Sí, si mi madre no nos lo dijo mil veces, a mí y a los niños, no nos lo dijo ninguna: «La cuestión no es si te vas a equivocar o no; la cuestión es qué vas a hacer luego con tu error».

La cuestión no es si se te va a romper o no el corazón; la cuestión es cómo vas a convertir después ese quebrantamiento en abundancia.

Y lo que había tenido que hacer después, muchas veces, es decir «lo siento»; mejor dicho, *tengo que* decir «lo siento».

¿No es el arrepentimiento una tesis fundamental de vida, de tomar el camino del quebrantamiento?

La primera de las noventa y cinco tesis de Martín Lutero decía: «Cuando nuestro Señor y Maestro Jesucristo dijo: "Haced penitencia...", ha querido que toda la vida de los creyentes fuera penitencia».[1] Si toda la vida de los creyentes es penitencia (arrepentimiento), ¿cuál es, si no, el llamamiento de la vida entera de los creyentes salvo el de un camino de quebrantamiento? Si reduces el arrepentimiento a un único acto en el principio de tu vida cristiana, reduces la totalidad de la vida cristiana a un solo acto. Un acto de fingir, un falso acto de aparentar, un simulado acto de impostura.

Una noche, había tomado ese mismo bolígrafo que usé para escribir el *eucaristeo* por los inagotables obsequios y la *koinonía* de esa cruz en mi muñeca, y me había quebrantado, página tras página escrita de arrepentimiento, con cada pecado que podía recordar haber cometido. A qué me había sentido tentada, qué había hecho sin que nadie lo supiera. El día que azoté con fuerza a mi hijo y el millar de modos diferentes en que me había engañado a mí, a Dios, a nosotros, a ellos, de incontables maneras, todas las veces que había escupido palabras tóxicas y había herido con fuego a corazones a los que afirmaba amar, cuando me amaba más a mí. Páginas y páginas manchadas por mis manos ensangrentadas.

Arrepiéntete. Estás rota y no puedes fingir que no es así. Qué alivio. *Arrepiéntete.* Es la primera palabra de la enseñanza de Jesús; no el amor, ni la gracia, la primera palabra es «arrepiéntanse».[2] Empiezas a romper tu quebrantamiento cuando rompes con él, cuando se lo pasas a Aquel que fue partido por ti.

Si no tienes el arrepentimiento como una parte diaria de tu vida, ¿cómo va a serlo la gracia?

El arrepentimiento es lo que te mantiene en marcha, puliéndote, re-formándote, rehaciéndote, convirtiéndote en real.

LA CRUZ SOLA ES

LA QUE HACE QUE LAS COSAS

IMPOSIBLES SEAN POSIBLES.

Le corto unos pelos sueltos que tiene sobre las orejas.

Lo siento. Por todas las partidas de Monopoly que no jugué mientras todavía estaba a tiempo. Lo siento por no decir más veces sí en el momento adecuado y por decir no en los momentos inadecuados, y lo siento por perder los estribos y por no volar más cometas, lo siento no ser más apasionada, por no estar más dispuesta a sufrir por amor a ustedes. El amor sin medida es la única medicina que lo curaba todo.

Todavía hay luz. Todavía la hay por los campos de trigo.

El quebrantamiento es siempre el principio. El arrepentimiento, el quebrantamiento bueno, es la única forma de progresar en la vida cristiana, porque solo se produce crecimiento cuando se rompe y se abre la semilla. Siempre que estés delante de la majestad de un roble piensa que no estaría ahí si no fuera por una semilla rota.

Se le han ensanchado los hombros… como a todo un hombre. El niño se ha hecho un hombre. Y eso es lo que me ha estado sucediendo todos estos años, la madre de terciopelo que se está volviendo aterciopelada: cuando te comprometes a amar a alguien, te comprometes a perder algo de ti, te comprometes a morir.

¿Es por eso por lo que la comunión vulnerable puede parecer tan terrible?

Siguen cayendo cabellos suyos en el porche, todos alrededor de mis pies. Donde las personas viven como Jesús habrá sangre en el piso. Habrá un millar de pequeñas muertes.

Qué daría yo por haberlo sabido: acepta la tensión de sentirte llevada al límite de ti misma. En la cruda experiencia del «no puedo hacer esto» experimentas cómo él te convierte en alguien que sí puede. Y nuestros corazones quebrantados son llamados a ese imposible, porque en eso es en lo que él, el que está en nosotros, nos convierte: en los capaces de lo imposible.

El amor es realmente amor cuando amamos lo que no es

amable. El perdón es realmente perdón cuando perdonamos lo imperdonable. El arrepentimiento es realmente arrepentimiento cuando dejamos que nuestros amores incorrectos sean quebrantados por la rectitud de su amor inquebrantable. La fe es realmente fe cuando creemos en Dios para lo increíble. Porque, con nuestro Dios, nada es imposible y nuestro Dios es *capaz*, y, con nuestro Dios en nosotros, todos nuestros esfuerzos rotos se vuelven capaces y posibles y nosotros somos los capaces de imposibles haciendo lo que nuevamente es posible.

Los mechones de pelo sobre sus hombros, sobre su espalda, caen como los años. Parece otro. Rehecho. O puede que sea solo yo. Los dos... capaces de lo imposible.

Giro la maquinilla en mi mano y veo esa cruz dibujada en mi muñeca. La cruz sola es la que hace que las cosas imposibles sean posibles. Y la cruz sola es el quebrantamiento bueno que puede romper el quebrantamiento malo y hacerte real.

Sin tus heridas, ¿dónde está tu fuerza? Has tenido que traer hijos al mundo; has tenido que ser como un techo, soportar la carga de todo, del amor, de todo lo que es la cruz.

«La de llevar la cruz es la lección más larga de nuestra vida mortal —escribió J. I. Packer—. Es parte de la salvación de Dios, la llamada santificación. Es una lección que tenemos delante en cada momento de cada día».

«Si la vida fuera una lección de arte —continúa Packer—, podríamos describirla como un proceso de encontrar cómo convertir esta arcilla en porcelana, esta nota discordante en esa sonata, este vulgar bloque de piedra en esa estatua, este enredo de hilos en esa tapicería. Sin embargo, hay mucho más en juego que en una lección de arte. Estamos inscritos en la escuela de la santidad y el producto de la labor somos nosotros mismos».[3]

Ya tiene la nuca afeitada. Se levanta. Se cepilla los cabellos cortados de los hombros. Y ahí está, dejando de ser un muchacho para convertirse en un hombre mientras los dos estábamos sencillamente cambiando. Y así ha sido siempre, un proceso apasionado de convertir todo lo que ha sido en terciopelo. Dios nos ha inscrito en esta escuela de santidad, y la obra de arte en proceso es nuestro yo real. El sufrimiento aceptado voluntariamente, hecho posible, se está convirtiendo en gloria.

Hacer a un ser humano es en última instancia una función propia del proceso apasionado de cargar la cruz. Solo el proceso de cargar la cruz te convertirá en alguien apasionadamente humano. Real. Este desafío a dibujarme una cruz en la muñeca cada día y dejar a Dios que me reescriba en todas mis historias, este era el desafío a llegar a ser nada menos que real y plenamente humana.

—Si no te importa, barre los cabellos al porche —dice, mientras se los sacude del pecho—, así los pájaros se los llevarán para sus nidos.

Asiento, me paro en el borde del porche y lo veo marcharse, lo veo alejarse conduciendo por el camino.

Desde luego, antes de ponerse más fácil se hace más difícil. Pero al final será mejor... si no te rindes cuando está más difícil. «No nos cansemos de hacer el bien ya que, si no desfallecemos, a su tiempo recogeremos la cosecha».[4]

Ese es el obsequio que él y yo estamos dando y recibiendo, una comunión real de relación. Las relaciones solo llegan a existir en tanto que siguen respirando en el aire del perdón mutuo, y él y yo hemos encontrado una gracia fuera de lo común. La gracia puede alcanzarte cuando atraviesas un gran dolor e iluminarte con la más grande esperanza.

Dejo la escoba en la puerta. Dejo todos los mechones y todos nuestros pedazos apasionados, los dejo atrás para lo que sea que pueda venir.

La verdad incómoda
que nadie te cuenta

Si hoy fuera tu último día, ¿harías lo que estás
haciendo? ¿O te dedicarías más a amar, a dar y a
perdonar? ¡Pues hazlo! Perdona y da como si fuera
tu última oportunidad. Ama como si no hubiera un
mañana y, si llega mañana, vuelve a amar.

MAX LUCADO

¿Sabría ella que vendríamos todos a su entierro, que nos reuni-
ríamos todos a su muerte?

Nuestra Elizabeth. *Mi* Elizabeth.

Cuando se produce esa intersección de nuestros momentos,
cuando nuestras vidas se cruzan, ¿sabemos siempre, en algún
lugar en el fondo de nosotros, que estamos ante algo santo? La
cruz pende ahí en la fachada de la iglesia. Ha caído la tarde,
densa y saturada, en las vidrieras. La primavera reposa en los
árboles de afuera.

Elizabeth, con su George y el balde rojo que tenía más sentido vacío que lleno; Elizabeth había muerto, se había vertido.

Estoy ante su ataúd cubierto. El aire del santuario está cargado con el olor de los lirios, el perfume antiguo y las mechas de
las somnolientas velas. Elizabeth, atrapada en esa caja oscura

con bisagras. Mi Elizabeth había comenzado como cada uno de nosotros, como una única célula, casi invisible. Las moléculas se agruparon, las mitocondrias enviaron sus mensajes y comenzamos como un remolino microscópico. Y entonces, desde el mismo comienzo, empezamos a partirnos.

Romperse, dividirse y multiplicarse, porque ¿qué otro modo hay de crecer? No hay otro modo de transformarse y empezar a pertenecer, solo este romperse y dividirse para formar un corazón... un corazón que comenzó con una rotura, que fue creado para romperse. El corazón late y, entonces, cuarenta semanas después, seis trillones de células atraviesan aplastadas un canal de parto en ese alarido primigenio. Luego, tras cuarenta breves años, todo puede detenerse en muerte para siempre.

¿Cómo es que no tengo manera de transmitir todo lo que siento, todo este amor doliente todavía atrapado en mi pecho, algún modo de que llegue a su pecho para que le quede constancia y se lo pueda llevar con ella? Tal vez ahora lo sabe mejor que nunca, pero ¿cómo puede haber ahora este hueco en el mundo, en el lugar que ella ocupó, y pretender que sigamos adelante sin más? Delante de mí, una mujer hace crujir el banco moviendo el reclinatorio adelante y atrás, adelante y atrás.

¿Cómo puedo decirle a Elizabeth que no estoy preparada para interrumpir de golpe nuestra conversación, que tenía más cosas que decirle, que me muero por decírselas, que esta sima entre el tiempo y la eternidad que se interpone entre nosotras me está matando de dolor?

Alguien dijo que volvería a estar presente en el sol, que reviviría en nuestras oraciones, pero yo no sé de eso. Cuando la salida del sol dibuje su agujerito en el horizonte mañana por la mañana, ¿se escurrirá de alguna manera todo nuestro dolor por él como por un desagüe? ¿Por qué es que solamente acabas viendo cuánto amas cuando te enfrentas a la vida sin la hermosura de los seres amados? ¿Por qué la manera más clara de amar tu vida es imaginarte perdiendo partes de ella?

Suenan unos tacones de mujer en la parte posterior de la iglesia. Después, el casi silencio de nuestros latidos.

Otra amiga, que también había estado a las puertas del cielo, me había dicho: «No pasará mucho tiempo antes de que nos reunamos, pero para el mortal parece imposible entender la estrecha cercanía de la eternidad».[1] Nada me hace sentir esa cercanía, allí junto al ataúd de Elizabeth. Todo lo percibo roto y a una distancia imposible.

Todo lo que puedo oír en el ensordecedor e inaccesible silencio entre Elizabeth y yo es este eco de *El libro de oración común*: «De toda opresión, conspiración y rebelión; de violencia, guerra y asesinato; de muerte repentina y sin preparación, líbranos, buen Señor».[2]

Sin embargo, ¿acaso no anhelamos una muerte que sea repentina e inesperada para evitar ser conscientes de que nos estamos muriendo, para evitar tener que prepararnos? En otro tiempo, la gente le tenía miedo a una muerte súbita y sin preparación, por temor a presentarse ante Dios de repente y sin estar preparados. Ahora quizá tememos a la muerte únicamente, porque no tenemos temor de Dios.

Alguien en el pasillo se suena la nariz.

Se nos va Elizabeth, ha sido como un latigazo. No estoy preparada. Pero he contenido brevemente lo que está intentando salir, he tapado el torrente de cotidianeidad que no cesa, detengo un momento toda la vida porque ella ya no está viva, y vengo por última vez a ella, adonde ahora no hay más que este vacío, esta hendidura que no me dejará llegar a alcanzarla.

Cuando el director de la funeraria cierra las puertas de atrás del santuario, los bordes inferiores raspan el piso. He retorcido el pañuelo que llevo en la mano hasta formar esta caracola y mis oídos reverberan con una especie de ruido de choques.

Esto es todo lo que puedo hacer ahora en mi intento de seguir amándola: hacer acto de presencia. A Elizabeth le habría encantado. ¿Le habría gustado si me hubiera presentado más veces? ¿Si me hubiera presentado con el obsequio de una vieja manta desgastada y le hubiera dicho —no preguntado, sino dicho— que nos íbamos al parque con una pila de libros viejos para contemplar las nubes? ¿Si le hubiese devuelto la llamada aquella vez que pensé que ya era tarde? ¿Si no hubiese pasado de largo ante aquella bufanda que gritaba su nombre y la hubiera sorprendido regalándosela porque sí?

Si hubiese apartado cinco minutos, tomado una postal y escrito tres líneas: «No hay en el mundo una risa como la tuya. Tú me entregaste una provisión vitalicia de ánimo por amarme de esta manera. Y sí, me superas ampliamente en todo, pero en esto te gano: yo te amo más». ¿Por qué no había sido yo ese obsequio más a menudo? El ministerio de la presencia es un don con fecha de caducidad. Todo lo demuestra ahora: esta es la felicidad inesperada, ser partida y entregada para bendecir.

El ministro accede al púlpito tallado, entre el susurro de sus vestiduras. Su voz es lenta, como el vino viejo, asentada y con cuerpo. Cuenta que la última vez que estuvo con Elizabeth ella había murmurado: «Todo te lo entrego a ti, Señor». Las palabras resuenan en el recinto abovedado. ¿Cómo lo cambia todo entender el sufrimiento como la invitación de Cristo a seguirlo hasta la cruz y compartir su cruz? «Cristo va a la cruz, y a nosotros se nos invita a seguir hasta esa misma cruz. No porque es la cruz, sino porque es su cruz», escribe Peter Kreeft.[3]

Puedo ver a la Elizabeth de doce años de edad en el banco

de enfrente. Se vuelve y mira a su ataúd, con el pelo cayéndole sobre los ojos. Yo había aparecido cuando Elizabeth estaba entre sus sesiones de quimio. Pasamos una tarde con el sol a nuestras espaldas junto a un ventanal de esa cafetería de la esquina. Ella me había enseñado a hacer las mangas para un suéter de punto. Su cabeza calva era como una perla.

Cenamos una vez con su tío Joe y sus padres en ese restaurante italiano allá en Michigan, y su padre le pidió al camarero que apagara la música, porque éramos los únicos allí. Y estaban esos millones de correos electrónicos, diez millones de mensajes y un puñado de fines de semana de chicas en los que apartábamos tiempo la una para la otra, nos intercambiábamos el obsequio de la otra, reíamos como hienas en torno a la humeante comida china y llorábamos a las tantas de la noche hablando de los niños, de la maternidad y de lo que significa un trabajo y una entrega incesantes. Y Elizabeth, la eterna dadora, terminó tejiendo esos calcetines para los cuatro, que nos iban al dedillo. No nos hacíamos a la idea de poder estar separadas.

Murió un Jueves Santo, el jueves que él nos mandó amarnos los unos a los otros, el jueves de comunión. *La koinonía es siempre, siempre, el milagro.* Puedo oír su voz al otro lado del teléfono, diciendo como siempre, sin vergüenza: «*Te quiero*». ¿Por qué no decimos lo que queremos decir hasta que es demasiado tarde como para que signifique algo? Puedo cerrar los ojos y escucharla reír. No esperes, abre tus ojos y contempla todo lo que puedas, graba todo lo que puedas en tu memoria, antes de que no puedas volver a abrirlos.

Azul celeste. El techo que nos cubre a todos y al ataúd de Elizabeth es azul cielo. Amarillo pastel, las paredes del edificio son amarillo pastel, como botones de oro, como un cálido sol de primavera... como la manera en que ella se reía.

El polen amarillo que se adhiere en las capas de los lirios es como partículas perdidas de sol atrapadas en sus cuellos de trompeta.

Elizabeth nunca dejó de luchar como una valiente. Ni cuando el herpes rezumaba y le dejaba las paredes de la boca en unas condiciones en que tragar era como ahogarse con cuchillas. Ni cuando el cáncer convirtió sus vértebras en polvo, con una agonía titánica en su colapso. Ni cuando empezó a perder sangre como un lento goteo de muerte. Sé valiente y no ores por que la dificultad se vaya, ora por una valentía que sea mayor que la dificultad.

Elizabeth me lo dijo una vez, me lo dijo una docena de veces, especialmente en medio de las noches más terribles: cuanto más sufre, más logra amar. Esto es siempre verdad, en todas partes. Elizabeth no eludió el sufrimiento, porque no quería eludir amar.

Porque Elizabeth sabía que «el amor es el acto más característico y más completo del ser humano. Somos más nosotros mismos cuando amamos; somos más el pueblo de Dios cuando amamos», y amar como ama Jesús, personificando nuestra unión con Cristo y nuestra *koinonía* con el cuerpo de Cristo, es el singular trabajo de toda una vida del seguidor de Jesús. *Siempre vale la pena sufrir por eso.* Hay un río por el que cada alma debe pasar para alcanzar el reino del cielo, y el nombre de ese río es sufrimiento, y el camino para cruzarlo es una cruz hecha con clavos de amor.

Estoy en pie junto a su ataúd, sintiendo lo que ella sabía: el dolor es el precio ineludible que siempre pagamos por el amor.

El marido de Elizabeth abre la boca lentamente para el pan. Traga comunión junto al ataúd cubierto de blanco de su esposa.

El camino a través del quebrantamiento es, y ha sido siempre, liberar al que sufre de la soledad del sufrimiento escogiendo

SER

EL PUEBLO QUE HACE

RE-MEMBRANZA,

ESTA ES LA LABOR DE POR VIDA

EN UN MUNDO DESOLADO.

participar en el sufrimiento con ellos —*koinonía*—, escogiendo estar con los que sufren, quedarse con los que sufren, y permitir que todo sea moldeado conforme al sentido que *trasciende* el sufrimiento.

Elizabeth me había pedido que me sentara con ella mientras pasaba por la quimio. Ella había intentado hacer calcetines de punto durante el goteo; más calcetines de oración, orando con cada vuelta. Había sido su elección: ser una guerrera de oración. No una miedosa llena de lamentación.

Miro los bancos arriba y abajo. Arcoíris de calcetines. Los asistentes se han puesto los calcetines que Elizabeth tejió para ellos; los calcetines de oración de Elizabeth, su tejido de oración en cada una de las 19.800 puntadas de cada par de calcetines. Los bancos están llenos de ellos, un caleidoscopio de verdes azulados y púrpuras, de azules borrosos y grises, y un alboroto de morados, calzados en Mary Janes rayadas y zapatillas de ballet, en tenis y mocasines lustros negros. Estamos todos calzados con el evangelio, con pedacitos de Elizabeth, partidos, entregados y tejidos a punto... y yo podría romper a llorar aquí mismo.

Suena un violín. Un violoncelo. El vino, el cáliz de su sufrimiento, entra por mi garganta con una punzada caliente y amenazadora. Eso es lo que hizo Elizabeth. Se convirtió en vino, amenazador para mis muros protectores. No puedes saber el vino que serás durante los días en que estás siendo quebrantada y aplastada como las uvas.

¿Son los capítulos más dolorosos de nuestras vidas siempre los más significativos?

Crujen las rodillas. *Oh, Dios de mi alma, sé tú mi visión.* Las notas se elevan al techo azul. El padre de Elizabeth entrelaza sus dedos con los de la madre.

Todo el que ama acabará sufriendo. Si no la hubiéramos amado, si no la hubiéramos dejado amarnos, no arderían nuestros pulmones con este dolor. Cuando mandó «amarás a tu prójimo», Dios sabía que al guardar el mandamiento de amar mantendríamos también el sufrimiento. Y aun así nos dio ese mandamiento.

El amor circula por nosotros a través de las venas del sufrimiento. Giro la muñeca para ver otra vez esa cruz ahí. *Este es el camino. No hay otro.*

A veces está muy claro: solamente podemos amar en este mundo si estamos dispuestos a sufrir con el mundo. «Porque tanto sufrió Dios por el mundo que entregó a su Hijo Unigénito al sufrimiento», escribió Nicholas Wolterstorff.[5] El sufrimiento está en el mismísimo centro candente de todo, porque *el amor existe*. No tenemos que sentirnos solos en el sufrimiento, pues Dios es un Dios de sufrimiento, que está cercano a nuestro clamor.

Podemos recibirlo si queremos: *siempre hay más de Dios*. En las lágrimas está la intimidad. Dios nos comprende porque él está con nosotros. Cientos de nosotros permanecemos hombro con hombro, con nuestros calcetines sagrados en el santuario de la iglesia, dándolo todo en nuestros pulmones. *Tú en mí morando, tú y yo en unidad.* Siempre hay unión con Cristo, solo tenemos que despertar a ella, y la *koinonía* siempre es el milagro. Trato de grabarlo todo en mi memoria: los colores, las caras, todas las miradas. *Tú eres mi herencia, eres tú mi porción...*

Lo había leído y nunca lo olvidé: la palabra *sufrir* viene del latín «soportar». El sufrimiento es un acto de sometimiento, de soportar aquello que no está bajo nuestro control. Quiero preguntarle a Elizabeth: *¿Es por eso por lo que evitamos a* *toda costa el sufrimiento? ¿Es por eso por lo que intentamos desesperadamente evitar el dolor, porque sufrir es rendirnos a lo incontrolable?*

El sufrimiento nos pide que soportemos eso que en última instancia no está bajo nuestro control, que nos demuestra que no tenemos el control. Y quizá eso sea demasiado para nosotros en nuestra cultura autónoma, de «hágalo usted mismo». Quizá más que el sufrimiento físico, lo que no podemos soportar es la sensación de no tener el control.

Me encuentro abriendo lentamente mi mano derecha ahí en el banco. ¿No es la apertura una disposición a entregarse?

El sufrimiento nos pide en voz queda que nos rindamos de modo que ganemos una sabiduría mayor, una fuerza más profunda, una intimidad más estrecha. El sufrimiento dice que no podemos soportar solos esta cruz, solo podemos soportarla si somos capaces de depender de otros, de soportar la vulnerabilidad y la intimidad de la *kononía*. Si podemos soportar depender de Dios.

El ataúd de Elizabeth parece pequeño ahí puesto bajo la cruz de madera de la pared este. La viga maestra, un eje que podría abrir un agujero en el universo y dejar entrar a la eternidad. Inclinamos nuestras cabezas. Se entonan plegarias.

Elizabeth había elegido soportar aquello que estaba más allá de su control porque sabía que bajo ella estaban los brazos eternos de Aquel que tiene el control. Aquel que nunca la dejaría. Elizabeth eligió soportar el sufrimiento porque escogió humildemente soportar la dependencia de otros... depender de nosotros como comunidad, como cuerpo, como seres humanos que se pertenecen el uno al otro y que se sostienen el uno a otro, sostenidos por la viga transversal del cosmos: la *koinonía*.

Si el sufrimiento es soportar por los demás, y mutuamente,

¿no fue entonces ese siempre el llamamiento? En un mundo roto, ¿acaso el llamamiento no es siempre a la *koinonía*, a la comunión con la comunidad que soporta nuestras cargas con nosotros? ¿Acaso no era entonces el sufrimiento un llamamiento a que seamos una comunidad, a que estemos juntos y resistamos, confiando en esos brazos de amor que están siempre bajo nosotros?

¿Le había yo fallado? Por todas mis tacañas excusas, ¿no había vivido la *koinonía* con ella ni me había implicado en sus sufrimientos, participando en ellos y en la abundancia de Cristo? ¿No es por eso, después de todo, por lo que somos un cuerpo? «Ayuden a los hermanos necesitados», escribió el apóstol Pablo.[6] Despégate los párpados y considera sus necesidades como si fueran tuyas, porque somos el mismo cuerpo. «Hagan esto en memoria de mí».[7] Para hacer presente a Cristo, para hacer re-membranza de nuestro quebrantamiento, debemos tomar el pan machacado y partido y tragar nuestra comunión con una comunidad quebrantada.

La luz de una vela persigue el humo ascendente. La vida de Elizabeth está terminada, pero yo estoy desentrañando esto: *involucrarse cada uno en el sufrimiento del otro es la manera de hacer más fácil la comunión.* Cualquier corazón destrozado se convierte en mi corazón destrozado. No hay apatía en el cuerpo de Cristo: la apatía es lo que amputa miembros y extremidades del cuerpo. No hay distancia en el cuerpo de Cristo: son la distancia y la indiferencia las que desmiembran al cuerpo, y todos estamos deseando desesperadamente dejar de sentirnos abandonados y amputados. Esta es la realidad del cuerpo de Cristo: el egoísmo es una forma de automutilación.

Somos todos un cuerpo, nos pertenecemos el uno al otro, somos uno. Esta es la realidad práctica. La relación es la única realidad real. A menos que nuestra realidad diaria refleje la realidad práctica de nuestra unidad, vivimos un relato de terror de deformación y des-membramientos. Ser el pueblo que hace re-membranza, esta es la labor de por vida en un mundo desolado.

Levanto la mirada y el momento es ingrávido, elevado en la espiral de la llama de una vela bajo la gran cruz de la pared. *Hagan esto en re-membranza de mí.* Cualquier cosa que esté por debajo de vivir la unidad del cuerpo es ilusión y acaba en locura.

Elizabeth me envió una escena del nacimiento de papel. Los magos estaban todavía juntos. El amor de Elizabeth por nosotros rompió los límites del tiempo, rompió los límites de su cuerpo, de su corazón. «Unas veces se vieron expuestos públicamente al insulto y a la persecución; otras veces *se solidarizaron* con los que eran tratados de igual manera».[8] La expresión «se solidarizaron» contiene en griego la palabra *koinonoi*: «compañeros». Solidarízate con tus compañeros en sus sufrimientos. Participa, entra en su sufrimiento, que te ensucie y te manche de lágrimas, y bebe el trago de la comunión.

Koinonía es más que una taza de café y una pequeña charla; es el compañerismo de los quebrantados compartiendo el quebrantamiento. En alguna parte se oye un ventilador en marcha. La mujer que está delante de mí se cambia de un pie a otro. La niña que está a mi lado, Lark, solloza en la falda de su madre. Elizabeth le había enseñado a hacer punto. Lark le había enviado a Elizabeth tarjetas hechas a mano de corazones con flores sonrientes. Mi mano encuentra la curva de su hombro y se queda con ella.

¿Cómo se aprende a hacer sitio para contener todo este quebrantamiento y no tener miedo? Esta cruz en mi muñeca me ha estado mostrando cómo contener el dolor, contener el dolor de pequeñas muertes. Cómo no tener miedo de él, no combatirlo. La cruz te permite contener el dolor, porque esa cruz está absorbiendo todo tu dolor.

Oh, Elizabeth, no sé cómo voy a seguir adelante sin ti y tengo que seguir sin ti, y quisiera contarte, decirte antes de que caiga la oscuridad, quién estuvo en tu funeral: la mujer con chaqueta gris a la que escribías tarjetas de cumpleaños, a los recitales de cuya hija acudías. El hombre de traje arrugado y corbata demasiado apretada que seguías visitando mucho después de que todo el mundo dejara de hacerlo, la mujer del vestido negro a la que diste una segunda oportunidad, la niña de ojos enrojecidos e hinchados a la que perdonaste cuando esperaba que le dieras la espalda. Las personas que llenan los bancos de tu funeral son aquellas con las que nunca dejaste de perseverar, a las que nunca dejaste de visitar, en las que nunca dejaste de creer. No hay títulos ni poder en los bancos de tu funeral; está tu gente, tus amigos y familia, tus logros de amor. Todos aquellos por los que te partiste y te entregaste, para quienes te convertiste en un obsequio, y todos ellos llevan tus obsequios y todo el amor que entregaste. ¿Y cómo reverbera tu ataúd con esa verdad? *Uno no alcanza la plenitud amando a medias.* ¿Cómo le dices a alguien antes de que se vaya: *tú me has amado así*?

En el micrófono se comparten historias de ella, de todas las maneras en que se convirtió en obsequio. Un murmullo de paz, algo sagrado corre por nuestras venas, ensanchando nuestros pulmones. Se filtra por el latido de nuestros corazones quebrantados: *existen muchos caminos, pero solo hay un camino que lleve a la vida.* La manera de actuar del mundo consiste en impresionar a la gente, en crear tu propio desfile de logros. Y el camino cruciforme de Cristo consiste en dejar que el amor de Dios y las necesidades de las personas te impresionen y te moldeen con la forma de la cruz, en ser el samaritano que se sacrifica para ayudar a otros participantes en el desfile que estén heridos, y en apoyar a los olvidados.

Un camino te dirige a un callejón sin salida, el otro te lleva al amor. ¿Qué nos mueve a intentar construir una vida de éxito en lugar de una vida con significado?

Elizabeth vertió su balde... y nos obsequió el regalo de su secreto: *la prueba definitiva del amor es estar dispuesta a que te molesten*. Esto es lo que significa morir para vivir: la medida de tu amor es tan alta como la de tu disposición a que te molesten. ¿Por qué no lo había visto antes? Esas semillas de trigo contadas que tengo en casa, en su propio recipiente, ¿no serían una mejor inversión si buscase maneras de sembrarlas en el terreno quebrantado de mi propia disposición a ser incomodada? Sí, la mejor inversión de tu vida es amar *precisamente* cuando resulta más incómodo. ¿Estoy dispuesta a vivir una vida incómoda? El quebrantamiento de las personas nunca es en realidad una intrusión molesta. El modo de experimentar una integración más plena en la vida de Cristo es amando a personas quebrantadas cuando resulta incómodo.

Enséñanos a contar bien nuestros días, para que nuestro corazón adquiera sabiduría.[9]

El verdadero tendón de la comunidad, el músculo de la *koinonía*, no está en la buena impresión que nos causemos unos a otros, sino en la disposición a ponernos en una situación incómoda los unos por los otros. Delante, junto a los lirios, se juntan cinco personas que van a portar el féretro. Se vuelven, lo agarran por los lados y lo cargan para sacarlo. Ellos cargan con ella por mí.

Aquella noche en que mis temores de que mi niña siguiera

mis pasos me parecían algo inevitable, Elizabeth se había sentado conmigo, sin miedo a afrontar mi dolor, todo el quebrantamiento. Ella era del club de Dar a Otros hoY, nunca contaba con que fuera otro quien se presentara, porque había aprendido, y me había enseñado, que las personas con las que se puede contar para que se presenten son las únicas que tienen algo real que las distinga en sus vidas.

Quiero seguir tras su ataúd cubierto. Quiero *ser* ella. Todos los asistentes al funeral de Elizabeth decimos eso cuando nos reunimos en el cementerio, ante ese profundo agujero, con una dolorosa brisa primaveral: no querríamos marcharnos. Decimos que no queremos salir de allí porque ella nos había amado de una forma que no era la que cabía esperar, la de dar para recibir, sino de una manera insólita, transformadora. Elizabeth es parte de mi transformación. La pérdida siempre puede ser transformadora. «Estoy seguro de que en ninguna parte crecí en la gracia ni la mitad de lo que he crecido en el lecho del dolor», afirmó Spurgeon.[10] «No soy teóloga ni erudita —dijo Elisabeth Elliot—, pero soy muy consciente del hecho de que el dolor es necesario para todos nosotros. En mi propia vida, creo que puedo decir con sinceridad que del dolor más profundo ha salido la convicción más fuerte de la presencia de Dios y del amor de Dios».[11] La mentira más devastadora a la que una vida puede aferrarse es la mentira de que en la vida no tiene por qué haber sufrimiento, pérdida o cualquier cosa que te rompa. La pérdida es el mismísimo aire que respiramos; nosotros, como las lluvias de primavera, estamos en continuo descenso hacia la tierra que nos espera, pero podemos olvidarnos de eso. Intentamos desesperadamente olvidarnos de eso. Elizabeth no lo olvidaba, y ella nos mostró cómo romperse y entregarse a los brazos de Dios, que nos espera. Ella gastó su vida en la incomodidad, amando tanto más allá de los límites que nos rompió el corazón, testificando aquí, en un cementerio azotado por el viento. Amar a las personas sin esperar nada a cambio siempre resulta en recibir a cambio lo mejor.

Elizabeth se escapa en las lluvias de primavera, se va como un petirrojo, un alboroto de alas apenas un poco más allá del extremo de nuestra vista, cantando de cosas preciosas que vienen, se van volando y desaparecen. Arranco un solo pétalo de una de las rosas blancas que han caído de su ataúd. Lo sostengo mientras conducimos fuera del cementerio, pasando a su lado por última vez.

De camino a casa, un hombre llamado Lorne parece necesitar ayuda para orientarse. Me detengo, le pregunto si puedo ayudarlo. Él me muestra el nombre del lugar que está buscando, me pregunta la hora. Su rostro resplandece en mí como una aurora de comprensión cuando nos dice adiós.

Me tomo un minuto extra más tarde para decirle sonriendo a una cajera que se merece una medalla de oro al servicio. Le brillan los ojos, que, por un instante, me resultan familiares. Hago un alto en la calle para susurrarle a una niña que está leyendo un libro en un banco que las lectoras como ella son las que van a cambiar el mundo, y espero a ver su luz. Todavía tengo que ser el obsequio, tengo que dar a otros, partir y dar todo el amor que Elizabeth me dio a mí. Durante todo el camino a casa miro a los ojos de la gente. Y, por una serie de instantes, recuerdo que tengo que vivir en el desafío de que, aunque hay sufrimiento en este mundo, aunque mueren los seres queridos y las personas más amadas, aunque las esquirlas de nuestros corazones rotos nos perforan los pulmones a cada inspiración, ahí está la gracia de una comunión milagrosa de todos los quebrantados. Está el desafío a acudir al banquete que se va a compartir.

«La fe es una viva e inconmovible seguridad en la gracia de Dios, tan cierta que un hombre moriría mil veces por ella», escribió Martín Lutero.[12] Esta vida es un desafío a romperse y entregarse a la gracia de Dios un millar de veces, a poner en juego tu vida en su gracia mil veces más, a vivir innumerables pequeñas muertes cruciformes, hasta que emprendamos el vuelo y nos vayamos de aquí.

Más tarde llego a casa, con una intensa pena y un más intenso sentido de plenitud, y busco un bolígrafo y me repaso la cruz en la piel.

Nunca es demasiado tarde para vivir una vida notable, incómoda, entregada a las interrupciones del ahora.

También en eso consiste el amor: el amor es la disposición a ser interrumpido. *Interrumpir* viene de la palabra en latín *interrumpere*, que significa «irrumpir en». *El amor es la disposición a que se entrometan en tu vida.* No hay interrupciones en un día, solo son manifestaciones de Cristo. Tu teología se expresa mejor en tu disponibilidad y tu interrumpibilidad, y en la capacidad de que irrumpan en tu vida. Este es el camino del quebrantamiento. Es todo amor. Y yo lo desconocía: solo voy a amar en la medida en que permito que irrumpan en mi vida.

¿Sabría alguna vez cuánto había querido decirle: «Antes del final del día de tu entierro, fui a casa a tiempo para verter las semillas de trigo del pequeño balde al florero. Las puse en el alféizar al lado del pétalo de rosa prensado, el último regalo que me hiciste, aunque tu vida seguiría dándome innumerables obsequios, solo que yo aún no lo sabía. Y el único sonido que rompía el silencio en aquel momento era el tictac del viejo reloj, pero esta vez lo oía diferente, con la esperanza de poder abrazar incluso las cosas que me incomodan, porque tú viviste como viviste, porque tú viviste irrumpiendo en cada nuevo momento?».

Porque viviste de verdad.

Rompe las mentiras de tu cabeza

*Él renunció al consuelo para que tú puedas
tenerlo. Él pospuso su alegría para que tú pudieras
participar en ella. Él escogió voluntariamente la
soledad para que tú puedas no estar solo en tu pena
y dolor.*

JONI EARECKSON TADA

Noto caliente el suelo del jardín bajo mis rodillas. No puedo dejar de pensar en ella. En cómo la risa de Elizabeth sonaba como la lluvia de la risa infantil, y yo estoy seca. *Haz lo siguiente. Cuando nada parece sencillo, haz sencillamente lo siguiente.* «No juzgues tus sentimientos. Sencillamente siéntelos». Mi amiga me entregó esas palabras por teléfono como si desenterrara algo, como si hubiera encontrado algo sagrado excavando. «Para eso están los sentimientos, para sentir».

Había estado agachada en el jardín. Estaba arrancando un manojo de plantas de repollo muertas por exceso de riego. Sostenía el teléfono entre el hombro y la oreja, escuchando las palabras:

«Una no juzga los sentimientos; los siente... *y entonces se los entrega a Dios*».

Me detengo. Me levanto. Algo en mi interior que había sufrido un exceso de frío y humedad, algo que estaba entumecido y congelado, irrumpe a través de la tierra endurecida. El cuerpo de Elizabeth lleva ya tres semanas en la tierra. No va a volver, jamás, y esto no es una pesadilla de la que pueda despertar. Su voz se ha esfumado de este mundo.

Tengo que irme. Tengo que colgar el teléfono. Tengo que respirar. Es todo lo que puedo hacer para balbucear un adiós, dejar suavemente el teléfono en el camino de adoquines musgosos y respirar.

¿Y si comenzase a sentir? ¿Y si dejase romperse la presa de los sentimientos? Estaba al llegar y no había manera de detenerlo. Llorar por cómo cambian los planes es parte del plan para cambiarnos. Elizabeth había roto algo en mí; ella me había abierto a esto estirando la mano para descubrir el rostro del sufrimiento, para palpar sus rasgos, y yo no había querido retroceder, pero a veces me parecía demasiado, demasiado vulnerable, vivir quebrantada en la vida de esa manera. Pero ¿y si no retrocediera ante esto? ¿Y si no rechazara el dolor?

¿Qué sucede si te limitas a dejar que el quebrantamiento siga acercándose? Ríndete. Deja que su ola rompa sobre ti y te arrastre al pie de esa cruz. Y qué si viví como creí: *nunca tengas miedo de las cosas rotas, porque Cristo redime todas las cosas.*

Elizabeth ya no está. Y no he amado como hubiera querido. Daría lo que fuera por tener más tiempo para entenderlo todo de una manera más profundamente correcta y menos dolorosamente errónea. Yo quería ser más: más paciente, para no perderme las cosas, para tenerlo siempre todo claro, para mantener la calma y la cordura. Hubiera querido más destellos de sabiduría en el fragor del momento en que no tenía la más mínima idea de qué era lo mejor que podía hacer. Hubiera querido menos noches de arrastrarme a la cama con la sensación de ser un fracaso que siempre se equivoca cuando todos los demás parecen acertar. Hubiera querido ganarme la medalla de oro en lo que respecta a vivir adecuadamente y amar mucho y ser lo suficiente como para que me quieran. En lugar de ello, he sido la persona que huye detrás de la puerta del cuarto de baño, la persona que abre el agua para que nadie pueda oírla gritar, la persona que combate contra las cosas como son y lucha para no rendirse, la que se levanta y olvida cómo romperse en entrega. Y esto tiene su filo cortante: no soy alguien que simplemente anduvo una vez como debe ser por este camino estrecho y de repente dejó de hacerlo. No soy alguien que simplemente tuvo un pequeño tropiezo y luego se reincorporó a la senda estrecha. Yo soy la persona que siempre ha estado hecha pedazos por dentro, conociendo el quebrantamiento hasta los tuétanos, la que ha malgastado días y años desesperándose y reproduciendo el pasado, la que ha permitido que las mentiras vivan a cuerpo de rey en su cabeza, la resentida y amargada, la que se ha cortado, literalmente, y ha conocido la depresión, la autodestrucción suicida y autosaboteadora, y ha estado convencida de que acabaría sintiéndose como un fracaso roto tan grande que hubiera deseado no haber nacido.

Los sentimientos de fracaso pueden ser como este sarpullido malo: rascas un fracaso y todo lo que puedes ver es un brote que se esparce sobre ti. ¿Puedo desahogarme y preguntar cómo este intento de amar, cómo esta entrega a ser cruciforme —que es en lo que consiste el amor— puede dar la sensación de ser como que te aten a un altar y te azoten en carne viva? ¿Cómo es que hay momentos en los que te hubiera gustado cortar, liberarte y huir, solo para darte cuenta de que correrías hacia un sinsentido que únicamente te dañaría y rompería más? ¿Y si todo lo que tienes es que deseas desesperadamente, sin importar todo lo demás, que alguien recuerde cuán duro lo has intentado? Hay días en los que el agudo filo de la autocondena te corta tan hondo que, aunque puedas estar buscando, palpando, no pareces acordarte de creer que él cree en ti. *Dios, haznos hacer re-membranza de las personas.*

Quizá la única forma de comenzar a liberarnos sea abrir tus manos dispuestas y llevar el testimonio del espantoso desastre de tus cicatrices. Repasarlas lentamente y recordar lo que él dice sobre ti, aun cuando tú lo olvides. Se trata de ser valientes y permitir que nuestra oscuridad sea un lienzo para la luz de Dios. *Esto sucedió para que la gloria de Dios pueda mostrarse incluso a través de ti.*[1] ¿Y si hacer re-membranza de tu quebrantamiento es algo que viene al recordar que lo que más importa no es tu intento, porque sus cicatrices han escrito tu nombre y tu dignidad encima de las tuyas?

De rodillas en la senda del jardín, con el sol en mi cuello, en una muerta parcela marrón de repollos quebradizos, sigo la línea de los adoquines, buscando un camino. Ahí está este romperse, este derramarse por todo lo que no ha sido. Todo lo que no he sido. Se entremezclan el lamento, el duelo y el arrepentimiento. Los sentimientos están para sentirlos plenamente y luego entregárselos plenamente a Dios. La palabra *emoción* procede del latín «movimiento», y todos los sentimientos están ahí para movernos hacia Dios.

¿Y si me rindiese completamente para llegar a ser cruciforme de manera que pudiese palpar mis cicatrices, mi cicatrizada cara, y saber que mi nombre es Amada? No sé si existe alguna otra manera de irrumpir en la vida abundante si no es llegando a *saber* esto.

Toda este fracaso sube de la tierra del huerto hacia el cielo, pedazos de hojas muertas de repollo rompiéndose y cayendo en apenas un susurro del viento. Bajo mis yemas tanteantes y mis rodillas dobladas, los adoquines del sendero del jardín parecen atraerme hacia adelante.

No le doy la espalda, el duelo puede sentirse como una dolorosa canción de amor.

Es después de que el repollo se ha desmenuzado y esta aflicción ha repiqueteado las ventanas con el viento, después de que la calcificación en torno al corazón se ha partido, después de que he cerrado los ojos y me he sumergido un poco, cuando Hope entra en nuestro cuarto, se estira a los pies de la cama y puedo ver a la muchachita buscando una manera de estar en pie.

—¿Entonces... qué es lo que se supone que tengo que hacer ahora, mamá?

Y sé que me está hablando de amigas que traicionan tu confianza, lo sé antes de que termine la frase... Las niñas pueden ser rematadamente malas, las mujeres pueden devorarse entre sí, las cristianas pueden crucificarse entre sí, y yo le digo a mi niña que las niñas pueden rivalizar, pero las mujeres de verdad se revitalizan entre sí; las niñas pueden decapitarse, pero las mujeres de verdad se capacitan entre sí. Las niñas pueden compararse unas con otras, pero las mujeres se amparan unas a otras, y todos hemos sido creados para quitar obstáculos del terreno, poner en marcha la paz y promover la libertad.

Me siento frente a Hope, grabando su cara en mi memoria. Mi muchacha y yo somos un espejo la una de la otra, espejos diferentes de la misma clase. Cuando pierdes a alguien o cuando la gente te arrebata algo tuyo, te dejan tratando de encontrarte a ti misma de nuevo. Todos estamos en el medio de nuestras propias crisis de identidad, tratando de hallar nuestro propio camino fallido.

Alguien dejó una luz encendida abajo en el vestíbulo.

—De verdad, todo va a ir bien —trato de decirle a ella y a mí—. Nos irá bien, aun cuando no nos sintamos bien.

¿Puedo acordarme de sentir plenamente los sentimientos y entonces entregárselos a Dios? Las emociones se te dan para que te lleven hacia Dios. ¿Puedo acordarme? No tengo que arreglar las cosas, no tengo que negarlas, no tengo que fingir. ¿Podría sentir simplemente el quebrantamiento de las cosas... y sentir que todo va bien? ¿Podría sentirme bien estando mal, confiando en que Cristo da siempre una salida?

Hope apoya su cabeza en mi regazo. Recojo con mis manos sus largos cabellos, junto su melena en una cola y la retuerzo, una y otra vez, despacio, como si de alguna manera pudiera fabricar una cuerda a la que mi niña... a la que nosotras podamos aferrarnos.

—Hope, Niña Esperanza, escucha... —digo, mientras un petirrojo gorjea en la acacia blanca de la esquina de la casa—. Si escuchamos el tiempo suficiente las voces que nos dicen cómo deberíamos ser, nos vamos haciendo sordos a la belleza de quiénes somos.

Me duele la garganta. *¿Cuánto tiempo podemos estar sordos a nuestras propias palabras?* Su pelo parece seda entre mis dedos.

Una algarabía de voces diciéndote quién deberías ser o cómo se espera que te sientas o cómo tienes que hacer esto o aquello para ser lo suficientemente buena, y aun así no das la talla... esa experiencia puede parecerte como tener una negra sombra de serpiente que te asfixia. Un abrazo mortal que nos aprieta a las dos. El petirrojo se calla.

Cuando más te lastima el mundo, pone en marcha la única Palabra que trae sanidad.

Y su Palabra lo deja claro: en el meollo de todos nuestros

problemas está este intento de construir nuestra identidad sobre algo más aparte de Cristo.

¿No había descrito Søren Kierkegaard el pecado como no querer ser uno mismo ante Dios, como «cuando desesperado, en presencia de Dios, no se quiere ser uno mismo», y la fe como cuando «queriendo ser él mismo, el yo sumérgese a través de su propia transparencia en el poder que le ha planteado [Dios]»?[2] Tú eres más quien debías ser cuando ningún viento del mundo puede impedirte ser arraigado transparentemente en Dios. Eres tu más verdadero yo cuando vives con tu corazón transparente como el cristal ante Dios.

«El pecado es negarse con desesperanza a encontrar una más profunda identidad personal en el servicio y en la relación con Dios —escribe el teólogo Tim Keller—. El pecado es tratar de llegar a ser uno mismo buscando una identidad propia apartados de Él. ¿Qué viene a querer decir todo eso? Todo el mundo tiene una identidad que puede considerarse propia, en cuanto que diferenciada y valiosa, basándose en algo [...] los seres humanos han sido creados no sólo para creer en Dios de forma general, sino para amarle de manera tan suprema y particular que la vida entera gire alrededor de esa realidad por encima de cualquier otra posible consideración, construyéndose esa identidad personal imprescindible partiendo de un parámetro de carácter único. Cualquier otra opción es pecado».[3]

Aquello que no quiero romper para edificar mi identidad sobre Dios es pecado.

Todo queda en silencio. Hope está junto a mí en toda su esbeltez, como un árbol joven que se inclina en busca de luz. Y yo busco las palabras para enseñarle lo que sé sobre las cicatrices y la historia de mi propio quebrantamiento: no puedes experimentar la intimidad con Cristo a menos que conozcas tu identidad en Cristo. Actividad para Dios no es lo mismo que intimidad con

Dios o identidad en Dios. Y es tu intimidad con Cristo la que te da tu identidad. No puedes experimentar el poder de Cristo, la misión de Cristo, el ser renovada en Cristo, hasta que sepas quién eres en Cristo. Tu identidad significa literalmente «igual»: que, independientemente de las circunstancias cambiantes, el centro de tu identidad es inmutable, estable, igual.

Cuando tu identidad está en Cristo, tu identidad es igual ayer, hoy y mañana. Las críticas no pueden cambiarla. Los fracasos no pueden zarandearla. Cuando tu identidad está en la Roca, es sólida como la roca. Mientras Dios esté por ti, no importa qué montaña surja delante de ti. Tú no eres tu ayer, tú no eres tus desastres, tú no eres tus fracasos, tú no eres tu quebrantamiento. Tú tienes la valentía suficiente para hoy, porque la tiene Dios. Tú tienes la fuerza suficiente para lo que se avecina, porque él la tiene. Y tú eres suficiente para todo lo que hay, *porque Dios siempre lo es.*

Nada puede romper tu vida tanto como la ignorancia de quién eres en Cristo, y en la vida no hay nada que sea tan necesario romper como las mentiras acerca de quién eres tú en Cristo. El peligro más grande para nuestra alma no es el éxito, el estatus o la superioridad, sino las mentiras a una misma. Cuando escuchas a las mentiras de tu autoengaño susurrando que no eres digna de ser amada, aceptada, querida, es cuando buscas tu identidad en el éxito, el estatus o la superioridad y no en tu Salvador. Las mentiras del autoengaño son las destructoras del alma porque ahogan la voz sagrada que nunca cesa de susurrar tu nombre: *Amada.*

—Hope— digo. Ella vuelve su rostro. Puedo comenzar aquí. Puedo decirlo inclinada. Puedo resolver su quebrantamiento con los pedazos del mío porque la distancia más corta entre dos corazones es siempre el camino del quebrantamiento—.

NUNCA TENGAS MIEDO

DE LAS COSAS ROTAS,

PORQUE CRISTO REDIME

TODAS LAS COSAS.

¿No te he contado cuando mi tío Paul se puso a perseguirme por la casa con aquella serpiente?

Se gira sobre su espalda en nuestra cama, buscando mis ojos con su mirada.

—¿Te persiguió con una serpiente?

Acaricio sus cabellos, despacio, a mi niña que intenta navegar por las palabras y los sentimientos de las personas rotas y con filos aserrados que le producen cortes profundos.

—Verás, no pretendía nada con ello. El tío Paul había apagado las luces en la cocina de azulejos amarillos de la abuela. Luego había encendido la linterna y se había puesto a hacerla girar hasta que la luz inundó el desplegable de papel brillante de uno de los viejos ejemplares de *National Geographics*. Y, para una niña, esa serpiente de papel era tan real como si me hubiera lamido con su lengua de lija.

Todavía puedo cerrar los ojos y ver esa serpiente con sus ojos saltones y su boca abierta. Puedes pasarte la vida tratando de huir de esas mentiras brillantes y de ojos saltones, con tus miedos estrangulando tu delicado cuello.

—Una de las armas más poderosas del diablo es hacer que te creas que estás sola —le digo—. No estás sola.

Y nunca estamos solos en nuestro sentimiento de soledad. Todos nos hemos sentido fracasados y rechazados, y es Jesús quien nos pone dulcemente sus manos en la cara y nos dice de cerca: «Nunca te dejaré; jamás te abandonaré».[4]

—En la escuela primaria —le cuento—, Josie Miller decía que mi ropa seguramente la sacaba del fondo de alguna bolsa de basura del Ejército de Salvación, porque yo era un desastre mohoso y podrido que apestaba a todo el mundo.

Me acerco más a Hope.

—La gente siempre tendrá sus opiniones sobre ti. Pero tú vives para Dios, porque él es el único que te conoce íntimamente.

Nada que diga nadie puede difamarte, señalarte o limitarte. Tu Hacedor es el único que puede definirte. Tu identidad no se fundamenta en que tú te encuentres a ti misma. Los sentimientos están para sentirlos y entregárselos a Dios, pero los sentimientos no pueden contarte nada acerca de Dios, de ti y de tu relación. Tu identidad, tu seguridad, tu aceptabilidad proceden de quién es Dios, no de cómo te sientes. Porque hay algo que está antes de lo que tú sintieras sobre ti misma: lo que Dios siente con respecto a ti. Los sentimientos son para sentirlos y luego llevárselos a Dios, que es el que primero sintió con respecto a ti. ¿Creerás primero en la manera como él siente acerca de ti? Cuando experimentas cómo Dios te conoce y te recibe, entras en intimidad con Dios, en unión con él, y le dejas decir cuál es tu verdadera identidad; así que no hay nada tan importante en este mundo como sentir y saber de verdad qué es lo que Dios siente con respecto a ti.

Hope asiente con un gesto lento y repasa con sus dedos la cruz que tengo dibujada en la muñeca.

—¿Y sabes qué? —le susurro en voz baja a Hope, recordando cómo es estar justo donde se encuentra ella, lo que parece su propia especie de *koinonía* milagrosa—. No importa a qué creía Josie Miller que yo olía, pero no era a una bolsa de basura. Yo daba de comer a un par de cientos de cerdos chillones antes de poner el pie en esa escuela. Mis manos olerían a mi trabajo con los cerdos, los comederos y la limpieza del gallinero. No había manera de librarse de ese olor.

¿Cómo vas a avergonzarte de quién eres? No importa lo fuerte que restriegues, puede parecer que es demasiado tarde para cambiar en quién te has convertido. Esa mentira de ser fea y no estar a la altura ha estado reptando bajo las capas de los años y me ha hecho daño alguna vez.

Acerco a Hope más hacia mí.

—Ninguna de nosotras está sola. Cuando tenía diez años de edad y el bus escolar me dejaba, yo andaba por el camino de nuestra granja, vestida con mi pantalón pirata rojo y con olor a cerdo en mis manos. Uno de esos días, en el camino, me golpeó una pelota de béisbol en la cabeza y todos los niños del autobús estallaron en celebraciones. Me giré y vi a Lissa Turscott, y yo solo quería morirme.

—Oh —se notaba la compasión en los ojos de Hope.

—Y en octavo las chicas hacían burla de que en toda la escuela no hubiera nadie tan odiada como yo. Todavía puedo oírlas reír —digo. Le tomo la mano, le acaricio la mejilla—. Pero ninguna de nosotras estamos realmente solas.

¿Me he alejado de otras mujeres por años y he evitado la comunión de la comunidad porque no sabía cuándo las sonrisas podrían convertirse en colmillos en cuanto mirara para otro lado? Tu identidad podría romperse con las mentiras. Y mi niña parece conocer las mordeduras que desgarran la piel. En una ocasión, mi profesora de cuarto grado, la señora Munford, me dijo, meneando el dedo índice ante mi cara, que yo no era lo suficientemente elegante para su clase: «Estás aquí por los pelos, señorita Ann, no lo olvides». Toda mi vida me he sentido como un fraude hecho persona.

Y lo que no sé cómo decirle es que, más adelante, en algún sentido, esas palabras me dieron forma.

Se han convertido en algo así como mi propio nombre, impreso en mí.

Fraude. Falsa. Por debajo de lo suficiente.

Hope apoya sus dedos en la cruz dibujada en mi muñeca. Algunas heridas nos retuercen y moldean tanto que se convierten en más que cicatrices, en quién creemos realmente que somos. Algunas heridas nos cortan tan hondo que las llevamos como si fueran nuestros mismos nombres. Cuando le conté a mi amiga Mei lo que la señora Munford me había dicho, ella dejó que pensara en mis palabras, y yo me volví hacia ella y masculté, reconociendo mi error:

—Quizá todos encontramos más fácil, más seguro, sentirnos fuera de sitio en lugar de enfrentarnos al hecho de que somos amadas, de que somos parte de algo.

Dejo descansar mi mano en los cabellos de Hope. Se nota el pulso en mi muñeca marcada con la cruz, apoyada en la de ella.

Vivir como alguien por quien Dios siente verdadero amor y cariño es la viga maestra que aporta una vida abundante en Cristo. Ser amado es el centro del ser, la única identidad real, el *único* nombre de Dios para ti, la única identidad que él te da.

Y no llegarás a sentirte perteneciente a ninguna parte hasta que escojas escuchar a tu corazón diciendo con sus latidos que sí perteneces, y de manera incondicional, irrevocable. Hasta que te permitas sentir la verdad de eso, la verdad que tu corazón siempre ha sabido porque quien lo creó escribió tu nombre justo en él.

El tictac del reloj suena fuerte sobre las escaleras. Hope repasa con sus dedos la cruz dibujada y yo hago lo mismo con las venas de su mano, como si ambas estuviésemos buscando caminos.

«He hecho más de lo que nunca sabrás para romperme». Ha visto las cicatrices de mis muñecas. Sabe de qué hablo. Ha mirado en mis ojos y me ha visto. Estoy ahí sentada mirándola.

El espejo que su papá y yo compramos con una pequeña parte del dinero de la boda, el que encontramos cubierto de una capa de polvo en el granero repleto de antigüedades de McFarley, cuelga de la pared frente a nuestra cama. A su lado hay una cruz de lata de Haití. Hope y yo nos reflejamos onduladas en el vidrio viejo.

Hay algo en mí que me produce un profundo dolor... tu niña no puede reflejarte como un espejo. *No juzgues los sentimientos. Los sentimientos están para sentirlos... y entonces* entregárselos a Dios. *Señor, no quiero que ella sufra.* No quiero que sufra sola. No quiero que se sienta quebrantada sola. Quiero compartir sus sufrimientos, participar de ellos. La peor de las emociones humanas que se puede experimentar es la soledad. Y yo quiero *koinonía* con ella, quiero que ella lo sienta: el partirse y darse de la *koinonía* es algo que siempre vale la pena. Quiero tomar su cara entre mis manos y decirle, decirnos a las dos, que la serpiente, el enemigo de tu alma, tiene un nombre que significa «acusador» y que eso es lo que hace, tratar de conseguir que te sientas sola y enjuiciada, tratar de que tu vida se convierta en un juicio en el que tú misma te acusas. Te envenena una y otra vez con el autoengaño. Y la primera táctica del enemigo de tu alma es siempre distorsionar tu identidad. Puedes sentir el siseo que se desliza por tu cuello como ese ensordecedor mensaje que se repite en tu cabeza: *¿Seguro que Dios dijo que eras digna de algo? Mírate, eres mercancía defectuosa. Estás demasiado rota como para ser escogida.*

Esa es la voz que me confunde, que puede dar forma a mis sentimientos, que con demasiada frecuencia moldea mi identidad en lugar de la cruz, que me mantiene despierta noche tras noche con el temor de que se me ha acabado el tiempo, de que he perdido el barco, de que yo nunca seré lo bastante buena para el «barco real», de que probablemente me echarán a patadas de él. *Entrega los sentimientos. Libera tu corazón y siente con sinceridad, para luego entregar los sentimientos a Dios.* En medio de la noche, puedes oír a veces en tu corazón a Dios golpeando con su verdad contra el acusador mentiroso y todos esos temores: *Aferrada a la cruz nunca pierdes ningún barco.*

Hope se acurruca conmigo. Me muero por ahuyentar las mentiras de su autoengaño. El suyo. El mío. *Señor, ayúdame.*

Mi temor a no ser suficiente ¿no es en realidad la mentira de que Dios no es suficiente?

Si cada vez que me menosprecio estoy menospreciando a Dios, en una especie de blasfemia contra la suficiencia de Dios, entonces puede que... puede que realmente no tengamos fe hasta que tengamos fe en que Dios nos ama en este preciso instante más de lo que podríamos jamás soñar que nos amáramos nosotros mismos.

¿Y si resulta que el precio de abrir las compuertas del Niágara de la gracia es hablar de tu quebrantamiento más inconfesable? La gracia que afirma que tu fe no tiene por qué tratar de estar a la altura de nadie más, porque Jesús descendió, y él te evalúa como suficientemente buena, suficientemente digna, como más que suficientemente amada. La gracia te abraza antes de que demuestres nada, y después de que lo hayas hecho todo mal. Cada vez que caes, en el fondo de cada agujero está la gracia. La gracia espera en los lugares rotos. La gracia aguarda en el fondo de las cosas. La gracia te ama cuando estás en tu peor oscuridad y te envuelve en la mejor luz. La gracia rezuma por los lugares rotos y se filtra a los lugares más bajos, como un bálsamo para las heridas.

Esa es la tragedia y la comedia de la vida: la gracia es gracia cuando nos da lo que nunca habíamos pedido pero siempre habíamos necesitado, y nos lleva a ser lo que siempre quisimos. *Pero muy rara vez de la manera que queríamos.*

Desenrollo de mis dedos los largos cabellos de Hope. Caen sueltos. Acaricio su mejilla.

La *gracia* es lo que te sostiene cuando todo se rompe y se desmorona, y te susurra que en realidad todo está donde debe estar.

Mi niña cierra los ojos.

Una simple línea de palabras puede ser una cuerda de salvamento. Las palabras pueden ser la esencia del ministerio de la presencia.

—Esto es lo que siempre tuvimos que hacer —susurro—,

lo que tú y yo y todos los quebrantados no podemos dejar de hacer: *sacudirnos esa serpiente mentirosa y liberarnos.*

Porque la cabeza de esa serpiente de mentira ya fue machacada hace tiempo. No, pulverizada. En nombre del amor, y en nombre de Dios, huye del autoengaño. Frente a mi escritorio hay un cuadro con este mensaje: «¡Lo que tengo en mi diestra es una mentira!».[5]

Es solamente cuando conoces tu identidad real cuando puedes romper al enemigo y liberarte. No importa qué o a quién hayas perdido, o cuántos pedazos hayan quedado de tu quebrantamiento o se te hayan caído, nada de lo sucedido en el pasado puede cambiar esto, y nada de lo que venga en el futuro puede amenazar la realidad de esto, porque esta es la verdad más real: tú eres suficiente siempre porque Dios siempre te da su gracia que es abolutamente suficiente.

Aprieto la mano de Hope en la mía, mi muñeca de la cruz pintada contra su muñeca, como si pudiera imprimirle el obsequio de quién es él.

Uno de los niños da un portazo demasiado fuerte al salir. Esa cruz de lata se descuelga de la pared al lado del tocador. Hope se inclina sobre el borde de la cama, la toma del piso y me la da.

En otro tiempo fue un bidón de aceite desechado. Ahora está cortada y moldeada con la forma de una cruz. *Como si fuera una señal: cómo somos no es quiénes somos. Cómo nos sentimos con respecto a nosotros no es lo que Dios siente con respecto a nosotros.* «Todo lo suyo es mío y lo mío —mis pecados, mi muerte, mi condenación— es suyo», escribe Lutero.[6] *Cómo somos no es quiénes somos. Quiénes somos es quién es él.*

La cruz de lata en mis manos refleja la cruz de tinta de mi muñeca. El mundo y nosotros, todos estamos siendo reformados. La unión con Cristo: esta es la manera de ser plenamente humanos. La unión con Cristo, escribe Karl Barth, «es el punto de partida para todo lo demás que hay que pensar y decir con respecto a lo que hace que el cristiano sea cristiano».[7] Dios ve a los creyentes en Cristo exactamente como ve a Cristo. *Yo soy quien es él.* Estoy crucificada con Cristo, hecha uno con Cristo, identificada con Cristo. *Y punto. Nada más que añadir. Yo soy quien es él.* No soy las equivocaciones en que he incurrido; soy las obras de justicia que él ha hecho. No soy los planes en que he fallado; soy las obras perfectas que él ha llevado a cabo. No soy los errores que he cometido; soy lo impecable que él ha sido. No soy los pecados que he elegido; soy escogida por el Amado, *independientemente de mis pecados.* En Cristo, soy escogida, aceptada, justificada, ungida, sellada, perdonada, redimida, completa, libre, amiga de Cristo, hija de Dios, morada del Espíritu.

La cruz, esta es la señal de quién soy, de mi identidad verdadera y más real. Tal vez lo que necesiten los desolados no sea tratar de creer más en sí mismos, sino creer más lo que Jesús dice acerca de ellos. Tu valor no lo definen tus logros. Tu valor lo define aquel que dijo: «Todo se ha cumplido», la persona que *lo consiguió todo.* No tienes por qué ser formidable y hacerlo todo; basta con que creas en que Aquel que es realmente formidable te ama a pesar de todo.

Tú eres es más que lo que hacen tus manos.

Eres más que lo que tienen tus manos.

Eres más que lo que dicen otras manos al medirte.

Eres lo que está escrito en las manos de Dios: *Segura. Abrazada. Suya. Amada.*

—Sí, mamá… —dice Hope apretando delicadamente mi mano—. Creo que capto lo que dices, que, una vez que estás frente a él, ves quién eres en realidad… así que puedes enfrentarte a lo que sea.

Eso es, justo eso.

Sé valiente. Tu valentía gana mil batallas que no puedes ver, porque fortalece a otros mil para vencer también sus batallas.

Recorro con mis dedos el borde de la cruz. La lata tiene todas esas muescas de haber sido martilleada, puntos en relieve como braille alrededor de las marcas hundidas. Y en esas partes hundidas, en las depresiones, en que nos sentimos insuficientes, es donde tenemos que decirles *¡basta!* a las mentiras: «*¡Lo que tengo en mi diestra es una mentira!*».[8]

La mano de Hope reposa en la mía. *Rompe las mentiras. Rompe el autoengaño.* Siento su pulso. Respiramos lentamente, al unísono. La caricia de Dios nos encuentra en calma interior. Cuando dejamos que las mentiras suenen más y más fuertes a nuestro alrededor y dentro de nosotros es cuando nos olvidamos de cómo vivir de dentro hacia afuera. Un viejo bidón de aceite puede olvidarse de que le están dando forma de cruz. *La formación de la identidad es más completa cuando nos están dando la forma de una cruz.* Devuelvo la cruz a la mano de Hope. Cuando el amor se apodera de ti no hay mentira en el universo que pueda separarte de él.

—Cuidado —le digo con una sonrisa, viéndola ante mí, sonriente, segura y valerosa—. El borde de la cruz es afilado.

Hay una cruz que puede ser un arma en tus manos. Hay una cruz que puedes llevarte al corazón para liberarte...

...que puede cortarle la cabeza a una serpiente mentirosa.

Cómo ser una Ester y romper un millar de puertas

Los cristianos que entienden la verdad bíblica
y tienen el valor de vivirla pueden de hecho redimir
una cultura, o incluso crear una.

CHUCK COLSON

Si supieras qué fuego está enfrentando cada persona, no hay un fuego que no ayudaras a combatir con el calor de un amor más grande.

El día que el hombre sin hogar se trasladó a nuestro desván, una ola de calidez rompió sobre nosotros.

Gordon no tenía literalmente nada el día que apareció, nada en su haber, salvo la camiseta descolorida por el sol con un mensaje en su espalda que decía: «La gente normal se asusta de mí». Sus poros quemados destilaban una mezcla de alcohol y tabaco. Mi hermano y un colega se lo habían encontrado vagando por un callejón desierto después de una cita en el juzgado. Las lengüetas de sus botas jadeaban desesperadas por un alivio. Ahora está protegido del sol en nuestra puerta de atrás, pidiendo agua.

—¿Tiene algo para beber? —me pregunta.

Mi hermano pregunta si tenemos algún trabajo para

Gordon. ¿Tenemos sitio para él y, quizás, solo para empezar, un vaso de agua?

Gordon utiliza el borde andrajoso de su camiseta para lavarse esa máscara del sudor que encharca las líneas grabadas en su cara. En el cuello lleva una cruz de plata con una pesada cadena. Antes de pensar siquiera, me palpo la muñeca buscando mi crucecita negra, que repinté esta mañana nada más levantarme. *Los dos tenemos nuestras cruces. Todos tenemos nuestras cruces.* «Ser un seguidor del crucificado implica, tarde o temprano, un encuentro personal con la cruz. Y la cruz siempre conlleva pérdida», escribe Elisabeth Elliot.[1]

El sol va perdiendo luz conforme se acerca al piso.

Puedo sentir cómo el mundo pendula levemente, su verdad se cuela justo en el espacio del piso entre Gordon y yo: ¿por qué corremos a defender a Dios ante un mundo roto, y no a defender la imagen de Dios en los rotos del mundo? Los ojos de Gordon buscan los míos. Sus cabellos atrapan la luz. Sí, no tengo ni idea de si está tramando algo, en algún manejo extraño, traficando con algo, pero en mi garganta se ha quedado atrapado algo santo. *Todos tenemos nuestras cruces.*

Quizá la lucha por el bien no se emprende tanto a nuestro alrededor como dentro de nosotros. Podría darle a Gordon un vaso de agua. ¿Podría ofrecerle un lugar donde quedarse? ¿Por qué pasamos más tiempo defendiendo a Dios de los críticos que defendiendo a Dios ante las voces críticas y de duda que hay en nuestro interior? ¿Y si no es tanto que Dios necesite que nos apresuremos a defenderlo en el mundo, sino más bien que nosotros necesitamos correr a aliviar al quebrantado que lleva la imagen de Dios en el mundo?

Pienso en la reina Ester, la jovencita judía que se encontró siendo reina persa cuando su pueblo se enfrentaba a un genocidio. Ester, justo donde estaba, *precisamente para un momento*

como este, para dar un vaso de agua fresca, una mano desesperada a otro, para abrir una puerta, una mano, un corazón, y
entregar su vida.

Este hombre está parado en mi cocina, sin un centavo,
sediento, y yo he estado en una cocina de una especie de ver-
tedero de la ciudad de Guatemala, he mirado el blanco de los
ojos de los niños que se comían lo que encontraran en aquellos
montones de desperdicios podridos, con los buitres volando en
círculos sobre sus cabezas. Me he arrodillado al lado de una
niña en Uganda que sostenía un cuenco con las dos manos, la
detuve para ver lo que había tomado para cenar: docenas de
insectos rastreros. En Iraq, me he sentado en un frío contenedor
de mercancías con refugiadas cuyos hermanos y padres habían
sido asesinados ante ellas por los terroristas, mujeres que habían
tenido que decidir en cuestión de segundos a cuál de sus hijos se
llevaban consigo y a cuál dejaban, mujeres que no tenían nada
y sin embargo me ofrecían su té racionado sentadas en el suelo
y llorábamos, porque las lágrimas compartidas son sanidad
multiplicada. Y he estado en una alambrada en Haití cuando
un muchachito apareció de la nada por las estériles laderas que
tenía detrás, desnutrido e hinchado, mientras zarandeaba la
alambrada con una mano sucia y se señalaba los labios agrietados, pidiendo comida, aunque fuera un sorbo de agua.

Y ahora regresan a mí, en mi cocina, las palabras del pariente
de Ester: «No te imagines que por estar en la casa del rey serás
la única que escape con vida de entre todos los judíos. Si ahora
te quedas absolutamente callada, de otra parte vendrán el alivio y la liberación para los judíos, pero tú y la familia de tu
padre perecerán».[2] Puedes mirar a sus ojos y oír el susurro de
los que están al otro lado de tu puerta, fuera de las puertas de
la ciudad: tienes que arriesgar tu posición adentro por aquellos
de afuera o corres el riesgo de perderlo todo, incluso tu propia

alma. Tienes que entregar tus dones o estos pueden convertirse en tus ídolos, tu identidad, y te convertirás en un zombi. Si tu vida no consiste en dar, es que ya te estás muriendo. Tienes que utilizar la vida que te han dado para dar vida a otros. Si tu vida no consiste en ofrecer alivio, no tienes una vida de verdad. Alivia a otros o tú te quedarás sin alivio. ¿De qué le sirve a una mujer ganar el mundo entero si pierde su alma?[3]

Estás donde estás precisamente para un momento como este. No para ganar nada, sino para arriesgarlo todo.

Sin necesidad de insistir, Gordon ya está en el frescor de la casa, quitándose esas botas. Yo estoy en la cocina buscando un vaso. Mi hermano está en el camino de entrada, observando a ver qué sucede. El agua fluye de la canilla como si no pudiera esperar más a darse y yo sostengo nuestros vasos para que se llenen de ella.

Me vuelvo, le paso su agua a Gordon, otro vaso a mi hermano, y me bebo el mío. Todos estamos bastante más que un poco sedientos.

Todos nosotros podríamos ser los de fuera de la puerta. Todos podríamos haber sido Gordon, haber pasado tiempos duros y dificultades; habríamos podido ser el que luchaba contra el Ejército de Resistencia del Señor, y que ese grupo degollara a nuestro hijo en medio de la noche; podríamos ser esa niña nacida en un tugurio, brutalmente violada y dada por muerta; el niño nacido con sida; en medio de la hambruna; con vidas desesperadas sin Cristo. La razón de que estés a este lado de la puerta precisamente en este momento es porque debes arriesgar tu vida por los que están al otro lado.

¡Y si perezco, que perezca!

Muchos de nosotros sorbemos nuestro café y nos morimos de sed, nos morimos por algo más, por algo que sea abundante. Hay demasiados que están en necesidad y demasiadas Ester que están sedientas de algo más que cultos convencionales, programas edulcorados y vidas aguadas, anhelantes de un poco de carne real para sus almas hambrientas, de un poco de suciedad bajo las uñas, de algún sacrificio real en las venas. Sé por qué sigo dibujándome una cruz en la muñeca.

Están los que son salvos, pero solo por los pelos, porque se preocupan principalmente de su propia comodidad y lo mínimo de la situación de los demás. Difícilmente tendrán una entrada de par en par aguardándolos en el cielo. Pero ellos no serán las Esteres. Están aquellos que más bien hacen la vista gorda ante el necesitado, en lugar de volverse hacia él y ser como Cristo. Están los que disfrutarían jugando a ser cristianos en lugar de ser realmente uno y disfrutar la entrega generosa. Pero ellos no serán las Esteres.

Hay toda una generación de Esteres que quiere ser el obsequio, quiere pasar el bien a otros, pasar todo lo que esté en nuestras manos, una generación que aprecia más la santidad que la cantidad. Hay toda una Generación Ester, y la formamos quienes deseamos la vida abundante de ir hacia abajo y amar al marginado, al solitario y al perdido. El mundo necesita personas que desafíen la indiferencia cínica marcando una diferencia crítica.

Todos nosotros podemos comenzar a cambiar titulares cuando empecemos a extender nuestras manos.

Podemos estar preocupados por los pobres, pero también debemos estar preocupados por nosotros, los que decimos que no somos ricos para considerarnos exentos de tener que dar. Adelante, muestra tu preocupación por los pobres, pero también preocúpate por si lo único que hemos hecho ha sido lo justo para calmar nuestras conciencias, solo lo suficiente para darnos una palmadita en la espalda, pero no tanto como para que hayamos experimentado lo que es el verdadero sacrificio, lo que es en realidad *partirse* y darse. Adelante, vive preocupado por los pobres, pero no te preocupes menos por los que evitan el sufrimiento, porque llegará el día en que estemos delante de Cristo. ¿Y si el cuidado de los pobres consistiese en más que simplemente aliviar nuestras conciencias? ¿Y si el cuidado de los pobres pudiera implicar sacrificio? ¿Y si esta es la manera de ser *saciados* y conocer la vida abundante?

Lo había leído en cierta ocasión: una de cada cuatro personas de cierta ciudad pequeña era sorda. Y cada una de ellas se sentía como un forastero. Hasta que todos los vecinos de la localidad aprendieron la lengua de signos. Los que no estaban sordos cedieron sus ventajas, se sacrificaron, para aprender la lengua de signos. Y fueron precisamente las vidas de los no sordos las que mejoraron de formas insospechadas. No solo consiguieron enriquecer sus relaciones con los vecinos sordos, algo que de otro modo se habrían perdido, sino que también descubrieron la idoneidad de comunicarse con signos de un lado a otro de la calle, desde un lugar alto a otro más bajo, cuando un enfermo se quedaba afónico y tenía que expresar lo que necesitaba, cuando los niños querían comunicarse sin hacer ruido. Su renuncia a unas ventajas resultó ser ventajosa. *El quebrantamiento se hizo para la abundancia.*

«"Hacer justicia" —escribe Tim Keller— significa ir a lugares donde el tejido de Shalom se ha roto, donde los miembros más débiles de las sociedades se resbalan a través del tejido, y repararlo».[4]

Cada uno de nosotros es un hilo individual en el mundo. Todos tenemos que decidir con qué entretejemos nuestra vida. Si entrelazo mis recursos, mi tiempo, mi poder de Ester solamente con el delgado hilo de mi propia vida, mi vida es un desastroso enredo irresoluble.

El hilo de tu vida se convierte en un tapiz de colores

abundantes solamente si se entreteje con otras vidas. La única forma de fortalecer el tejido de la sociedad es dejar que los hilos de tu vida se rompan para permitir que Cristo, que está en nosotros, teja otros hilos. «Tejer de nuevo el Shalom significa sacrificarse, coser fuertemente tu tiempo, bienes, poder y recursos a las vidas y necesidades de los demás [...] El fuerte debe discapacitarse a favor del débil, la mayoría por la minoría, o la comunidad se deshilachará y el tejido se romperá».[5]

La única forma de cuidar de los desfavorecidos es desfavorecerse, *lo cual garantiza resultados que te favorecerán*.

¿Y si cambiamos la caridad por la solidaridad? ¿Y si en lugar de una generosidad de arriba hacia abajo optamos por darnos para alcanzar al necesitado, menos en vertical y más en horizontal, como el travesaño de la cruz? Todos en el mismo travesaño, todos necesitados de una cruz, todos con nuestra propia cruz. Cada uno de nosotros tiene su propio conjunto de adicciones y predilecciones, y nos morimos por una bebida fría que alivie los filos ardientes de nuestras heridas. Con todas nuestras máscaras y sonrisas blanquísimas, somos todo un mundo de Gordons.

Todos hemos sido parte de los que están fuera de las puertas de la ciudad rogando que Alguien lo arriesgue todo para rescatarlos. Esto podría romper un millón de minipúlpitos de religiosidad autosuficiente: *el quebrantamiento en el mundo no es otra cosa que el quebrantamiento en nuestros corazones destrozados*.

Mi corazón destrozado no tiene nada que dar. Pero no necesito tener cosas antes de poder ofrecer un vaso de agua, abrir la puerta, abrir la mano o extenderla para ayudar a los que están fuera. No necesito estar exenta de tener sed; solo necesito saber que yo también tengo sed.

Porque la gracia es una viga de carga que nos ruega que la dejemos cumplir su función y cargar con todo el peso.

Y lo que nos hace ricos no es el *tener*, es el *dar*. Dar de manera sacrificada, vivir con intensidad. Quizás todo lo que deseamos sea simplemente más de Dios. Abundancia de él.

Gordon está aquí sentado, sin un lugar donde recostar su cabeza: «Despreciado y rechazado por los hombres, varón de dolores, hecho para el sufrimiento. Todos evitaban mirarlo; fue despreciado».[6] «Cuando des un vaso de agua fresca al menor de estos, me lo estás dando a mí».[7] Le vuelvo a llenar el vaso con agua del pozo hondo y lo deja vacío en la encimera. Luego me brinda una sonrisa de lado a lado.

Oigo una frase: «Fui extranjero, y no me dieron la bienvenida».[8] *Oh, Dios mío. Podría haberme perdido un encuentro contigo.*

¿Cuántas veces me he perdido un encuentro con él? Te lo pierdes cuando te preguntas quién está tan necesitado como para darle, quién merece que corras el riesgo. Jesús se te acerca cuando se te acerca la persona sin hogar, el refugiado, el niño que bebe agua no potable… y tienes que decidir. ¿Vas a llenar tu vida con más cosas, más seguridad o más de Dios? Es posible que en lo que el mundo cataloga como débil y pequeño sea donde Cristo mismo se te está ofreciendo, ¿y por qué hemos de desear ser gente importante cuando Dios se presenta como los más pequeños, aquellos para los que nadie tiene tiempo? Te pierdes un encuentro con Jesús cuando no buscas sus dos disfraces: el de más pequeño y el de siervo.

«El misterio del ministerio es que debemos encontrar al Señor donde ministramos —escribe Henri Nouwen—. Eso es lo que nos dice Jesús cuando afirma: "Les aseguro que todo lo que hicieron por uno de mis hermanos, aun por el más pequeño, lo hicieron por mí" (Mateo 25.40). Nuestra preocupación por las personas se convierte así en la manera de encontrar al Señor. Cuanto más damos, ayudamos, guiamos, aconsejamos

LA ÚNICA MANERA DE CUIDAR

DE LOS DESFAVORECIDOS

ES DESFAVORECERSE,

LO CUAL GARANTIZA RESULTADOS

QUE TE FAVORECERÁN.

y visitamos, más recibimos, no solo obsequios similares, sino al Señor mismo. Dirigirse a los pobres es dirigirse al Señor».[9]

Vuelvo de Iraq, donde estuve con mujeres que fueron testigos del genocidio, y en la iglesia alguien me dice: «Está muy bien que te preocupes por esas personas de por ahí». Me detengo en seco y doy media vuelta. ¿Cómo traduzco esas palabras? No estamos donde estamos para cuidar de los que están en los márgenes, con algún gesto encomiable o preocupación simbólica. Miro a Gordon en la cocina. La razón por la que estamos aquí es para arriesgarlo todo por esas personas oprimidas *de por ahí*, del otro lado de la puerta de la ciudad. Estás donde estás para ayudar a otros donde ellos están. Esto no es un pasatiempo cristiano complementario; la compasión es nuestra completa vocación. No simplemente nos preocupamos de las personas; esa preocupación es nuestro llamamiento. Lo es.

Ojalá me equivoque, pero tú no tienes un techo sobre tu cabeza y comida en la mesa porque lo merezcas más, sino para que puedas servir más. Ojalá me equivoque, pero alguno se cree que es un poco mejor que los demás en lugar de hacer que la vida de otro sea un poco mejor. La voz de Gordon cruje como si la hubieran chamuscado:

—Bueno, sé que su hermano y usted han estado hablando... —dijo. Mi hermano me había enviado un mensaje de texto antes de llegar con él—. ¿Cree que podría quedarme aquí un poco?

—Sí, Gordon —se derraman las palabras antes de que en realidad las piense, tratando de extender la invitación antes de que lleguen los recelos—. Tenemos una cama extra arriba en el desván...

Podía oír las voces de precaución en mi cabeza: ¿*es seguro? ¿Pero qué es el amor si no es esto? El amor real nunca es seguro*. Cuando se trata de amor real, la seguridad se pone en peligro. ¿Cuántas veces había yo pensado que lo que importaba era la seguridad, cuando Jesús murió para salvarnos? Nadie se salva a no ser porque otro estuvo dispuesto a sacrificar su seguridad. Lo que cuenta al final no es cierta idea de seguridad; lo que cuenta es: *si vemos a alguien en necesidad y no lo ayudamos de alguna manera, ¿no es eso en cierto modo pecado?* Ama a los extranjeros, esa es la traducción exacta de la palabra hospitalidad en la Escritura: *philoxenia*. Viene de *philos*, que significa amor, y de *xenia*, extranjero. Amar al extranjero como a un hermano. La hospitalidad bíblica consiste en invitar a los extranjeros, no solo a los vecinos.

Se percibe fuertemente a Jesús en el espacio entre Gordon y yo, y a la vez es muy fácil no escucharlo:

> Cuando des una comida o una cena, no invites a tus amigos, ni a tus hermanos, ni a tus parientes, ni a tus vecinos ricos; no sea que ellos, a su vez, te inviten y así seas recompensado. Más bien, cuando des un banquete, invita a los pobres, a los inválidos, a los cojos y a los ciegos. Entonces serás dichoso, pues aunque ellos no tienen con qué recompensarte, serás recompensado en la resurrección de los justos.[10]

Pásale el obsequio al extranjero que no puede recompensarte, al que está al otro lado de la puerta de la ciudad, para que la única recompensa sea la abundancia de Dios. El sol cae bajo la vieja escalera de madera del granero que había puesto junto a la mesa de la cocina. La gracia es siempre un movimiento descendente.

El mundo cambia cuando no separamos en categorías, cuando no categorizamos, cuando no polarizamos ni demonizamos a las personas con pinceladas gruesas, sino que defendemos, nos identificamos, evangelizamos y les damos prioridad a las personas con las discretas pinceladas de la gracia.

Gordon echa el taburete para atrás, se sienta, se inclina en la encimera.

—¿Cree usted que tendría algún trabajo para mí? Porque pagarle con plata me resulta más difícil de lo que se imagina.

Su petición cae en la quietud del crepúsculo. ¿Es posible que la persona que te pide te parezca siempre la más llamativa? ¿No es este el corazón quebrantado de Cristo? Hay preguntas que no puedes contestarlas teológicamente, solo con tu vida.

—Claro que sí, Gordon —contesto, captando su mirada—. Casi seguro que tenemos algún trabajo para usted.

Las caras son espejos que demuestran que toda lejanía entre nosotros es un espejismo.

Todo lo que hay que ver es a Jesús. Todo lo que hay que ver es el rostro de Jesús en los otros; y todo lo que tienen ellos que ver es el rostro de Jesús en ti. ¿O no? Ver la presencia de Jesús en los otros es el secreto para llegar a ser *como su presencia* para los demás. Tal vez solo puedas ser Cristo en el mundo en la medida en que *veas la presencia de Cristo en el mundo*. Y únicamente nos negamos a ser como Cristo los unos para los otros cuando nos negamos a ver a Cristo los unos en los otros.

En mi campo de visión está mi hermano asintiendo. Y, cuando Gordon se gira apenas un poco en la luz agonizante, puedes ver a Dios a través del quebrantamiento. Me impacta el hecho de que solo es posible ver cuando la luz puede *irrumpir* en nosotros. Si te niegas a que la luz irrumpa en ti, andarás ciego. Si te niegas a que el oxígeno irrumpa en tus pulmones, morirás. *Si te niegas a que Dios irrumpa en ti, morirás.* La *koinonía* es la irrupción, la participación voluntaria, la comunión de todas las cosas, y su morada en ti no puede sino entretejer su camino por todos los átomos del mundo. La tierra entera está llena de su morada. El camino del quebrantamiento ilumina la totalidad del mundo material, todas las cosas irrumpen en todas las demás.

Esto es lo que significa el amor: vivimos los unos dentro de los otros, habitamos los unos en los otros, nuestro amor mutuo se convierte en *stego*, un techo bajo el que refugiarse. Quizás no vivimos de manera abundante hasta que dejamos que los Gordons irrumpan en nosotros: el niño en acogida que necesita un respiro, el adolescente furioso, el tipo al que no soportamos, el vecino que siempre se está quejando, la gente del otro lado de la puerta, hasta que todo el que se cruza en tu camino irrumpe un poco en tu corazón. Sus vulnerabilidades se hacen nuestras, sus oraciones se convierten en las nuestras, sus esperanzas llegan a ser las nuestras. El amor todo lo soporta, y nosotras somos las Esteres que soportamos *lo que haga falta* por aquellos que están al otro lado de las puertas de la ciudad.

—¿Qué le parece si le doy sábanas limpias para la cama del desván? Puede quedarse el tiempo que necesite, Gordon.

Mi hermano se acerca a Gordon para preguntarle qué más necesita en este momento, y yo voy a buscar sábanas planchadas en el clóset de la ropa de cama. Todos comenzamos envueltos, todos nadamos en una morada de comunión, con nosotros morando dentro de otro ser humano y nuestra madre dándonos su morada: su sangre que es también la nuestra. Antes incluso de ser visibles en la comunidad, desde el mismo comienzo, ya estamos presentes en comunidad. La *koinonía* es nuestra génesis literal. La soledad es mera ilusión. «La soledad es el núcleo de la psiquiatría [...] el centro mismo de la enfermedad [del paciente]», escribió el psiquiatra holandés J. H. van den Berg.[11] Las almas han sido creadas para conectar con otras almas, y las puertas han sido creadas para ser destruidas... Y si perecemos, que perezcamos. Y, en la medida en que nosotros mismos nos encontramos desconectados, nuestras almas se parten en pedazos. El universo entero lo confirma, resuena con esto: no hay realidad si no hay relación. La realidad es intercambio, conexión, *koinonía*. La comunión es una cruz, una intersección mutua. La trayectoria de una persona es intersectada por la trayectoria de otra, y cada una de ellas recibe la del otro en sus propios lugares rotos. Lo que equivale a decir que nos hacemos cruciformes.

Nos convertimos en la cruz. Encarnamos a Cristo. La realidad es la cruz, el cruce, donde se encuentran los quebrantados. Donde los refugiados y los ancianos, los de necesidades especiales y los desesperadamente necesitados, los pobres en espíritu y los renovados en Cristo... donde todos los quebrantados se intersecan, se encuentran y cruzan sus trayectorias. El Padre se rompe para hacer sitio en sí mismo al Hijo; el Hijo hace lo mismo por el Espíritu; y el Espíritu lo hace por el Hijo y por el Padre: «Ninguna de las personas busca lo propio; ninguna procura conocerse de forma aislada. Siendo irreductiblemente distintas, se entrelazan en un nudo eterno de perfecta comunión», escribe Peter Leithart.[12]

Y ninguno de nosotros busca lo propio y no hay hijos de otros, hermanos sin techo de otros, crisis de otros. Nos pertenecemos los unos a los otros porque nos habitamos unos a otros, y no hay nada que valga la pena tener dentro de las puertas de la ciudad cuando hay partes de nosotros al otro lado. Cuando dejamos a otras personas al otro lado de la puerta, *perdemos partes de nosotros mismos*. Por eso es por lo que la Generación Ester lo arriesga todo por los que están afuera, porque ellos tienen los pedazos que nos faltan en nuestra alma colectiva, *pedazos que necesitamos para el shalom*. Para la plenitud. A menos que nos levantemos como la Generación Ester y lo arriesguemos todo por los que están al otro lado de las puertas de la ciudad, *pereceremos*. Está garantizado.

Hay panqueques para una cena fuera de horas. Gordon, el Granjero y yo nos sentamos, y Malakai sirve pilas de panqueques en nuestros platos expectantes. Nuestra teología se expresa mejor en nuestra hospitalidad. La hospitalidad es vivir en un quebrantamiento abierto de par en par, vivir siendo un techo, una puerta completamente abierta, un destructor de puertas. La correcta teología es en definitiva la hospitalidad que vive abierta en canal, ofreciendo tu tiempo, tu espacio y tu corazón. Cada día puedes hacer una cosa que desearías poder hacer por todo el mundo. Nos conocerán por nuestros frutos reales, no por las intenciones de nuestra imaginación.

Hope enciende las velas. El perro duerme en el porche, bajo el resplandor de las luces, junto a la ventana del comedor.

La mejor manera de morir poco a poco es creer que vives en un espacio de escasez y no de abundancia de generosidad. El camino vital de la abundancia es la paradoja del camino del quebrantamiento, creer que vivimos con tiempo suficiente, recursos suficientes, suficiente de Dios. Todo temor de dar al reino de Dios es una anomalía. Sería como si un granjero tuviese miedo de perder su balde de semillas y por eso no llegase a sembrar su campo. Así perdería el gozo de ver sus graneros rebosando con el fruto de la cosecha.

Desde la mesa se puede ver el florero lleno de semillas de trigo en el alféizar. Siempre abundancia y gracia suficientes como para arriesgarlo todo por los necesitados, porque tú tienes el favor del Rey y porque, si estamos aquí, es solo por su abundante gracia; y si hay gracia abundante para nosotros por parte de Dios, hay gracia abundante para todos.

Miro a Gordon. El amor radical no consiste tanto en hacia

dónde te mueves como en dejar que Jesús se mueva allí donde estás, en verlo donde está esperando a que rompas las puertas y lo dejes entrar. Puede llevarte a África, o al otro lado de la calle, o puede llevarte a dar un vaso de agua. Pero, si el amor de Cristo te mueve, te llevará al mundo para derribar un millar de puertas. Su propósito para ti es que vivas el shalom de la comunión. Vivir el camino del quebrantamiento no tiene que ver con dónde vives; tiene que ver con cómo amas. Se trata de a quién amamos.

—¿Cree que mañana podemos ponernos manos a la obra con el techo de ese granero?

El Granjero asiente a Gordon. Gordon, con la cabeza metida en su pila de panqueques, levanta el pulgar.

—Los panqueques te han quedado muy buenos, Kai —le digo al muchacho.

No tenía ni idea de qué íbamos a cenar, se había hecho demasiado tarde. Pero Kai se ha encontrado conmigo, me ha pasado su obsequio divino, me ha servido de refugio en mi inseguro desastre de quebrantamiento, con una bandeja de panqueques humeantes y una presencia aún más cálida. Sonríe, su ortodoncia resplandece bajo la luz de las velas. Hay un millar de maneras de ser recibidos en comunión.

En el centro de la mesa parpadea apagándose una vela. Hope aproxima una de las otras y reaviva su llama. Una vela puede encender un millar sin menguar su propia llama en lo más mínimo. En realidad, resucita de un millar de maneras.

La única vida digna de ser vivida es la vida que pierdes.

El reflejo de la luz de la vela en la ventana se parece al surgimiento de un millar de flameantes Esteres, destruyendo puertas para que irrumpa la luz.

Dieciséis

Con respecto a cortejar a Dios y sanar heridas

*De algún modo, comienzas a descubrir la vida
cuando caes enfermo [...] cuando estás más cerca
de la muerte. Entonces descubres el «te necesito,
necesito gente que confíe en mí, necesito personas
que me amen» [...] La mayoría de las veces, para
descubrir nuevos sentidos tenemos que pasar
por una crisis, tenemos que experimentar un
quebrantamiento.*

JEAN VANIER

—¿Fuiste a dar hoy un paseo con ella? —Mei me hace la pregunta como solo una amiga puede hacerla, como si me espoleara, como si me empujara, como una pertinaz oración.

—Sí, se lo pedí. Sí, me dijo que sí. Sí, fuimos a dar un paseo por el bosque. Aparecí, le regalé el obsequio de la presencia, que es lo único que tengo.

Haz presente al siempre presente Cristo.

—¿Y? —Mei me pregunta como si tratara de tomarle la temperatura a mi corazón—. ¿Cómo fue?

Aprieto las manos alrededor de la taza de humeante té

verde como si pudiera poner el calor de la vida en los lugares adormecidos.

—Pues, pues el paseo fue... bien. Fuimos a pie.

Le hago un guiño, Mei frunce el ceño. Entonces me detengo. Las máscaras pueden ser algo estridentemente embarazoso.

—De veras, fue muy bien —digo, ya agitada—. Caminamos por el bosque y los perros removieron montañas de hojas como si estuvieran cazando alguna pobre criatura y tuvo lugar un pandemónium y un espectáculo bochornoso con un poco de gloria por encima... ¿ves? Fue bien.

—¿Y?

Lo sabe. ¿Cómo diantres lo hace para saberlo siempre?

—Y entonces, sí, bueno, en realidad no fue tan bien —bajo la mirada al té verde, me lo bebo caliente como si pudiese encender mi coraje—. La cosa se complicó cuando le dije que debíamos regresar hacia el camino. Ella era categórica en cuanto a que el camino seguía recto hacia delante y yo estaba totalmente segura de que no, pero le dije: «Claro que sí, sigamos por donde tú dices, estoy lista para la aventura».

Dejé la taza.

—Y entonces su vereda se terminó junto al pantano. Se dio media vuelta y yo le dije que nuestro camino estaba hacia el oeste... pero ella no se dirigió al oeste, marchó directamente hacia el *sur*.

Mei inclina la cabeza, frunce el ceño con gesto de extrañeza.

—Y bueno, ahí me quedé señalando como una tonta al oeste. Ella se detuvo y se volvió al encontrarse una maraña de zarzales. Entonces dijo algo que no me esperaba: «¿Qué sabes tú de lugares seguros ni nada? ¿Acaso tienes la más mínima idea de que un lugar sea seguro para el corazón de nadie?».

»Me dejó confundida, sin saber en qué clase de agujero

ruinoso me había metido. Era como si el viento me azotara y no me quedara aire en toda la ardiente cavidad de mis pulmones.

No menciono que me quedé petrificada como una idiota, con la mano todavía señalando al oeste, creyendo conocer el camino cuando, obviamente, claramente, no era así; al menos no con el camino que importaba, el que conectaba los corazones como yo deseaba, el camino que podría suturar los lugares rotos como yo ansiaba.

«¿O sí sabes?». Me lo había gritado como quien tensa y dispara un arco.

A veces, en el momento, ayuda pensar: la gente no es *difícil*, es que pasa por alguna *dificultad*. Y es posible que la peor dificultad fuera la mía.

Allí de pie con la mano petrificada, tambaleándome por su cólera y la cortante metralla que se alojaba en mis lugares más sensibles, solo vi dos opciones, dos caminos que se separaban en un bosque entenebrecido: el camino de la barrera o el camino del quebrantamiento.

Todos tenemos que elegir. Puedes levantar una barrera para intentar en vano dejar el daño afuera. O puedes derrumbar tus barreras, liberar el paso y dejar que el amor con todo su dolor entre. O parapetarte tras inútiles barreras de autoprotección o exponer el corazón a que lo rompan. O levantar barreras de furia con ladrillos de escapismo, de actitud defensiva, de apatía o de distracción o tomar tu cruz y elegir la humildad de la vulnerabilidad para derribar todas las barreras y dejar entrar. Y, sinceramente, la soledad de las barreras protectoras puede hacerte sentir como si te fuera a matar; y el riesgo angustioso de la intimidad y la vulnerabilidad puede hacerte sentir también como si te fuera a matar.

Había mirado a mi hija allí parada entre los árboles y me

había dado cuenta de que, por mucha eficacia que se les atribuya a las barreras de protección, no hay en el mundo barrera capaz de cortarle el paso al dolor. No puedes construir ningún muro que te proteja del dolor. La adicción, el escapismo, el materialismo, la ira, la indiferencia, ninguno puede detener el dolor, y cada uno de ellos crea su propio dolor. *No hay manera alguna de evitar el dolor. No hay manera alguna de evitar el quebrantamiento. El único camino es el del quebrantamiento.*

Las barreras que falsamente prometen protección son formas seguras de autoencerrarse. Las barreras que se supone que protegerán tu corazón para que no se rompa son formas seguras de romper tu corazón de todos modos.

Aun siendo tan valiente como para exponer tu corazón al quebrantamiento, a sufrir rechazo de un millar de maneras, el dolor puede ser como una especie de infierno, pero será algo santo. La única manera posible de encontrar conexión... es dejar que tu corazón sea quebrantado. El amor solo les llega a los que son tan valientes como para arriesgarse a que les partan el corazón.

—Ya tenía un brazo extendido como una tonta. ¿Por qué no extender también el otro? Así que eso fue lo que hice. Lo abrí de golpe.

Quería ser vulnerable, y celebrarlo, porque recordé que crecer es rendirse a alguna clase de apertura. Quería ceder el control y confiar en Aquel que tiene el control, aunque me llevara más allá de lo que puedo controlar, incluso más allá de lo que me parecía que podría soportar. Tal vez pensé que me dolería más, pero, extrañamente, no dolió demasiado, porque en ese instante no temía su quebrantamiento ni el mío ni cualquier quebrantamiento entre nosotras, lo único que podía sentir era una intimidad cada vez más profunda. Su enojo era como algo bueno. Una especie de súplica de plenitud. Una gracia dolorosa. Ella y yo, las dos, estábamos siguiendo este camino del quebrantamiento y encontrando las profundidades de la otra.

En ese momento pensé: *Esto es lo que significa ser amada lo suficiente para ser real, lo que significa estar conectada y unida. Esto es lo que significa estar esencialmente viva, absolutamente rendida a lo desconocido, porque sabes que existe un Amor más profundo y que lo puedes conocer.*

Ella me miraba fijamente y yo estaba sufriendo un infierno, pero esto se lo dije como si realmente casi no temiera su respuesta: «Dime más. Cuéntame más de cómo hacer un lugar seguro para un corazón».

¿Acaso no tenemos todos que olvidar el temor antes de poder aprender de verdad a amar?

Allí en el bosque, donde las bellotas se han roto para que crezcan los robles, donde las semillas se han roto para que crezca el trigo, tu alma lastimada puede sentirlo: fuiste creada para crecer siendo algo más, pero eso únicamente ocurre si estás dispuesta a ser lo bastante valiente como para romperte. Mucho mejor que dar a alguien un pedazo de tu mente es dar los pedazos de tu corazón.

Así que le cuento a Mei cómo la muchacha me fustigó y yo escuché y me asomé a la pasión de un amor sufriente. Escuché lo que pensaba de mí: que había sido una opresora, más agria que un limón; que parecía tener ese dañino mecanismo de superación de preferir la autoprotección a la entrega a un servicio vulnerable; que sentía que no le había dado su parte de coraje, sino, en vez de eso, un complejo; y que había convertido su vida en un desastre porque la mía también lo era. Y yo asentí ante esa furia torrencial.

—¿Eso hiciste? —dice Mei, inclinándose hacia mí.

Asiento de nuevo. No te conviertas en un contenedor de ira. La ira es la única toxina que destruye aquello que la ha conservado. De alguna manera tuve la sensatez suficiente como para recordar que es cuando defendemos nuestros corazones y estamos sordos a los gritos de otros corazones... cuando el mundo se vuelve absurdo (del latín *surdus*, que significa «sordo»). Lo absurdo del daño solo cambia cuando dejamos de estar sordos y comenzamos a *escuchar* los unos los corazones de los otros. *Audire* en latín está relacionado con «obediente». El camino a una vida de obediencia a Dios es el de escuchar sinceramente.

Si queremos practicar de una manera genuina nuestra fe, ¿no necesitamos escuchar genuinamente? ¿Cómo cambiaría el mundo si todos nos hiciéramos maestros en el arte de la auscultación? Si escucháramos los latidos del corazón de Dios y de su pueblo.

Una hoja había caído silenciosa entre ella y yo. Los perros habían ladrado señalando el camino. Entonces reinó la calma en todo el lugar. En el espacio entre Dios y la tierra, Jesús se hizo todo oídos. Cuando nos hacemos todo oídos, eso cambia el sonido del mundo. Allí de pie, estuve grabando en mi memoria el dibujo de su cara.

La niña lo había hecho. Había agitado el látigo y me había dado el obsequio de descubrir dónde rompí su corazón, y ella me dejó oír el grito de su latido. ¿Había sido alguna vez tan bella? ¿La había amado tanto alguna vez?

—Se lo dije, le dije que era valiente. Por liberar y entregarme su dolor. Por confiar en mí lo suficiente como para dejarme sostener las esquirlas de su corazón.

La belleza no está en lo formidable que eres, sino en tu fragilidad.

Mi reservada y pensativa hija. Habría podido extender mis manos para acariciar el rostro de esa niña valiente y asegurarle

NUESTRO PROPÓSITO

MÁS SIGNIFICATIVO SE PUEDE

ENCONTRAR PRECISAMENTE

EN NUESTRO QUEBRANTAMIENTO

MÁS DOLOROSO.

que la belleza no existe sin fragilidad. La belleza particular de la humanidad únicamente es *posible* gracias a su valiente fragilidad. Fíjate en tu Dios vulnerable.

—Así que estuvimos en el bosque y hubo un poco de sangre.

Y no importaba que yo conociera el camino, porque el único camino que quería ya era el del quebrantamiento.

—¿Así que te dejaste crucificar? —me pregunta Mei a bocajarro.

—Básicamente, sí —contesto. Me trago lo que queda del té, que ya está frío, pero me calienta.

—A veces —dice Mei despacio—, algunas cosas tienen que hacerse pedazos para poder construir cosas mejores.

Asiento. *No tengas miedo de las cosas rotas*. Es el comienzo de cosas mejores. La mejor cosecha siempre empieza con campos rotos.

—Ella te lo dijo —afirma Mei—. Te dio el obsequio de saber dónde se habían roto las cosas, que es el obsequio de saber dónde comenzar.

Cuando no sabes dónde comenzar y estás en las últimas, llegas a estar donde comienza todo lo que es de Dios. Algo que siempre necesitas más es *necesidad*.

Sentada con mi taza vacía, todo esto está acabando en un sentimiento profundamente satisfactorio. *La manera de sentir el alivio de una resurrección es entrar en el sufrimiento del Crucificado.*

En otra ocasión había estado en otro bosque con un anciano de la iglesia durante un picnic de fraternidad, y este viejo amigo de la familia se volvió hacia mí bajo un pino inclinado y me dijo: «Has afrontado el reto de contar todas las maneras en que Dios te ama, y eso te ha cambiado; está clarísimo, te ha cambiado». Yo asentí, coincidiendo con él.

El anciano me había mirado y me había dicho. «Es cierto. Tú sabes que Dios te ha cortejado un millar de veces. Pero yo te pregunto... no, yo te digo: *atrévete a cortejar a Dios*. ¿Sabes cómo se hace *eso*?». Se volvió y se dirigió hacia donde le esperaba su esposa.

Yo había experimentado el cortejo de Dios un millar de veces... incontables, innumerables veces le había dado las gracias por amarme. Como C. S. Lewis había escrito: «Sólo puede cortejar».[1] Yo había sido la esposa de Oseas, Gómer y yo habíamos sido como Israel, y yo había experimentado lo que dice John Piper sobre la respuesta de Dios a su pueblo:

> *Lo primero* que él hace es cortejarnos con ternura (v. 14): «Por eso, ahora voy a seducirla: me la llevaré al desierto y le hablaré con ternura». Somos todos culpables de prostitución. Hemos amado a otros amantes más que a Dios [...] Nosotros, como Gomer, nos hemos esclavizado a un amante, al mundo, al placer, a la ambición. Pero Dios no nos ha abandonado. Él promete llevarnos al desierto. Quiere estar a solas con nosotros. ¿Por qué? Para poder dedicarnos palabras tiernas. Literalmente, el hebreo dice que es para que él pueda hablar «al corazón de ella». Y, cuando él hable, te seducirá. Te persuadirá y te cortejará. Dirá lo que le dice un galán a su dama cuando salen de la fiesta a pasear solos por el jardín. Dios quiere hablarte de esa manera. Entra con él en el desierto y escucha con el corazón. No pienses que eres demasiado fea o que estás demasiado estropeada. Él sabe que su esposa es una ramera. Ese es el significado de la misericordia: Dios está cortejando a una esposa dedicada a la prostitución.[2]

¿En cuántos bosques, en cuántos desiertos me había encontrado yo? ¿Había sido consciente de que Dios nos lleva al desierto no para abandonarnos, sino para estar a solas con nosotros? Los desiertos no son lugares a los que Dios nos lleva para lastimarnos, sino lugares en los que nos habla al corazón. Los desiertos pueden ser seguros porque siempre estamos seguros cuando estamos siempre con él. Los desiertos pueden ser donde Dios corteja. Dios me había cortejado, a mí, a una esposa dedicada a la prostitución. He llorado en los desiertos, he sido restaurada con las caricias de su gracia.

¿Pero lo que me decía el anciano era posible? ¿Cortejar a Dios? No sabía si podríamos hacer eso, ni siquiera si tenía lenguaje para ello. No obstante, si tomas tu vida y haces del cortejo a Dios tu único propósito, ¿cómo no va a atraerte eso hacia la forma de vida más real, la más abundante?

Después del picnic de la iglesia, había salido a la orilla del bosque y me había quedado allí, con una mano apoyada en un palo fierro, o tal vez el árbol se apoyaba en mí. Y su Palabra puede venir por entre los árboles como el viento. «Porque tuve hambre, y ustedes me dieron de comer; tuve sed, y me dieron de beber; fui forastero, y me dieron alojamiento; necesité ropa, y me vistieron; estuve enfermo, y me atendieron; estuve en la cárcel, y me visitaron [...] Les aseguro que todo lo que hicieron por uno de mis hermanos, aun por el más pequeño, lo hicieron por mí».[3]

La única forma de amar a Dios... es dar a las personas. El amor por él tiene que resultar en dar, o nunca fue amor.

La única forma de amar a Dios... es dar a las personas.

La única forma de servir a Dios... es servir a las personas.

La única forma de cortejar a Dios... es cuidar las heridas de las personas.

La única forma de cortejar a Dios... es dejarlo cuidar tus heridas y entregarle tu angustiosa necesidad.

Podía oír el viejo himno llegando por el bosque: «Solo pide que confieses tu necesidad de él [...]. Él puede, él puede; y él quiere; no dudes más».[4]

No dudes más: porque primero él acogió las heridas de tu corazón con su cortejo; se nos ha dado la fuerza efectiva y el afecto suficiente para cortejarle a él por nuestra parte extendiendo nuestra mano al mundo y tocando las heridas del mundo con las nuestras.

No dudes más: porque los que cortejan a Jesús entregando su vida acarician el rostro de Cristo.

Quizá la única forma de cuidar tus heridas sea cortejar a Dios. Y cortejas a Dios cuando aprietas tus heridas de quebrantamiento contra las suyas y encuentras que en él, y él en ti, estás tocando las heridas de quebrantamiento de todos los otros heridos y estás entrando en el gozo de Dios: comunión íntima, *koinonía*, con él.

Dejo mi taza de té vacía en la cocina, al borde de la pila de la cocina. Desde allí puedo ver, a través de la entrada abierta a mi cuarto, la pared que hay detrás de mi escritorio. De ella cuelga este cuadro titulado *Manos de demostración*, un vívido retrato de la mano de Jesús tomando la del escéptico Tomás y llevándola a tocar la herida sangrante en la otra mano de Jesús, que está abierta.

No lo había notado antes, pero todo en el cuadro es un movimiento de Jesús. Él mueve la mano de Tomás. Él aprieta las heridas de duda de Tomás contra su propia herida abierta. Él ofrece sus heridas abiertas como único hogar para las nuestras. Toda sanación es un movimiento de Cristo: *él lo hace todo.*

El desafío de cortejar a Jesús es un reto a presionar nuestras heridas contra su corazón quebrantado y las heridas del mundo. Y mi desafío de cortejar a Jesús era un reto a presionar mis heridas contra ese corazón quebrantado y con el de una chica que salió a pasear conmigo por el bosque.

Aquí podría tener *koinonía*. Podría tener comunión con Cristo, podría participar en los sufrimientos de Cristo, no solo cuidando de ella en su sufrimiento, sino también viniendo a Cristo con el mío. Podríamos cortejar a Dios cuidando de *todas las heridas...* y Cristo en nosotros puede curarlas todas. Todo es completamente suyo, su camino de quebrantamiento. El valeroso descubrimiento de todos los quebrantados en sus quebrantos puede ofrecer el milagro de la comunión. *No tengas miedo de ser algo roto.*

Hay un chip en el asa de esta taza de té. Me siento como si lo viera todo por primera vez.

Él me está invitando a sanar, pero también a ver mi llamamiento más significativo: ser su curación para los que sufren. En mi propio quebrantamiento, que me lleva al de Cristo, es precisamente donde puedo tocar a los angustiados de corazón. Nuestro propósito más significativo lo podemos encontrar justo en nuestro más doloroso quebrantamiento. No estoy segura de si lo había sabido: *podemos ser agentes de sanidad justo donde hemos conocido más quebrantamiento.*

¿Por qué nos hemos tragado la mentira de que solamente podemos ayudar si somos perfectos? La verdad cósmica sellada en las heridas del Dios quebrantado es que los más grandes agentes de la abundancia conocen un quebrantamiento inconfesado. Mi gesto de envolver con las manos esta taza vacía y agrietada me da una sensación semejante a la de este extraño consuelo. *Todo va a ir bien.* Lo que nos hace sentir los menos cualificados para la vida abundante es en realidad lo que nos convierte en los más cualificados. El quebrantado y el cojo, el herido y el que está lleno de cicatrices, los rezagados y los que siguen teniendo luchas, son los que mejor pueden saber adónde acudir con las heridas. Solo los quebrantados saben dónde están las grietas y cómo nuestras heridas de quebrantamiento pueden ser precisamente los lugares que revelan a Dios... y nos permiten sentir su mano que nos sostiene a salvo.

Los que han conocido un quebrantamiento inconfesado pueden hablar de la sanidad más real.

No dejes de ser débil y dependiente. Así es como sigues siendo fuerte en Dios.

No me molesto en mencionárselo a Mei ese día, porque no sé realmente cómo traerlo a colación, pero la mañana siguiente a aquel extravío en el bosque, la muchacha me encuentra ante el hornillo con un pote vacío en la mano y apoya su cabeza en mi hombro y susurra: «Mamá, lo de ayer... Cuando me escuchabas... Noté que me amabas. Cuando confesaste esas cosas... No me sentí tan sola. En el momento en que dejaste que mi corazón lo soltara todo, ¿no tuviste miedo? En ese momento me sentí cercana».

Y yo había cerrado los ojos y la dejé venir. Extendí la mano para tocar su mejilla, apoyada en mi hombro.

Tal vez la seguridad es donde el quebrantamiento de dos corazones se encuentra.

Tal vez existan esos «"retazos de la luz divina" en el bosque de nuestra experiencia», como escribió C. S. Lewis.[5]

Y tal vez pueda haber un millar de caminos de salida del desierto de nuestras heridas, de nuestro bosque, cuando tenemos esta opción del camino de cortejar a Dios.

Diecisiete

Cómo encontrar a los héroes en un mundo sufriente

Mediante la compasión hacemos nuestra la desgracia de los otros, al aliviarlos nos aliviamos también a nosotros mismos.

THOMAS BROWNE

Por encima de todo, una no quiere sentirse sola en su quebranto inconfesado. Por encima de todo, lo que siempre has deseado es alguien que te abrace y te diga que todo tu quebranto inconfesado no marca ninguna diferencia, sigues siendo abrazada. Las heridas que nunca se curan son siempre las que se sufren a solas. Y puedes decirte a ti misma que estás lista para que Dios las sane o las use como él quiera, pero eso no impide que te cuestiones en silencio cuál sería su intención o qué sensación tendrías de otra manera. Pero puedes seguir adelante y meterte en un avión con dirección al este, dejando toda la seguridad y el confort del hogar, porque estás haciendo lo que haga falta para llegar más alto y más profundo en tu confianza en Dios, lo que haga falta para estar en un sitio diferente en tu siguiente cumpleaños, y dentro de diez años también.

A veces no sabes cuán herida estás hasta que te sales de las sendas por las que circulas siempre. Hasta que aprietas la espalda contra la firme fuerza de un roble en un húmedo jueves en algún vasto paraje y levantas la mirada a esas ramas de árboles y te das medio cuenta de que el árbol es subterráneo, de que solo puedes ver la mitad que está a la luz. Es entonces cuando puedes sentir las partes heridas de ti, las partes subterráneas de ti, cómo esas partes van a hacer lo que haga falta para seguir procurando la luz.

¿Cómo te rompes y liberas de manera que seas un lugar seguro para los corazones quebrantados... y encuentras la consoladora seguridad que anhelas, porque nunca te dejarán sola?

Una brisa hace crujir un rodal de robles en el borde del campo, como si ellos ya lo supieran. Estoy a la sombra en un campo en Israel, por cuya hierba pisada anduvo Dios mismo, porque quizá cuando tratas de imaginarte cómo anduvo él el camino del quebrantamiento, andas una milla o dos por donde caminó Jesús. Puedes ver las cabras y las ovejas que bajan por la ladera, con su lana apelmazada por la hierba muerta y la suciedad. Todo el grupo bala sin poder evitarlo, el rebaño entero está ajeno al grito de la humanidad.

El curtido anciano que nos ha traído a este campo en el desierto agarra la vara que está entre las raíces del árbol, y dice:

—Ser pastor es *solamente* cuestión de compasión y consuelo.

Me acerco. Las ovejas y las cabras van más despacio en el entorno fresco de las ramas. El calor del mediodía discurre en estos goterones mudos y pegajosos que me bajan por la espalda. Toda esperanza de una nueva brisa parece muerta bajo este sofocante sol. Esa cruz que llevo pintada en la muñeca es una mancha sudada, que sangra por los poros.

—¿Siete maneras, me oyen? ¿Me oyen? —dice el agricultor acercándose para mostrárnoslo—. Hay siete maneras en las que un pastor utiliza su vara para mostrar compasión a sus ovejas.

Golpea el suelo con su cayado. El sol se desliza por toda su longitud y parece encenderse como una vela. El hombre lo inclina separado de su cuerpo, formando una V, entonces les hace señas a las ovejas para que pasen entre su cuerpo y la vara inclinada. Nos muestra cómo él pone la vara para guardar a las ovejas, y cómo puede convertirse en una extensión de su brazo.

—En cualquier situación, siempre compasión, siempre amor, ¿lo ven?

Acompaña sus palabras asintiendo, y sostiene la vara como llamando, como si tratara de invitarnos a ver. La vara de Dios solo lleva al consuelo, y los caminos de Dios son solo compasión.

¿No era esto lo que yo andaba buscando en el bosque, lo que no pude ver por los árboles? La manera de ser un lugar seguro para el desolado es dejar siempre que tu corazón sea un lugar de compasión.

—¿Les han contado alguna vez que un pastor es capaz de romperle una pata a su oveja si se descarría del rebaño? —nos pregunta el hombre, vara en mano, con un árbol a su espalda—. ¿Nunca lo han oído? ¿Romperle una pata para evitar que se aparte del rebaño? —dice, y sacude la cabeza, disgustado.

Desde incontables púlpitos se ha predicado cómo, supuestamente, en la antigüedad, si una oveja se obstinaba en escaparse y perderse, el pastor recurría a romperle las patas para que no pudiera volver a fugarse y ponerse en peligro. Luego, después de rompérselas, el pastor cuidaba de la oveja inválida hasta su recuperación, de modo que esta seguiría estando al lado del pastor el resto de su renqueante vida.

El aire aquí no es caliente, es sofocante. Es como si estuvieras al borde del infierno y el enemigo te exhalara sulfurosas mentiras justo en tu rostro chorreante de sudor. Sin embargo, solo unos vasos de luz se han vertido entre las hojas del árbol y se han derramado por los lomos de las ovejas, que se han agrupado bajo un roble en la ladera.

—Miren —dice, señalando con su vara el rebaño, que se reúne con parsimonia—. Un pastor nunca, jamás, le rompería un hueso a una oveja. ¿Cómo iba a ser eso algo compasivo? ¿Cómo iba a ser misericordia? Escuchen, esto es lo que hace un pastor.

Entonces explica que un pastor puede ponerle un «freno» a una oveja en la pata, un peso que temporalmente le impida a una oveja testaruda irse y extraviarse. Y, una vez estrechada la relación con el animal, una vez que aprende su nombre, una vez que reconoce la voz del pastor y la manera en que él la llama, esa oveja aprende a no tener miedo, a nunca más tener miedo. Ella confía en los modos y los caminos del pastor. Las ovejas se vuelven y se encaminan por una vereda que sube recta por el lado de la colina. Y algo en mí se libera, como en un regreso al redil. ¿Todos esos caminos de quebranto que parecían callejones sin salida? ¿Los caminos que se torcían y parecían traiciones? ¿Todas las formas en que me sentí abandonada cuando le aplastaron el cráneo a mi hermana delante de mí y los años de desatención emocional y salas de psiquiatría que socavaron el único hogar que yo había conocido, en el que mis padres se divorciaron y, con ello, desmenuzaron el último frágil ladrillo y explotó todo aquello a lo que una pudiera aferrarse? ¿Cuando había sentido que la angustia de Hope se dirigía inevitablemente a mi misma trampa escapista, allí en la ventana con vistas al trigo, y olvidé por un instante cómo respirar, la carga que yo había sentido al despertar aquella mañana de cumpleaños? ¿Cuando había dado media vuelta en el bosque creyendo que conocía el camino «correcto» que no lo era? ¿Había estado todo esto forjando alguna clase de camino de quebrantamiento, mejor?

Quizá si todos los años, todos los caminos errantes y llenos de heridas, quizá todo encontrara gracia completamente suficiente justo ahí: a veces, lo que pensamos que puede rompernos no es más que un freno para salvarnos. A veces, lo que parece aplastarnos es el camino que nos acerca más a él. A veces, lo que creemos que nos impide llegar a más es una manera de acercarnos lo suficiente como para saber más sobre quiénes somos: los *amados*. Lo que te parece demasiado puede dar más de Dios. Y siempre puedes tener tanto de Dios como desees. Siempre puedes tener abundancia de Dios si eso es lo que quieres. Y las cosas que parecen romper otras cosas pueden ser cosas que te frenan de alejarte de Dios, cosas que te acercan.

De repente llega el aliento de esta brisa, como un océano invisible de alivio. ¿Qué dices cuando las heridas que ni siquiera sabías que tenías son tocadas con una compasión que no sabías que existiera?

Es quizá la compasión de Dios la que utiliza lo inesperado para frenarme, de modo que lo pecaminoso no me rompa. Lo que está aminorando mi marcha y frenándome podría ser un obsequio que me guarda de entrar en un quebrantamiento malo.

«Recuerden siempre esto… siempre compasión, siempre amor».

Las hojas se levantan. El canoso pastor habla con esta bondad susurrada, grave; levanta su vara en dirección a las lentas ovejas. «Hay un pastor que *se dejó romper para que las ovejas no tuvieran que sufrir eso mismo».*

Y es como si se hubiese vertido uno de esos vasos de luz de la veteada sombra del árbol, y el descubrimiento es como un bálsamo para las heridas: el corazón perfecto y compasivo de Jesús nunca exige la automutilación, la autocondenación ni la autoemancipación de los corazones imperfectos. La compasión de Jesús nunca nos somete a un estándar de perfección, sino que nos sostiene siempre en sus brazos de gracia. Pienso que durante años, encubiertamente, he sido en realidad uno de esos adoradores de Baal que se sajaban hasta sangrar por todos los ídolos que exigían implacables más y más.[1] Pienso que han pasado años de mañanas en que me rompía a mí misma sobre los altares de un millar de ídolos inmisericordes, un millar de crueles Baales: el Baal del éxito, el de la perfección, el de Pinterest, el de la aceptación, el de la validación, el de la reafirmación. ¿Cuántos de nosotros ni siquiera sabemos que somos esforzados sajadores baalistas, danzando todos los pasos requeridos en torno a algún altar de un dios de la aceptación, de modo que, si damos lo suficiente de nosotros mismos, conseguiremos algo de la lluvia de la aprobación?

Yo no lo había sabido en estos términos: sabes que tienes un ídolo que romper siempre que te sientes rota por la necesidad de cumplimiento. Sabes que tienes un ídolo de Baal que debes cortar y derribar siempre que quieres cortarte y derribarte a ti misma. Siempre que te cortas y te rompes, tienes un ídolo que tienes que cortar y romper.

Porque ¿no es eso lo que todo ídolo quiere en última instancia: hacerte cumplir cosas como loca y romperte por ello y estrellarte contra el despiadado suelo? El deseo de todo ídolo es verte cortada y rota por su causa.

Hay un pastor que se dejó romper para que las ovejas no tuvieran que sufrir eso mismo. Dejó correr su sangre para detener tu hemorragia. En el extremo del campo, en torno al roble, las ovejas y las cabras forman este estático círculo de tranquilidad.

La cruz que llevo pintada en la muñeca me ha dejado una imagen calcada en la pierna. Mi cuerpo se está haciendo cruciforme. Todas estas cosas que hay dentro de mí están tomando forma: la única forma de romper los ídolos en tu vida es aceptar que Jesús te da gratuitamente lo que los falsos dioses te exigen sin que jamás puedas lograrlo. Jesús viene a *darte* de forma gratuita por medio de su padecimiento lo que los falsos dioses te obligan a ti a intentar *conseguir* por medio de cumplimientos.

Repaso la crucecita borrosa de mi pierna. ¿Cómo no voy a llorar de amor y agradecimiento por una compasión como esta? ¿Y cómo no va a empujarme su compasión a darla a los que sufren?

Las ovejas y las cabras beben en el río, convirtiéndose en oro bajo la luz oblicua, y yo bebo de una nueva revelación: la compasión no es un sentimentalismo edulcorante, es la clave para la supervivencia de la humanidad. La compasión sana lo que la condenación jamás podría. Bebo de esto, me muero de sed por esto, el mundo está sediento de esto: Jesús se dirigía a los quebrantados con una profunda compasión. Jesús se dirige a *mi* profundo quebranto con una profunda compasión.

La seguridad se encuentra donde coincide el quebranta-miento de dos corazones. El alivio que esto produce fluye por mis heridas.

La brisa repunta por entre las ramas de los reclinados robles. La noto como algo casi divino.

Cuando vuelvo a casa después de unos cuantos días recorriendo los campos y caminos que Jesús pisó, voy a la puerta de atrás y veo una cesta de ropa lavada volcada, una mascota rasgando con fervor una chorreante bolsa de basura, y una calabaza podrida derramándose del fondo de su cuenco a toda la encimera. Un enjambre de moscas de la fruta vuela en círculos como buitres minúsculos y yo tengo ganas, con el mejor talante, de partirle el cuello a alguien.

Con compasión, por supuesto.

No siento ni gota de compasión por el que ha volcado la ropa. Siento este impulso innegable, vergonzoso, de darle al cachorrito que hurga en la basura una patada de futbolista. Y no tengo la más mínima intención de suavizar la bronca que guardo para los chicos por las moscas de la fruta.

Cuando la agitación me ha llegado a las manos, puedo ver la cruz que me dibujé en la muñeca y de repente pienso en cómo la teología es un ejercicio vano si no la ponemos en práctica bajo nuestro techo, si no la ejercitamos con nuestras manos y nuestros pies. ¿Cómo puedo pasar de conocer la compasión inefable y total de Dios, allí bajo aquel roble con un rebaño de ovejas, a tener una reacción de pura rabia bajo mi propio techo con un desastre que es mío?

Los robles jóvenes que hay al otro lado de nuestra ventana delantera crecen en los días de verano, envejecen con esos anillos de luz por todo el tronco. ¿Cómo acumulas luz, envejeces con anillos de luz alrededor de tu corazón? Nunca imaginarías que me importara un comino lo que dijo Spurgeon: «Si tuvieras que resumir la totalidad del carácter de Cristo con respecto a nosotros, podría resumirse en esta frase: "Tuvo compasión"».[2]

¿Tuvo compasión?

¿Significa eso que la compasión no es una postura ocasional que se da solo cuando somos conmovidos, sino un rasgo del carácter, la postura íntegra de cómo podemos conducirnos en nuestra vida? ¿Qué pasaría si el mundo entero no se alimentase de la ambición, sino que se moviera por la compasión?

«Tuvo compasión». Esta frase solo se menciona en la Escritura en relación con Cristo y el Padre. El término en griego es *splanchnizomai*, y se refiere a lo que serían las tripas.

Cuando Cristo sentía compasión, sentía como si le hubiesen dado una patada en las tripas.

Cuando el pueblo de Cristo siente compasión como él, y siente el golpe en el estómago, siente el dolor en los lugares más profundos, y le duele, se dobla y se encoge, y extiende sus manos y sus vidas se vuelven cruciformes, moldeadas conforme a la cruz de Cristo.

La compasión no es simplemente una vaga sensación, sino un sentimiento tan fuerte que te retuerce. Da otra forma a tu cuerpo y a tu vida, forma de respuesta.

La compasión es el proceso radical de dar forma de cruz a una vida.

A veces puedo sentir de veras esa cruz en mi muñeca: vivo la postura de Cristo, extendida en un madero. Las manos rotas y abiertas de par en par para abrazar a todos, para abrazar la gracia en todo. Manos rotas y abiertas de par en par para recibir los obsequios que hay en todas las cosas y entregárselos a todo el mundo.

Todo roto y abierto. Apertura de corazón quebrantado. Vulnerabilidad de corazón quebrantado. Intimidad de corazón quebrantado.

Cruciforme.

¿Cómo puedes dar a conocer la presencia de Cristo si no es desde la compasión cruciforme? ¿Y si la única forma de moverse hacia delante en cualquier situación es siempre moverse con compasión?

Resulta relativamente fácil pontificar acerca de cómo vivir el evangelio; es infinitamente más difícil encarnar el evangelio en tu vida. Quiero sacudir mi duro corazón para que despierte.

Si la compasión era el sentimiento que más sentía Jesús, ¿podemos aprender algo de ella?

La palabra significa «junto», *com*, y «padecer», *pati*. Compasión tiene que ver con co-pasión, co-padecimiento. Solo tienes compasión cuando estás dispuesto a co-padecer.

Así pues, algún chico no tenía nada que ponerse y el reloj le urgía crujiendo tras él con sus agujas implacables, de modo que sacó la ropa de la secadora antes de tiempo, porque él y sus *jeans* recién lavados ya llegaban tarde. Pero está claro que el perro y el agresor de la calabaza no tienen defensa creíble.

Exactamente. ¿Exactamente cuántas veces me había encontrado yo sin ninguna defensa creíble y un Pastor tuvo compasión de mí, co-padeció conmigo, sufrió él solo por mí?

Los dos pequeños, Kai y Shalom, están de rodillas en el vestíbulo de atrás recogiendo la pringosa basura. El más alto está ahí en la cocina con las manos en los bolsillos, diciéndome que no tiene tiempo para limpiar la podredumbre que rezuma en la encimera.

—*Por supuesto, hijo* —caen mis palabras como gotas de sarcasmo—, tiene que haber alguien más, alguien que lleve una vida menos apremiante que tú y pueda limpiar el charco que has dejado pudrirse donde preparamos la comida.

¿Por qué la condenación nos sale tan rápido de adentro y la compasión es tan indolentemente lenta? Siempre que la fe pierde su compasión, su co-padecimiento, trae consigo demonios. Podría llorar. Raspo la mugre de calabaza que se ha secado en el hornillo y sé que lo estoy mascullando demasiado fuerte: «Todos tienen tiempo para cambiar el mundo, pero nadie tiene tiempo para ayudar a mamá a limpiar la cocina».[3]

Doy media vuelta, miro fijamente a los ojos a mi muchacho. Y, con más fuerza que la furia, en mi cabeza suena el balido de aquellas ovejas cuando bajaban la ladera. «Tuvo compasión».[4]

De repente, ese muchacho de metro ochenta y cinco me parece pequeño, roto. Las personas no necesitan ser buenas para merecer nuestra compasión; es nuestra compasión la que ofrece el bien a todas las personas.

Enjuago el paño maloliente en la pila. ¿Por qué sigo olvidando? La vida no es algo tan abrumador cuando simplemente entiendes cómo servir en este minuto.

¿Por qué rayos será tan difícil la compasión servicial? ¿Por qué será tan difícil morir?

Una cosa es tener suficiente compasión cuando estás en la isla de un roble que desprende sombra y quietud, observando la tranquilidad de las ovejas, escuchando cómo las fracturas de tu corazón se recuerdan a sí mismas, y otra cosa muy distinta es encarnarla. Cualquier persona puede tener compasión suficiente para firmar un cheque para los necesitados, pero ¿quién tiene compasión por el muchacho que te complica la vida?

La compasión puede parecer lo correcto cuando implica un donativo. Pero ¿y cuando ha habido una violación de tus derechos? La compasión puede parecer degradación.

Nadie tiene que gritármelo muy alto, a veces el Espíritu habla de la manera más clara en la quietud. Él es viento y yo soy campana, resueno con convicción. Todos quieren cambiar el mundo, pero ¿quién quiere cambiar las sábanas? Todo el mundo siente pasión por cambiar el mundo, pero ¿quiénes se están cambiando a sí mismos para encontrar compasión en su propio mundo?

EL MAL PUEDE SER LA CAUSA

DE TODA CLASE DE SUFRIMIENTOS,

PERO NO TODO EL SUFRIMIENTO

TIENE POR QUÉ SER MALIGNO.

Dios, ayúdame. Literalmente. *Dios. Ayúdame. A mí.*

Cuando todo falla, esas dos palabras nunca fallan: Dios. Ayúdame. La canción de los pobres en espíritu. Él se rompe antes de que llegue al estribillo. Viene.

Solo la comunión en la presencia del Dios de la compasión puede hacer compasiva a cualquier persona.

—¿Quieres que encienda algunas velas, mamá?

Hope está allí, en medio del desastre. El largo encendedor que lleva en la mano parece un cayado. Enciende la vela en la pila de la cocina. Parece que viene buscándome.

¿Por qué queremos ser públicamente conocidos en cuantos más lugares mejor por nuestra gran compasión en lugar de ser conocedores de una compasión mayor en los lugares donde vivimos? Puedes encontrarte bajo tu techo, mirando a tu gente, y tu propio desastre de quebranto inconfesado, y hay como una luz:

> Hay más abundancia
> en la diaria entrega de tu presencia a uno
> que en la actividad diaria por la promoción de centenares.

Es más propio de Cristo ir tras uno que ir tras el aplauso de noventa y nueve. Hay más compasión en darte a ti misma de maneras invisibles y mortificantes a los que no lo merecen que la que hay en dar cosas caras de maneras muy visibles a los que aplauden.

El paño de cocina es como una súplica caliente en mi mano, frotando la parte frontal de la cocina. Vamos, corazón, ven a partirte y darte, y muere al yo, un millar de pequeñas muertes, y co-padece, ten com-pasión.

La compasión no es tanto un trillado sentimiento del corazón como una intencionada irrupción del corazón; la compasión no es fácil, porque el co-padecimiento no es fácil. Y la compasión siempre está muriendo a trozos de ti, porque no hay otra manera de que haya resurrección.

¿Esto era, que la compasión te pide que padezcas con los necios? La compasión te pide que sufras con la locura de sistemas imposibles y de injusta opresión, que padezcas con la locura de políticas miserables y con un millón de personas complejas. ¿No sufrió un Pastor por mi necedad, por mi locura? Puede que si tu fe no co-padece con las personas no sea fe, sino cobardía.

Debería haberlo visto, allí bajo aquel roble de ramas extendidas, observando las ovejas y pensando en un Pastor quebrantado: *la compasión siempre duele*. La compasión es meterte bajo la piel de otro y conectar con su corazón como si fuera el tuyo. Tu corazón irrumpe en el suyo y tu camino se liga a los suyos, y no me digas que no es totalmente aterrador. Pero también es totalmente purificador, santificador, y glorifica a Dios y unifica el alma, y, en definitiva, llena de satisfacción la vida. Es precisamente a través de esta comunión de compasión como un alma encuentra la conexión que busca. Sí, dolerá, pero sanará. Sí, tienes que debilitarte lo suficiente como para amar al mundo, pero también ser lo bastante fuerte como para dejar a Cristo llevar tu cruz y la de todo el mundo que esté dispuesto o acabarás machacado por todo. Y sí, la compasión dice que solamente habrá abundancia para mí cuando haya abundancia para ti, así que seré pan partido y entregado a ti para que ambos podamos probar la comunión de la abundancia.

Aquí estoy, fregando el frontal del horno, catando la sagrada quemazón de una epifanía en el fondo de la garganta, cuando vibra mi teléfono. Malakai lo toma y me lo da.

Una hemorragia de palabras parpadea justo delante de mí,

en la pantalla: «Está en los huesos. El cáncer de Tamara, ahora lo tiene en los huesos».

Me inclino sobre la encimera. ¿Dónde está el dichoso cayado en el que apoyarte cuando lo necesitas? *¿Dónde, por el amor de Dios, está el Pastor?*

—Es la señora Kindsley... —las palabras salen como de un chasquido de mi corazón.

—¿Le ha vuelto el cáncer? —Malakai se acerca para verlo en mi mirada.

Hay vacíos de luz en el toldo de hojas de ese roble joven que está junto al camino, haces de luz en los puntos que dejaron las hojas que se fueron demasiado pronto. Sostengo el maloliente paño de cocina, quieta. Dios mío, ¿por qué no podemos detener todo este monstruo del cáncer?

Primero en el pecho. Luego en los ganglios linfáticos, después en los pulmones. Ahora lo tiene en los huesos. Primero Elizabeth. Después Kara. Ahora Tamara. Tamara tiene cuarenta y cuatro años, dos niños en casa y el padre de ambos ausente desde hace tiempo. Es asombroso cuán rápido puede disiparse en la insignificancia el desastre de mi cocina y la calabaza caldosa en el magno esquema cósmico de las cosas.

—¿Mamá?

Shalom pasa por encima de la basura desparramada para darme un abrazo. Se aprieta contra mí como si le fuera la vida en ello. Toda su joven vida había jugado en el césped de delante de la capilla con los hijos de Tamara después del culto del domingo. Levanta los ojos hacia mí. El cabello le cae en la cara y se lo retiro para poder mirarla a los ojos. Ella me susurra algo como si la tierra entera pudiera hacer temblar el cielo con esa sola pregunta:

—¿Por qué?

¿Por qué? ¿Por qué el cáncer de la señora Kindsley se ha extendido a sus suplicantes huesos, por qué tiene que decirle a Caleb y Emma que la quimio no está dando resultado contra el monstruo del cáncer? ¿Por qué dos niños tienen que irse a la cama preguntándose qué va a pasar si su mamá se muere?

Y la miro y asiento lentamente. Oh, mi niña. Conozco ese grito de por qué. «¿Cuándo, SEÑOR, te volverás hacia nosotros? ¡Compadécete ya de tus siervos!».[5] Compadécete de nosotros, que no somos más que polvo, que estamos cansados y desesperados por abrir como sea la puerta del universo y encontrarte tomando todos nuestros errores y arreglándolos.

El camino del quebrantamiento comienza con este arte perdido del lamento y, mientras no nos lamentemos de una manera auténtica ante Dios, no nos sentiremos de una manera auténtica amados por Dios.

El lamento no es una rabia sin sentido, sino una rabia que encuentra sentido en el escandaloso amor de Dios. El lamento es indignación… que todavía confía en el buen resultado que traerá Dios. El lamento es esta expresión de dolor ante el abandono de Dios, luego es una aceptación de su dolor, y finalmente es un abandono a su voluntad. Adelante, hija. El lamento lleva en sus manos el quebrantamiento directamente al corazón de Dios y le pide sus brazos. En medio del sufrimiento, nadie necesita argumentos explicativos tanto como necesita sentir unos brazos estrechándote. Así que Dios te da una experiencia de quién y cómo es él en lugar de simples explicaciones, porque él sabe que las explicaciones pueden dar un frío consuelo, pero sus brazos son cálidos.

Lo que nos reconforta es el Dios herido, que llora, que no escribe respuestas en las estrellas, sino que escribe su ardiente amor por nosotros con sus heridas. Justo en nuestras heridas.

«*Quizá el amor entra más fácil donde el corazón se ha partido y abierto*».

Malakai deja la bolsa de basura, se acerca a Shalom y susurra:

—¿Quieres saber por qué, Shalom?

Shalom se vuelve hacia él, los ojos relucientes de llanto, y él le pone el brazo en los hombros.

—Esto es lo que pienso —dice. Acerca a Shalom más hacia él, inclina su frente contra la de ella y habla despacio—. Así es como yo me lo planteo siempre: el dolor es como una manada de lobos atacando a las ovejas, y es el dolor el que siempre hace salir a los héroes.

Sonrío. No tenía ni idea de esta faceta suya. Extiendo la mano y le toco la mejilla. Él se hunde en mi hombro. Las cosas difíciles pueden hacer salir las cosas buenas. *No tenemos que tener miedo.* Hay un Pastor cuya compasión, cuyo co-padecimiento, obra en nosotros para convertir incluso a los quebrantados en cohéroes con él. Abrazo a mis niños en este desbarajuste de basura desparramada. ¿Y quién sabe qué decir frente a los lobos del bosque y las pesadillas que acechan? ¿Les dices que no necesitamos respuestas a por qué Dios permite el mal tanto como necesitamos abrazar la bondad de Dios en medio de preguntas sin respuesta? ¿Les dices que el mal y el sufrimiento no necesitan tanto ser explicados como asimilarlos? *El amor es un techo.* El foco del pueblo de Dios no está puesto en crear explicaciones para el sufrimiento, sino en crear comunidades alrededor del sufrimiento, comunidades co-padecientes para asimilar el sufrimiento y verlo transformarse en gracia cruciforme. Esto nos va a costar. Esto nos va a rehacer conforme a la imagen de Cristo.

¿Les dices que te está costando décadas de lucha con Dios

saber que el mal puede ser la causa de toda clase de sufrimientos, pero que no todo el sufrimiento tiene que ser maligno?

Dicen que nuestro universo está hecho de átomos, pero está hecho del sufrimiento. Porque el sufrimiento está hecho de amor. Esto es lo que quiero decirles: el mundo fue creado del amor y para el amor, lo que significa que el mundo es la esencia de la vulnerabilidad, la fragilidad y el sufrimiento.

Quiero marcarlos a fuego con esto, marcarme a mí misma, la mujer con amnesia crónica del alma, la que intenta alejarse del sufrimiento a cada paso, la que intenta esquivarlo en cuanto lo ve. *¿Por qué quiero esquivar el amor? El mal puede ser la causa de toda clase de sufrimientos, pero no todo el sufrimiento tiene que ser maligno. Amar es sufrir.* En vez de exponer su poderío, expuso su mano al clavo. En vez de aferrarse a su posición, su cuerpo quedó aferrado a una cruz. Hizo del sacrificio su posición por defecto. En lugar de imponer barreras a la gente con su poder y autoridad, depuso su autoridad, lo pusieron en una tumba, padeció la muerte hasta que retiraron la piedra. El camino del quebrantamiento hizo el cosmos, demostrando que el poder más grande del universo es el sufrimiento de un corazón desolado. El poder más grande del universo es el poder del camino del quebrantamiento.

Por lo que más quieras, mujer. Toma ese camino del quebrantamiento.

¿Lo susurro en sus oídos, ahora? En última instancia, el mal es simplemente apartarse de lo bueno; el mal es a fin de cuentas apartarse de Dios.

Y sabe Dios que el mal está en nosotros, en mí. Un desastre en mi cocina puede hacer que deje de pensar en el Pastor y en las caras de estos niños. No quiero desaprovecharlo, mirando al mal y quitando la mirada de él. ¡Cuán fácilmente puedo ser una punzada del mal en vez de un obsequio!

El mal siempre depende de las distracciones, de apartarse de Dios. *Haz que el siempre presente Cristo esté presente… estando presente.*

El mal es experimentar el sufrimiento sin significado, sin Dios. Quizás el «problema del mal» sea por encima de todo un problema de no ver el significado, un problema de no ver a Dios. La desesperación es lo que arroja a uno a la presencia del mal.

En los árboles del otro lado de la ventana, el tiempo se traga la luz. Una brisa irrumpe por entre las ramas extendidas, con un desafiante rumor de eternidad.

Es un susurro que podría romper las cadenas de un millar de manos extendidas: el mal es solamente lo que nos separa de Dios. Pero el mal se rompe cuando tú no dejas que el quebrantamiento te distancie de Dios.

La luz que baña los robles y ese arce solitario está deshaciendo todas las sombras. Las hojas se aferran a las ramas. Hay hojas que parecen entrelazadas, como una sola.

La respuesta al problema del mal es todo lo que ayuda a seguir amando a Dios, incluso ante el mal.

—Mamá —la voz de Kai suena más como una respuesta que como una pregunta. ¿Cómo es que nunca había visto que hay millares, innumerables respuestas al problema del mal, incontables gracias que nos mantienen amando a Dios?—. Mamá, ¿qué le va a pasar ahora a la señora Kindsley? —dice, y sus grandes ojos buscan los míos. Va a la misma clase de escuela dominical que la hija de Tamara. Ha visto los estragos de la quimio, la dolorosa supuración de las llagas bucales, el infierno del dolor. Está buscando algún cayado firme. La vela que Hope enciende junto a la pila da una llama que arde recta y segura.

«*Porque el* Señor *ha consolado a su pueblo, y de sus afligidos tendrá compasión*».[6]

—Mira —pongo mi mano en la nuca de Kai y lo acerco más a mí. Tiene la calidez de la luz que viene de entre los árboles, atraviesa la ventana e impregna el piso—. ¿Qué le va pasar ahora a la señora Kindsley? Pues justo lo que tú has dicho.

Habrá héroes. Habrá héroes que pongan la mirada en el Pastor, que dejen que el Pastor y su compasión moren en ellos. Así es como él hace héroes de verdad. Es Jesús el que nos llena con esta luz de compasión, con la compasión que él nos mostró, y podemos convertirnos en héroes, co-padecientes. Los héroes son aquellos que llevan sus vasos rotos de luz al mundo para que se filtre la luz sanadora de Dios. Le llevaremos la gracia de Dios a la señora Kindsley, un oído atento, una comida, una invitación a nuestra mesa, un ramo de flores silvestres, le obsequiaremos el regalo de la presencia. Haremos a Cristo presente, seremos del club del DOY, y le daremos su vaso tras vaso de luz.

Cuando entregas tu corazón quebrantado como un vaso de su luz, todo lo roto se llena con su luz.

La vela de la pila parpadea, la llama se ahueca, y yo quiero aceptar por fin lo que sigo olvidando: cuando de verdad prestamos atención a las personas es cuando llegamos a co-padecer con ellas. Prestar atención es una de las formas más puras de compasión. *¿Acaso los ojos del Pastor dejaron alguna vez de estar atentos a los suyos?*

Únicamente el sufrimiento que no se comparte es el que nos lleva a una clase particular de demencia.

El sufrimiento no tiene por qué ser una barrera para la comunión. De hecho, puede ser una puerta a su reconfortante luz.

Kai entrelaza sus dedos con los míos, aprieta fuerte, y yo lo aprieto a él contra mí, le beso la frente, uno mi súplica a la suya.

Lo que la cuestión del mal necesita, aun más que una solución, es compasión. Porque *la compasión es la solución.* Más que un problema que necesite una *solución,* el sufrimiento es una experiencia que necesita *compasión.*

Porque el universo resuena con esta canción: «Aun cuando una madre pudiera no tener compasión de su hijo, yo nunca te olvidaré, yo dejaré las noventa y nueve por ti, yo sufriré por ti. Aunque te sientas perdida y desamparada, herida sin remedio, en total desesperación, yo siempre tendré compasión de ti.

»Mi nombre es Compasión[7] y no voy a romperte, sino que me romperé por ti. Soy el Pastor compasivo que llama a un millar de héroes para que lleven la luz de mi compasión al quebrantado. Por ti atravesaré un millar de campos con un ejército de portadores de luz quebrantados. Y nunca estás tan a salvo como cuando me sientes redimiendo tu quebranto inconfesado.

»¿Y si olvidas esto? Nunca lo olvidaré y nunca te olvidaré, y esta es mi implacable compasión: *Grabada te llevo en las palmas de mis manos».*[8]

No hay nada que temer en el desierto del sufrimiento: es la tierra en la que Dios corteja. El daño de la crisis no es más que una pasarela hacia la comunión con Cristo.

Alargo la mano para rescatar un sobre rasgado del desastre del perro y la basura desparramada por el piso. Lleva mi nombre. Shalom susurra: «Mira, tu mano en la luz justo ahí se parece a un vaso de luz».

La niña sonríe como si nos hubieran descubierto.

Cuando me despierto a la mañana siguiente, leo algo en ese Viejo Libro, justo ahí en Isaías: «... y otro escribirá en su mano: 'Yo soy del Señor'».[9] Y yo giro la mano a la luz del sol. Ahí está esa cruz pintada, difuminándose en mi muñeca. Estoy marcada. Una de los suyos. Sentir su compasión y ser portadora de su compasión, co-padecer.

Mi nombre en su mano. Su nombre en la mía. *Soy suya y él es el mío.*

¿Es eso lo que estoy haciendo con este ridículo experimento de pintarme una cruz en la muñeca? Con esas dos simples líneas cruzadas, es como si estuviera escribiendo mi camino, mi nombre y mi identidad: suficiente. Hay suficiente. Suficiente en abundancia.

Soy suficiente, porque tengo suficiente de él y él es siempre suficiente, y eso es suficiente para todo. Canto mi nombre y mi identidad y el hecho de estar marcada por el Crucificado, el Resucitado. Estoy moldeando y dejando moldear mi vida, escribiéndola en mí de manera que, literalmente, me moldee: una vida apasionada es una vida sacrificial. Una vida que quiere abrazar a Cristo es una vida que tiene que abrazar el sufrimiento. Una vida de entrega es al final la más vivificante. Y, cada vez que firmo con esa cruz en mi muñeca, estoy garantizando que siempre puedo encontrar mi marca de Dios, señalando el camino a seguir: *entregada.* Partida y entregada a la comunión con él y a un millar de maneras de extender la mano y dar a otros, a la comunidad de los quebrantados del mundo.

Una señal firmada y sellada de que no hay nada que yo pueda hacer para que él me ame más. Y en todo soy amada más de lo que puedo llegar a imaginar.

Es extraño cómo una mano abierta que alberga luz parece hundir sus raíces en el cielo.

Dieciocho

Por qué no debes tener miedo a ser quebrantada

¿Pueden ser estas sucias, repugnantes y venenosas heridas las que nos curen?

MARK BUCHANAN

El día que conocí a Mei llevaba a doce bebés.

No de una vez, tranquilos. Pero tenía sus fotos en el teléfono, en su bolsillo trasero, y me los ponía delante en su pantalla como quien enseña un anillo, como si me estuviese enseñando cosas de un valor inestimable.

Me había inclinado a ver.

—Esta es Ruby.

Pequeña y con los ojos muy abiertos. Sonrisa tímida, dentuda. Un brote de seda negra salta del lazo rojo que tiene en la coronilla.

Por toda la calle, detrás de Mei, hay una oscuridad azulada que se engancha en los árboles.

Y luego me enseña a Zeke. Kate. Sarah. Doce bebés que viven en la casa de Mei en Pekín.

—Esos son sus nombres ingleses —me dice, pasando más fotos—. Los nombres chinos: Yu Xin. Fei. Quan Ting.

—Y estaban…

No puedo pronunciar la palabra.

—Sí, estaban... —asiente ella lentamente, lanzando su trenza oscura sobre su hombro, y pronunciando la palabra que no puedo decir: «abandonados».

Dejo mi bolso. Mei se acerca más, sosteniendo el teléfono y las fotos para que yo las pueda ver en la luz.

Todos ellos eran bebés a los que habían cortado el cordón umbilical, y a los que habían cortado de todo lo demás. Alargo la mano, la de la cruz pintada en la muñeca, y agarro su teléfono.

—¿Y... por qué los abandonaron? —pregunto mirando a Mei.

Mei baja la mirada al teléfono, a mi muñeca pintada.

—Corazones rotos —dice, tan bajo que tengo que acercarme—. Todos ellos tienen problemas cardiacos congénitos. Los padres no pueden pagar la cirugía. Así que los envuelven en mantas, con un biberón y tal vez con una nota enganchada al borde de la manta, y los dejan a las puertas de los hospitales, en las plazas, cerca de las comisarías...

Me inclino sobre esta galería de fotos, estos ojos marrones que buscan algo. ¿Quién sostiene a los abandonados y olvidados? Todo en ese momento me recuerda a Kierkegaard: «¿Quién soy? ¿Cómo he llegado al mundo? ¿Por qué no preguntaron? Y, si me instan a involucrarme en él, ¿dónde está el encargado? Tengo algo que decirle».[1]

¿Dónde está el encargado? *Necesito verlo.*

—Los abandonan... —dice Mei, repasando la cara de Ruby en la pantalla de su teléfono— porque sus corazones están rotos.

El alumbrado de la ciudad revolotea como el parpadeo de las audaces luciérnagas que buscan sin descanso ese escurridizo atisbo de hogar entre la oscuridad.

Levanto la mirada hacia Mei. Ella asiente despacio.

Puedes sentirte abandonada porque tu corazón está demasiado roto para alguien, y tu corazón puede sentirse demasiado roto... porque alguien lo ha abandonado.

Las farolas pestañean.

Tal vez la luz nunca deja de venir a nuestro encuentro, llamándonos. Llevándonos a casa con nuestros pedazos de vidrios rotos escondidos. La cruz de mi muñeca recoge pedacitos de luz.

—¿Cómo? —pregunto señalando a la foto en el teléfono en la que aparecen todos esos bebés con cicatrices justo debajo del pecho—. ¿Cómo haces todo esto?

Mei me mira fijamente.

—Sencillamente... no puedes tener miedo de un corazón roto.

No sé cuánto tiempo estuve ahí mirándola fijamente, escuchando el zumbido de las farolas, esta avalancha audible de un despertar para mi vida.

Pasan los meses y yo intento, y me parece que no lo consigo, pero lo vuelvo a intentar, estar presente para Mei y sus bebés, porque ella y sus niños han estado presentes para mí. El obsequio de la presencia es fácil cuando el camino se sigue abriendo a tu encuentro. Ella es una guerrera solitaria en tierra extranjera, acosada por políticas paralizantes y papeleos enrevesados, que lucha por salvar de uno en uno a niños desolados, con el corazón roto. Cuando conoces a alguien que está matando dragones, quieres ofrecerle un lugar seguro para descansar. Pero quizás veo también algo ardiente en sus ojos esa noche que no entiendo del todo, pero que sé que necesito entender.

Siempre que Mei llama, contesto. Cuando necesita un receso temporal en la batalla por los abandonados y desolados, viene, comemos juntas, paseamos por el campo y respiramos al aire libre. El bosque otoñal, con la caída de las hojas, parece cargado con el incienso de la entrega. Aquel florero lleno de trigo reposa en el alféizar. Son 25.550 granos: mi vida. Pasamos junto a él más de cien veces.

Le envío un edredón cosido a través del Pacífico a Pekín y me informo sobre qué enviar a bebés con la piel fina y niveles bajos de oxígeno, deseosa de comunicar un amor que comenzó antes del Calvario y puede aniquilar toda la oscuridad. Pero una de las bebés, Ruby, continúa perdiendo color, sus dedos se están poniendo azulados como un cielo nocturno con moretones. Cuando destella una foto en mi pantalla, apenas un momento, tengo que volverme y levantar presas que contengan el tsunami del pánico. Los labios púrpura de Ruby parecen manchados de uva. Su corazón está en las últimas.

Mei lleva corriendo a Ruby a los cirujanos atravesando las barreras de niebla tóxica de Pekín. A medio planeta de distancia, yo intento no dejar de respirar. El gesto negativo del equipo de cirujanos me sacude a miles de kilómetros de distancia: *inoperable*. Mei agarra un pedazo del papel y les dibuja una derivación. «¿Podrían intentar esto?», pregunta ella, extendiéndoselo a través de la mesa a un cirujano. Cuando él accede, puedo sentir cómo el alivio de Mei deshace presiones en mi propio pecho agarrotado. En el cuerpo de Cristo, cómo respira una persona afecta a todo el cuerpo.

Paso toda la noche despierta con Mei, mirando las lentas agujas del reloj mientras los cirujanos abren a un bebé e intentan arreglar su corazón agonizante. ¿Hay posibilidades de que salga bien de ese dramático quirófano? ¿Con un corazón que siga insuflándole coraje en el pecho? «Veinticinco por ciento», dijo el cirujano.

Ruby sale airosa de la operación.

Mei sale del hospital para respirar aliviada. Un arco iris doble surca el cielo sobre ella. Toma una foto y me la envía en un mensaje. Lloro; no hay absolutamente ninguna vergüenza en las lágrimas que riegan tu alabanza o tus oraciones. Hay promesas que surcan la comunión de los quebrantados en matices que solo llegamos a vislumbrar de vez en cuando.

Tal vez sea porque ella conoce los hospitales, ¿será por eso que le he enviado el mensaje primero a ella? Eso parece lógico, práctico. Pero, cuando las cosas comenzaron a desenredarse un poco aquella mañana de sábado de principios de enero, es posible que acudiera a ella primero porque, aunque entonces no lo habría admitido, recordé lo que había visto ardiendo en su mirada aquella noche.

Después de que todo se hubiera resquebrajado y desmoronado en parte, después de que el Granjero y yo hubiéramos estado totalmente pendientes el uno del otro, reunidos con el doctor y las enfermeras, después de que el torbellino nos hubiera dejado con unos cuantos escombros emocionales, después de que él me hubiera besado la frente suavemente y hubiera llevado a nuestros hijos de vuelta a casa, le dejo a Mei un mensaje:

Demasiado temprano. Lo siento. Estaba en urgencias, ya nos atienden. Kai está enfermo, ha perdido diez kilos en dos semanas, ojeras moradas. Flaco. El doctor dice diabetes tipo 1, 4-6 inyecciones de insulina al día por el resto de su vida. Veo que esto no es como un brazo roto, que en 6 semanas está listo. Pendientes para siempre de la insulina, o la muerte... Sí, una puede hacer planes, pero son los de Dios los que se cumplen. Quizá el lamentar los cambios de planes sea parte del plan para cambiarnos.

Una enfermera empuja un carro de medicamentos por el oscuro vestíbulo. La fe es confianza en la bondad de Dios, independientemente de cuán confusas sean las circunstancias. Vuelvo a Mei con un golpecito en la pantalla:

Todos vamos a estar bien, de verdad, solo necesitamos un minuto para recuperarnos.

A veces se trata de algo más que de temer a algo roto: tenemos miedo a ser una carga para alguien. A veces... apenas podemos soportar la idea de que nuestro quebrantamiento pueda romper a otro. A veces... parece más fácil enterrar nuestro dolor que romperle el corazón a otra persona.

Me paso el dorso de la mano por las mejillas, levanto los hombros, vuelvo al cuarto del hospital. Una enfermera está inclinada sobre Kai, mostrándole cómo preparar una inyección de insulina con la dosis correcta. Kai se levanta la camisa, se pone la aguja en la piel, se inyecta en la barriga veintiuna unidades de insulina, se limpia un poco de sangre. Me mira con una sonrisa a medio hacer, preguntando, y le devuelvo un guiño al valiente. Después de que el muchacho cae dormido, me pongo a la luz gris de la ventana.

Sé que en Pekín todavía están durmiendo, pero estoy leyendo cosas que no debería. ¿Lo dejo? Por ejemplo: la diabetes tipo 1 puede reducir la esperanza de vida

media en 10-15 años. Uno de cada 20 jóvenes con
diabetes tipo 1 morirá mientras duerme.

    Lo único que puedo pensar: 10 vueltas menos
alrededor del sol, 10 tartas de cumpleaños menos, 10
menos. Quiero que él también disfrute esos 10. Quiero
que siga levantándose. Corazón roto. Vamos a estar
bien, de veras. Si al menos pudiera detener todo lo
que me corre por la cara.

Un surco de lo más leve... pero mi corazón quebrantado se
estaba rindiendo.

Dejo el teléfono en el alféizar, apoyo la frente contra el cristal frío.

Es como dijo el Granjero: me siento como si acabáramos
de unirnos a un club. El club de los rotos, un club con botes de
medicamentos, marcas de aguja y citas médicas, que duele de
maneras ocultas, venciendo al dolor y a la tumba. Me quema
la garganta. Quizá esté bien no sentirse fuerte, cargar con un
quebranto inconfesado. Y... ¿hablarlo?

El teléfono se ilumina.

Hola. Aquí sentada contigo. Está bien. Está bien no
estar bien.

Que llegue... Que llegue. Las letras parecen nadar en la
pantalla. Tal vez no puedes comparar el sufrimiento, no puedes
ordenar o minimizar el sufrimiento, sino simplemente abrazarlo, al sufrimiento y a todos los demás que también sufren.

Escribo:

Gracias por ser un lugar seguro al que acudir con este
desastre de quebrantos.

Kai da vueltas en la cama, cruje la barandilla. Una cama
circula por el pasillo. Entonces ella dice:

Tú sabes lo que has hecho: has venido y has entregado
tu corazón. Simplemente has puesto tu corazón roto,
sin que yo te lo pidiera.

Me inclino contra la pared.

Creo que esta es la primera vez desde que te conocí
que has abierto tu corazón. Has venido a mí y has
compartido voluntariamente.

Contesto, mis dedos se detienen brevemente sobre las letras,
intentando descifrar lo que el palpitar de mi corazón expresa:

O sea, ¿quieres decir que siempre has tenido que
cometer allanamiento para entrar en mi corazón?

El cuarto está en silencio. Se oye el leve zumbido de los fluo-
rescentes sobre la cama de Kai.

Sí, algo así. Pero esta vez te has dado a ti misma sin
que te lo pidan.

Sacudo la cabeza. ¿*Esta* vez? ¿*Esta* vez he dado? ¿Y el resto
de las veces? ¿No me había sacrificado, a mí misma y mi tiempo?
¿No había estado dándole nada, no había estado dispuesta a

ser incomodada, no había volcado un poco de mi balde por ella? Todo este tiempo, ¿no había optado deliberadamente por partirme y darme?

Necesito sentarme.

Leo:

Acabas de dar... tu corazón roto.

Y el cuarto comienza a desvanecerse a mi alrededor.

Después de todo lo que le había dado, ¿lo que Mei había querido realmente que le diese... era un poco de mi propio quebrantamiento?

Creo que siempre fui reacia a compartir nada de mi quebrantamiento contigo porque no quería añadir más a tu vida, que ya estaba llena, hasta el punto de romperse. No quería ser una carga. No quería causar más quebranto.

Mei contesta:

Sí, lo sé. Pero, ya sabes, eso es lo que me hacía pensar que no éramos amigas de verdad.

Tengo que agarrar la butaca verde de vinilo del extremo de la cama y sentarme.

Si no comparto completamente mi propio quebranta-miento... ¿no hay comunión completa? Quizá la comunión únicamente puede darse cuando no solo partimos y entregamos nuestras partes fuertes, sino cuando también entregamos nuestras partes rotas. Quizá la comunión sucede no solo cuando somos partidos y entregados, sino *cuando nos entregamos unos a otros nuestro quebrantamiento*.

Mi corazón late con más fuerza que ninguna otra cosa que pueda oír. Siento que estoy al borde de algo que nunca he sentido: tal vez lo que entregamos a partir de nuestra fuerza puede mostrar cuidado por medio de nuestra disposición a dar. Pero todo lo entregado a partir de nuestro quebrantamiento puede mostrar un amor mayor por medio de la disposición a *sufrir*. Cualquier comunión sanadora que podamos dar vendrá no por medio de nuestra fuerza, sino *por medio de nuestro quebrantamiento*.

Kai duerme. Cae la nieve. Y algo cae sobre mí como la más apacible gracia.

La generosidad da a luz la intimidad, pero hay una intimidad mucho más profunda cuando somos generosos al compartir nuestro quebrantamiento. Si puedes ser lo suficientemente valiente, vulnerable y humilde, si confías lo suficiente y entregas las esquirlas más rotas de tu corazón a otro corazón creyente quebrantado... entonces, ¿son tus propias esquirlas de quebrantamiento las que mejor pueden abrir el otro corazón?

En la calma de un cuarto de hospital, me pregunto si no es eso lo que por tanto tiempo he estado esperando hacer... romper y abrir mi propio corazón.

Aunque hay una gran sabiduría en reservar nuestros corazones con respecto a quienes no aman con el corazón quebrantado de Cristo, hay una sabiduría aún mayor en confiar lo suficiente como para compartir nuestros corazones rotos con los que sí tienen ese amor. Cuanto más buscamos el corazón quebrantado de Cristo en otros, más lo encontramos y más seguros nos sentiremos para compartir nuestros corazones rotos con ellos.

La luz dibuja círculos por el piso, alrededor de mis pies, mis

ES SIEMPRE

EL CORAZÓN VULNERABLE

EL QUE LIBERA

LOS CORAZONES ROTOS.

manos, y esta exhalación llega como una callada invitación a la calma en la ansiedad interior. No hay comunión para los creyentes de corazón roto mientras protegemos a los otros de nuestro quebrantamiento, porque somos la comunión de los quebrantados... y la comunión se produce en el quebrantamiento. *El milagro se produce en el romperse.*

Repaso despacio la cruz de mi muñeca, esbozo sus travesaños. Son precisamente los lugares del quebrantamiento los que permiten que se derramen la necesidad y el poder de la cruz.

Te oigo decirlo.... Y sin permitir que la gente participe en nuestros sufrimientos no hay comunión íntima.

¿Cómo había tratado de evitar el sufrimiento, de enmascarar mi sufrimiento, de terminar con todo el sufrimiento en vez de compartirlo, de dejar que otros participaran del mío, optando por estar con los demás en los suyos, estar ahí a su lado con su sufrimiento y romper el corazón para abrirlo y dejar que la gente entrara en el mío, de modo que el sufrimiento pudiera moldearse conforme a una intimidad que *trasciende* y *transforma* el sufrimiento? El corazón tiene una capacidad para el dolor mucho mayor de lo que una pueda imaginar, porque puede amar mucho más de lo que una jamás hubiera imaginado.

Hay jeringuillas en la pequeña mesa junto a la cama de Kai. Se ve mi reflejo en la ventana del hospital, las luces arden detrás de mí. A veces una se siente como si estuviera en una casa en llamas y hubiera una multitud afuera tratando de salvarte, intentando ayudarte, tratando de darte algo a lo que agarrarte, pero tú has cerrado con llave la puerta y te quemas sola en tu fuego. Y necesitas al menos a una persona que, en vez de intentar salvarte o rescatarte, ignore todo el pánico y las alarmas y simplemente acuda a sentarse contigo en tu incendio. En tu fuego, lo único que necesitas es sentir el corazón de Cristo ardiendo por ti. Y puedes sentir el corazón de Cristo ardiendo por ti por medio de los corazones rotos que vienen hacia ti en tu incendio.

Todo el mundo necesita a alguien a su lado en el incendio.

Esto puede convertir las llamas en un fuego santo. Alguien que simplemente elige estar contigo en tu incendio con un poco del suyo puede dar mucho mejor resultado que alguien que trata de extinguir tu fuego. Las llamas compartidas y las quemaduras compartidas pueden prender los corazones provocando un fuego que extingue el fuego.

El fluorescente que está sobre la cama de Kai sigue con su zumbido y su parpadeo.

Si puedes sentarte en tu fuego y quebrantamiento y dejar que caigan todos tus muros —de modo que puedas vivir en la entrega de incluso tu quebrantamiento—, la crisis puede unirte a Cristo y a otros corazones quebrantados.

Siento en el cuarto de hospital como una especie de sagrada belleza, como la visita de alguien especial.

La compañía rompe el quebrantamiento.

Dios con nosotros. Él se da ese nombre: *Emanuel.* Dios con nosotros, porque la compañía rompe el quebrantamiento. Dios con nosotros en el fuego. Es posible que el sufrimiento no tenga que aportar luz sobre el propósito de la vida, pero puede en última instancia lograr el verdadero propósito de la vida: la intimidad. Donde se comparte el sufrimiento se prueba la comunión. Y tal vez la comunión de los rotos —la *koinonía* en el quebrantamiento— comience a paliar ese sufrimiento. ¿No es eso lo que yo podía sentir ahora, compañía que rompe el quebrantamiento?

Hay una cruz infiltrándose en mi delgada piel, que está conmigo en mis venas, en mi corazón resquebrajado.

Al otro lado de la ventana del hospital, el cielo se hace más próximo. Hay estrellas ahí fuera que son más grandes que todas las demás. Estas son las que en realidad son dos estrellas juntas, conectadas, rotando la una en torno a la otra, quemándose y quebrándose con tanta fuerza gravitacional que no hay espacio para nada más. En la absoluta inmensidad del espacio, están la una con la otra en el fuego resquebrajador.

Suena el roce de una silla en alguna parte del vestíbulo. Puedo ver los faros de los autos abajo en las calles aledañas del hospital, en dirección a la iglesia. Sus luces se enredan en esa cruz rendida, suspendida en lo alto de la torre.

Cristo puede llamarte a partirte y darte al mundo, pero tú solo puedes ser como Cristo cuando das tu quebrantamiento al mundo. Todo el mundo necesita comunión en su quebrantamiento, y Cristo siempre viene a nosotros mostrando sus cicatrices.

Yo no había sabido que la cruciformidad era así. Dar a alguien tu corazón quebrantado implica romper el orgullo, las mentiras y el temor. No hay comunión si no hay alguien que rompe su ego. ¿Todo este tiempo no había estado más que rascando la superficie de lo que significaba partirse y entregarse? ¿Cómo es que no había vivido como si el quebrantamiento mismo fuese un obsequio?

¿Por qué no aceptar la tarea vitalicia de abrazar el sufrimiento, abrazando el quebrantamiento? ¿Por qué evitar el regalo de más de Dios, más vulnerabilidad, más intimidad, más comunión: los obsequios que ofrece el quebrantamiento de corazón? ¿Por qué me había parecido tan terrible encarnarlo? El sufrimiento es una llamada pidiendo presencia; es una llamada para que estemos presentes... no solo ante el quebrantamiento en el mundo, sino ante el quebrantamiento en nuestra propia alma, y a que nos arriesguemos a confiar a otros nuestras heridas. Creo que eso es lo que me aterrorizaba: confiar a otros mis heridas.

Le contesto a Mei:

He vivido entregada al quebrantamiento de las personas. Pero no estoy segura de haber sabido lo que significa vivir entregada. ¿Es en realidad entregar mi propio quebrantamiento? Creo que nunca lo he visto tan claro como en este momento: partirse y darse implica confiar lo suficiente como para ser vulnerable y entregar tu quebrantamiento.

Las palabras de Mei son firmes, seguras.

Tienes que darte. Tú.

Ahí estoy, sentada, con sus palabras en la palma de la mano. La manera de vivir con tu corazón quebrantado es entregándolo. *Lo que necesitas dar es tu propio quebrantamiento.* Afuera, un coche tuerce la esquina. ¿Cómo confías lo suficiente? ¿Cómo te sientes lo suficientemente segura como para confiar lo suficiente? Las palabras de Mei van apareciendo en la pantalla:

¿Cuándo entregas tu quebrantamiento? No tienes por qué romper ninguna puerta para entrar. Tienes una llave. Siempre aquí. Pleno acceso. Plena entrada. Siempre segura.

¿Me estaba dando una llave? ¿Después de todo lo que yo había hecho para mostrarle que no era buena en esto?

La cruz iluminada de la torre al fondo de la calle me hace compañía. ¿Podría disfrutar así de la compañía de Dios? ¿Estar con él mientras trae la comunión a mis heridas? Las estrellas brillan con fuerza esta noche.

Puede que los que tenemos los corazones rotos simplemente necesitemos eso: personas clave que nos quiten la cáscara para ver cómo Cristo nunca cesa de cuidar nuestras heridas, de liberarnos de todas las expectativas ruinosas, gente clave que sencillamente diga: «Ven, aquí es seguro ser real, es seguro dejar que venga el quebrantamiento». ¿Quién no necesita personas clave que nos liberen de los viejos tribunales en los que los juicios y las escalas de perfección han sido como piedras de molino atadas a nuestros quebradizos cuellos? No hay nadie entre nosotros que no necesite personas clave que crean que los quebrantados son los más queridos, que los destrozados son los más valientes, que los cojos pueden ir delante, y que todo lo que da la impresión de estar haciéndose pedazos puede en realidad estar encajando sus piezas.

¿Y no es esto lo que he estado deseando: ser quebrantada y liberada para ser una persona clave? Una de esas emancipadoras de almas que desvelan a los demás quiénes son ya en Cristo, que no juzgan los esqueletos del clóset ni el tamaño de una cintura o el comportamiento de otro ni nada que pueda amenazar con rompernos. Quizá nos convertimos en persona clave cuando damos una llave para liberar a alguien... *entregándonos unos a otros nuestros corazones rotos.*

Es siempre el corazón vulnerable el que libera los corazones quebrantados.

¿Soy bastante valiente… como para vivir sin miedo de las cosas rotas?

Mei me estaba dando una llave.

> Mei, tú también tienes una llave. Te estoy pasando una.
> Y un compromiso. Mi compromiso de ser una persona
> de corazón roto clave.

Kai da vueltas en la cama, pasa su delgado brazo con la pulsera del hospital por la almohada. Valiente y roto. *Venga el quebrantamiento.* Deja de aferrarte a un estándar de perfección en lugar de dejar que te sostengan los brazos de la gracia. Que tu quebrantamiento te sane de la manera más extraña. *Venga, venga.* ¿Cuánto tiempo había sentido el perfeccionismo como una asfixia muda? El perfeccionismo es por sí mismo una muerte lenta. El perfeccionismo aniquilará tu sentido de la seguridad, tu yo, tu alma. El perfeccionismo no es un fruto del Espíritu. El gozo sí lo es. La paciencia sí lo es. La paz sí lo es.

Si me he sentido dichosa con que otros respiraran en la gracia, ¿por qué iba a negarme a mí ese mismo oxígeno? Y, si yo he necesitado respirar en la gracia para mí, ¿cómo puedo negarle el mismo oxígeno a nadie que lo necesite? Dejemos que la gracia reciba todo nuestro quebrantamiento por todos nosotros. Podríamos inhalarla, y el dolor se mitigaría.

Extiendo la mano y apenas toco mi reflejo en el cristal de la ventana. Juzgar es una venda para los ojos. Juzgar a otros nos ciega a nuestra propia suciedad, y a la gracia de la que otros están tan necesitados como nosotros.

La gracia te hace ser una persona segura. Lo escribo:

Unas pocas personas clave podrían cambiar el mundo... si todos tuviéramos unas pocas. Y, si todos fuéramos una persona clave, si todos tuviéramos la suficiente seguridad como para recibir a los corazones rotos, si tuviéramos la valentía suficiente como para poner nuestro corazón quebrantado sobre la mesa, podría darse esta liberación. Entregadas... si solo pudiéramos vivir entregadas.

Las mil rutas y caminos de quebrantamiento llevaban a este punto: vivir *entregada*.

Es como si la cruz de mi muñeca latiera a través de mi piel con esa palabra, como si todo se moviese y cayese y respirase y orbitase y girase y se desdoblase y se liberase con esa palabra como un grito en el centro de todas las cosas: *entregada*. *Entregada*. Aquí está mi quebrantamiento. Entregada. Aquí está mi maltrecha vida, aquí está mi contusionado control, aquí están mis sueños fracturados, aquí está mi mano abierta, aquí está todo lo que tengo, aquí está mi corazón frágil, entregado, aquí estoy yo, un sacrificio vivo. Quebrantada. Entregada.

Vivir la vida entregada es más que entregar tus habilidades, tus recursos, tu tiempo y tus pies y manos. Vivir la vida entregada significa derribar todas las paredes y muros gruesos en torno a tu corazón con el martillo de la humildad y confiar en la amplitud de los espacios de gracia y comunión así abiertos de par en par. *¿Puedo hacer esto?*

Sin defensa, con los brazos extendidos en total rendición. Cruciforme. Entregada. Esto es libertad. *¿Por qué entonces tengo la sensación de casi no poder respirar?*

En mi mano aparecen las palabras de Mei.

Por qué no debes tener miedo a ser quebrantada

Cuando te encuentras segura, cuando tienes unas
cuantas personas clave, elegir la vida entregada es lo
mejor que jamás podrías hacer.

¿Por qué la cabeza conoce cosas que para el corazón son un
tanto sofocantes?

Miro por la ventana. Todo está abierto de par en par ahí
afuera, roto sin paredes. Y es aterrador. Y es más bello de lo
que nunca habría imaginado.

Al sudoeste, todo el cielo se abre como un lienzo de color
degradado hacia el firmamento por encima de las resplande-
cientes luces de la ciudad, que parpadean bajo la nevada.

Mi corazón trata de encontrar las palabras, de elaborar los
sentimientos.

Vivir la vida entregada significa que la gente verá
los escombros de tu quebrantamiento, los bordes
vulnerables de tu corazón entregado... y eso significa
nada menos que humildad radical y amplitud de
confianza.

Cuando me llegan las palabras de Mei, entran justo a través
de las fracturas.

Sí. Significa todo eso. Vivir la vida entregada
es entregar a los quebrantados de corazón tu
quebrantamiento. Y no tener miedo del suyo.

Abajo, un auto vira en el estacionamiento del hospital, los
faros desgarran la oscuridad y la cortina de nieve.

Quebrantamiento

¿Ann? No me asustan tus bordes quebrados, vulnerables. No me asusta que me corten.

El cuarto pierde estabilidad y las placas tectónicas de mi interior se desplazan. Es como si todo mi mundo fuera un balde volcado, volteado. En una frase: veo que todo este quebranto que he estado intentando mantener oculto se disipa.

Vuelvo a mirar la pantalla y leo de nuevo esa línea. La repaso con los dedos como si fuera en braille y acabo de recuperar la visión.

«*No me asusta que me corten*».

Creo que eso es lo que me ha estado pasando toda mi vida: tener miedo a que me corten.

Miedo a que me corten y miedo a que mis bordes afilados puedan cortar a otros... y me rechacen, lo cual sería un corte aún más profundo.

Me reclino en la inestable butaca de vinilo del hospital. Kai tiene la respiración pesada al dormir. En alguna parte se apaga una alarma, indicando que una bolsa de suero está vacía. Aquel día en que, a mis cuatro años de edad, vi cómo el cráneo de mi hermana se rompía aplastado y sangraba bajo las ruedas de un camión de reparto delante de nuestra granja creo que lo descubrí por primera vez. En un mundo roto, puedes encontrarte echándote para atrás ante el filo cortante de las cosas rotas. Vidrios rotos en el concreto a los dieciséis y de rodillas sobre las esquirlas para cortar mi suplicante piel; puede que se tratara de cortar el quebrantamiento que me rompía, de tratar de que se me saliera el quebrantamiento como la sangre. Quizá cuando viene el dolor buscándote y sientes haber perdido el control, intentas controlar el dolor buscándolo. El miedo puede llevarte directamente a las cosas que más te romperán. ¿Consistía la vida en un intercambio de quebrantamiento malo... ignorando que habías sido escogida para el quebrantamiento bueno?

Con toda esa sofocante ansiedad, con la agorafobia que me asfixiaba a mis veintitantos, el miedo me llevó a creer que tenía que ser perfecta. *El perfeccionismo había matado a mi sentido de seguridad, mi santuario, mi alma.*

La ira que por años se fue cociendo a fuego lento por los trastos de los niños esparcidos por toda la casa y por las listas de tareas, y que acababa explotando, ¿no fue siempre mi temor a romperme? Cuando el miedo a no ser suficiente te acosa, ¿acaso no se trata, de forma subyacente, de un temor al quebrantamiento? Este caer presa de los cumplimientos, del perfeccionismo y del negativismo era en realidad miedo a caer en el quebrantamiento.

Creo que es posible que en la raíz de toda tensión y lucha por el control haya un temor al quebrantamiento. Todas las cosas que nunca se han hecho, nunca se han soñado, nunca se han puesto en riesgo, nunca se han intentado, nunca lo han sido porque había temor al quebrantamiento. Si había la más mínima posibilidad de que el sueño, la esperanza, el plan, pudieran romperse, era un fracaso al que no me podía arriesgar. Y lo que hacía que mi vida fuera rígida, ansiosa, cerrada y rota en un millar de sentidos era simplemente eso: el miedo al quebrantamiento.

Todo lo que en la vida se ha roto alguna vez... se ha roto debido al temor al quebrantamiento.

Quiero recostar la cabeza, que venga la emoción.

El miedo al quebrantamiento ha alejado todo lo que alguna vez deseé, todo lo que he amado. Ha sido mi temor al quebrantamiento lo que ha provocado mi quebrantamiento mudo. Eso fue: el temor al quebrantamiento me ha privado de mucha vida; me ha privado de mucho amor.

Me siento, esperando. ¿Qué sucede cuando te das cuenta de que la mayor parte de tu vida te ha estado dirigiendo el miedo al quebrantamiento? Ahora nieva con más fuerza. Una enfermera hace su ronda por el pasillo, con el traqueteo de un carrito. *¿Qué es el miedo al quebrantamiento sino miedo al sufrimiento?*

Si he temido al quebrantamiento y al sufrimiento toda mi vida… ¿significa eso que he buscado mi propio bienestar más que a Cristo? El miedo a sufrir puede ser un temor a la comunión: temor a Jesús y sus maneras de amar. Lo que sea que esté deshaciéndose por todo mi ser duele como un alivio. Podría curar. Kai da vueltas en lo profundo del sueño, le cuelga la mano del costado de la cama. Alargo mi mano y tomo la suya, recorro con mi dedo las líneas de su palma. Esto no era como una ofrenda que encuentres en todas partes: el quebrantamiento ofrece proximidad.

Pues así como participamos abundantemente en los sufrimientos de Cristo, así también por medio de él tenemos abundante consuelo.[2]

Somos [...] coherederos con Cristo, pues si ahora sufrimos con él, también tendremos parte con él en su gloria.[3]

Quiero conocer a Cristo, experimentar el poder de su resurrección, compartir sus padecimientos y conformar mi muerte con la suya.[4]

En cambio, alégrense mucho, porque estas pruebas los hacen ser partícipes con Cristo de su sufrimiento, para que tengan la inmensa alegría de ver su gloria cuando sea revelada a todo el mundo.[5]

Sin una íntima comunión con los padecimientos de Cristo, ¿cómo puede haber un íntimo amor con él? El rechazo a identificarse con los sufrimientos de Cristo implica el rechazo a toda identidad en Cristo. Puedo sentir el pulso de Kai bajo el mío. Sin miedo al quebrantamiento. Sin miedo al quebrantamiento. Late justo bajo esa cruz que llevo como una marca, y estoy aprendiendo a escucharla más que a ninguna otra cosa. *Entregada. Entregada. Unión con Cristo en los sufrimientos, comunión con Cristo en todas las cosas.*

No tengas miedo de las cosas rotas, porque Cristo está redimiendo todas las cosas.

Los copos de nieve se derriten bajo la ventana en esta cadencia constante. La luz permanente de la torre del reloj de la ciudad se refleja como una garantía en la larga ventana del hospital que se extiende al lado de la cama de Kai. Un camión espera al final de la calle, sus luces traseras parpadean.

Oswald Chambers escribió: «El camino de Él siempre es el del sufrimiento, el sendero del "recorrido largo a casa"».[6] El camino de Dios es siempre el del quebrantamiento. A pesar de todas mis oraciones y esfuerzos para ser partida y entregada por el sufrimiento del mundo, ha habido partes de mí que seguían aterrorizadas con el sufrimiento, evitándolo, resistiéndose a rendirse, romperse y darse. Quiero ser parte de la comunidad de los quebrantados. La comunidad de los quebrantados cree que el sufrimiento es un obsequio que él nos confía a nosotros, y que podemos confiar en que él convertirá este sufrimiento en un obsequio. La comunidad de los quebrantados acepta con los valientes el camino del quebrantamiento, no teme al quebrantamiento y no tiene por qué esforzarse en arreglar el quebrantamiento de nadie; tampoco tiene por qué esconderlo, juzgarlo, enmascararlo ni desterrarlo. Este obsequio del quebrantamiento de Mei me hace ver el techo del cuarto como si fuera el cielo abierto: puedo abrir la mano y dejar escapar mi necesidad de control, porque ya no temo las cosas rotas. *No tengas miedo de las cosas rotas, porque Cristo puede redimirlo todo.* Cuando dejo de temerle al quebrantamiento, dejo de necesitar el control o la posesión de algo: sueños, planes, personas o percepciones de esas personas. Puedo vivir en rendición. Cruciforme. Entregada. Siento que esto debe de ser la libertad.

No tener miedo del quebrantamiento *te libera en un millar de sentidos.*

¡Libre! ¡LIBRE! Libre para sentarte sin más con el quebrantamiento y sentir cómo un Sanador del corazón quebrantado se acerca a ti incluso ahora, especialmente ahora, para tomar en sus manos los corazones rotos puestos sobre la mesa.

Paso mis dedos por los cabellos de Malakai. Despacio, con cuidado. Quizá lo que significa en última instancia no tener miedo del quebrantamiento sea no temer siquiera al temor al quebrantamiento. Ahí está lo que podría ser: ni siquiera tener miedo a temer el quebrantamiento; no dejar más que el miedo controle ninguna parte de ti, te paralice ni te dirija.

El pensamiento llega como algo que cae suavemente desde más allá del cielo: no hay autorrepresión, autocastigo ni autorreprimenda ni siquiera por tener miedo del quebrantamiento. Puede que finalmente haya llegado al lugar en el que podría verme a mí misma, mi quebrantamiento, mi temor al quebrantamiento, con la misma tierna compasión con que Jesús ve toda mi existencia. Puede que el camino del quebrantamiento lleve a ser tan compasiva contigo misma como lo es Jesús con tu alma, concediéndote a ti misma la gracia que él da, gracia para equivocarse y gracia para volver a cambiar, gracia para romperse y volverse a romper, y gracia para crecer y seguir creciendo, como el camino de quebrantamiento de las semillas.

Quizá el no tener miedo ni siquiera del miedo al quebrantamiento te permita sentir el temor y saber que no pasa nada, porque nunca estás sola en tu temor. Nunca estás sola, ni abandonada, ni te falta seguridad. Él nos da lo que más necesitamos para combatir el temor: *comunión*. Consuela tus temores con más de Dios, tocando su corazón quebrantado, dejándole que ponga gentilmente tus heridas con las suyas. El testimonio rompe el quebrantamiento. Jesús siempre viene, siempre vuelve a venir, susurrando por encima de todo lo demás: «No tengas miedo, yo estoy contigo». *La koinonía es siempre, siempre, el milagro.*

Cuando sabes que nunca estás sola en el temor pierdes el miedo al temor. No tener miedo ni siquiera de sufrir temores puede ser el camino más valiente de todos.

Todo lo que hay que contemplar es a Jesús. Todo lo que hay que oír es: «Amada».

Siento que así debe de ser una resurrección, como las estrellas que rompen la oscuridad, como santa redención, vida que surge rompiendo la cáscara de su semilla.

Kai se vuelve. La cama de hospital tintinea. Las palabras de Mei llegan en silencio.

¿Vivir una vida entregada? Significa que esos bordes vulnerables afilados quedan expuestos al corazón que los abrace. Y eso significa que nos cortarán.

Estiro la mano para contestar y veo la cruz de mi muñeca asomándose bajo la manga.

¿Irónico? Cuanto más escondida tratas de mantener tu vulnerabilidad, más profundo es el corte que causas a otros.

La nevada se ha calmado. Las estrellas se ven despejadas, cercanas.

Pero, escucha: A mí no. Me da miedo. Que. Me. Corten.

Me siento en la ventana con sus palabras, Kai respira despacio en su sueño.
Pero, antes de poder decirle lo que para mí han significado sus palabras, lo que ha pasado aquí:

Y no sé si lo sabes o no, pero a ti tampoco.

Epílogo

¡Oh, Espíritu, bello y temible!
Mi corazón está presto para romperse
Con el amor de toda tu ternura
Por nosotros pobres pecadores
FREDERICK FABER

Costó una eternidad, pero hoy llegaron los resultados que indican que tengo suficiente hierro en la sangre. Como si al final me hubiera entrado algo en las venas, en las cámaras de mi vida, y me hubiera hecho vivir.

Malakai ya se ha pinchado casi un millar de veces para inyectarse la insulina que mantiene su cuerpo con vida. Así es como seguimos aprendiendo a vivir: siguiendo débiles y dependientes para seguir fuertes.

Me había sentado hoy en la sala de espera al lado de una mujer que me contó que acababa de enterrar a su marido. La enfermedad de Lou Gehrig y una lucha prolongada con la muerte. La observé agarrar los reposabrazos hasta que se le pusieron los nudillos blancos y me quedé sin palabras. Su cara abierta se volvió hacia mí.

—Cuidé de él hasta el último momento... —me dijo. Tenía la mirada abstraída, como si hubiera mirado tras el velo—. Esto es todo lo que ahora sé sobre la vida: cada momento es un obsequio que compartir, y en todo momento tenemos que ser un obsequio los unos para los otros. *Esto es lo que hay.*

Asentí, manteniéndole la mirada, le pasé el obsequio de la presencia, porque yo conocía una historia de quebranto como esta, la de una mujer quebrantada que extiende la mano para tocar la comunión íntima de la cruz y la encuentra en la forma de una vida: cruciforme. El amor desciende, un obsequio, y el agradecido *eucaristeo* asciende en respuesta a Dios. Y entonces el amor *koinonía*, partido y entregado como obsequio que es, se extiende a un mundo que sufre, incluso, o especialmente, con pedazos de nuestro yo quebrantado. *Cruciforme.*

El *eucaristeo* me había llevado a la *koinonía*, ¿tan sorprendente era eso? Cuando sientes una gratitud radical por lo que tienes, acabas deseando llegar a extremos radicales para compartirlo. Cuando estás radicalmente agradecida por la bendición recibida, quieres ser radicalmente generosa con los oprimidos. Porque sabes que es el camino a la abundancia radical: siempre hay más para compartir más la gracia.

Estamos donde estamos para arriesgarlo todo por los que están al otro lado de la puerta de la ciudad, porque somos *uno* con el quebrantado: todas las puertas que nos dividen son un espejismo. La comodidad y la riqueza pueden dejarte ciego. Ciego al Cristo que tiene hambre, sed, que sufre, al Cristo quebrantado. ¿No es por eso por lo que a los que están cómodos les cuesta experimentar la verdadera abundancia, porque están ciegos a Cristo?

Extendí mi mano para dársela a la viuda doliente. *Disposición a que irrumpan en tu vida. Partirte y entregarte. Esto es lo que hay.* Los que invocan a Cristo no solo son salvados por un Salvador crucificado, sino que sus vidas son moldeadas conforme a la de él.

La cruz no es un símbolo barato de la fe; es la forma exacta que encarnamos como la vida de Cristo. Cuando no queremos contemplar el sufrimiento —que somos *todos* nosotros— no les damos a nuestras vidas la forma de la de nuestro Salvador.

Una vida moldeada conforme a Cristo no es una vida moldeada de una forma cómoda, sino con una forma de cruz.

Había vuelto a casa desde la consulta del doctor, dejé el bolso en el aparador del comedor junto a la escultura rota de la Última Cena. Está ahí, de rodillas, con las manos arrancadas, llamando. ¿Mis propias manos habían tenido que liberarse de los cumplimientos, de los ídolos, de la conveniencia, del perfeccionismo, para dejar de tener miedo a ser cortada o herida, para dejar de temerle al sufrimiento de las cosas rotas? ¿Había tenido yo que sentir las profundidades de mi propia insuficiencia para permitir que llegara una abundancia más profunda?

El sol desciende hacia la hora dorada y yo salgo a pasear por los trigales porque necesito... necesito extender mis brazos y sentir toda la magnificencia de la exposición del firmamento, el océano de ondeante trigo liberándose, sentir cómo una sola frase ejecuta el temor: *hay suficiente*. Atravieso corriendo las espigas de oro y siento cómo todo el temor se marchita cuando le cantas a tu corazón un estribillo: *hay abundancia*. Siempre hay más, porque Dios es siempre suficiente y él convierte todo el quebrantamiento en abundancia, y no hay miedo de las cosas rotas, porque Cristo redime todas las cosas. Corro y siento cómo las cabezas inclinadas abren el camino: «No temas ni te desalientes, porque el propio *Señor* irá delante de ti. Él estará contigo; no te fallará ni te abandonará».[1] Corro, y el cielo y un millar de vasos de luz se rompen por encima de mí: puedes dejar atrás todas tus preocupaciones, porque Cristo nunca, jamás, te abandonará. Puedes abandonar todos tus temores y permanecer en la seguridad de toda la expansión que pertenece a tu Padre.

La bóveda difuminada del cielo azul por encima del oro extiende sobre mí, sobre todas las cosas, su techo protector, *stego*, protegida en su amor sin fin, y la brisa vespertina exhala el secreto para el alivio: el alma se libera cuando nos liberamos del yo y nos rendimos a la voluntad de Dios.

Hope viene hacia mí por los campos, con sus largos cabellos del color del trigo cubriendo sus hombros. El bosque mengua detrás de nosotras. Cuando me alcanza, me toma de la mano, sonríe, nos abrazamos y corremos, riendo, elevadas en el susurro de toda esta entrega voluntaria que produce abundancia. ¿Puedo grabarla en mi memoria aquí conmigo, en nuestra compañía que rompe el quebrantamiento? Oh, este largo camino que habíamos superado es la esencia de lo humano, y la fragilidad es el corazón latiente de la humanidad, y aceptar eso sin vergüenza es el principio de la libertad. El quebrantamiento no necesita vergüenza ni culpa; el quebrantamiento necesita ser compartido y dado. Rotos, entregados y compartidos con Jesús, y con un mundo que necesita abrazar la debilidad para abrazar la abundancia. Hope no suelta mi mano.

Esta comunión más profunda con Dios que había estado buscando, la cuestión de cómo vivir con el quebrantamiento, consiste en rehacerme, reformarme, remoldearme, otra vez. Soy hallada en tanto mantengo la *koinonía* con el quebrantado, porque Dios ama mejor a aquellos que lo necesitan más. Algo se susurra por los trigales y repica fuerte en mi alma. *¿Qué haces con tu quebrantamiento?* Entrega tu corazón quebrantado. *¿Cuál es la respuesta al sufrimiento en este mundo?* Destrúyelo con el co-padecimiento, con la compasión, con la entrega. El quebrantamiento malo siempre se rompe con quebrantamiento bueno. Tu vida da un giro cuando te niegas a alejarte del quebrantamiento.

Hope y yo estamos casi sin aliento, pero llenas, con el trigo resonando con nuestras carreras, con nuestros corazones palpitando de vida en los oídos. Nací en medio de la siega del trigo y mañana se segará todo este oro, y sus granos pasarán por nuestras manos abiertas. No hay ni una espiga en este campo que tenga miedo a que la corten.

Son los corazones quebrantados los que encuentran la belleza evocadora de un nuevo latido; son los corazones quebrantados los que viven una canción que es un eco de la de Dios.

Late, corazón amado, sigue latiendo en el mundo.
Te romperán y te amarán.
No tienes que temer.

El camino sigue abriéndose ante nosotros.
Y dejaremos que venga.

Agradecimientos

A aquellos que me obsequiaron el milagro de la *koinonía*, la comunión que no merecí, les ofrezco humildemente las dos palabras más profundas y potentes que conozco: *muchas gracias*.

A Bill Jensen por su amabilidad y protección; a Holly Good por estar siempre dispuesta, disponible y ser como Jesús; a Tom Dean, Robin Barnett, John Raymond, Dirk Buursma, Ted Barnett y Jennifer Tucker por ser no solo un equipo ideal, sino uno que lo da todo por el sueño de Dios para el mundo.

A Mick y Sheri Silva, que creen en el quebrantado y vendan al herido y nunca se rinden con los que han caído; esto no habría sido posible sin ustedes.

A Sandy Vander Zicht, una guerrera incansable de la oración, luchadora implacable, editora número uno: tú eres todo lo que una escritora espera tener. No hay palabras para expresarte mi gratitud.

A cada viajero de paso y lector que ha entrado y viajado con nuestra valiente y quebrantada comunidad en línea, que ha compartido un poco de su quebranto inconfesado conmigo, que se ha alzado como alguien de la Generación Ester, que ha derramado su balde en la abundancia, que ha tenido el coraje de las estrellas y ha vivido con su corazón quebrantado entregándolo, que ha participado en nuestra comunidad y ha recibido a uno más en la belleza del camino del quebrantamiento: ustedes son mi gente, para siempre. Estas páginas son para ustedes y por causa de ustedes; no dejen nunca de practicar la *koinonía* juntos, hasta que venga su reino.

A Lisa-Jo Baker, Rebekah Lyons, Scott Sauls, Liz Curtis Higgs, Jessica Turner y Meredith Toering, que son los héroes nada comunes y los vasos de la luz de Dios; ustedes encarnan para mí a Jesús y nunca dejaré de darle gracias por sus vidas. Mei, tú me ayudaste a encontrar pedazos rotos de mí y me diste más de Dios.

A Mark Buchanan, Jon y Pam Bloom, Marvin Olasky, Gene Edward Veith, Tony Reinke, Sheila Walsh, Lysa TerKeurst, Philip Yancey, Bill y Gloria Gaither, Randy y Nancy Alcorn, Louie y Shelley Giglio, David y Heather Platt, Max Lucado, Timothy Keller, Sally Lloyd-Jones, Beth Moore, Christine Caine, Kay Warren, Patsy Clairmont, Lisa Harper, Amena Brown Owen, Jason Gray, Scot McKnight, Deidra Riggs, Melanie Shankle, Sophie Hudson y Mary Anne Morgan: cada uno de ustedes reparó lugares profundamente rotos con palabras que fueron un bálsamo curativo, con la amistad que se empapa del aroma de Dios, con la gracia moldeada conforme a la de Cristo. Nunca sabrán cuánto los ha usado el Señor a cada uno y cuán en deuda estoy con ustedes hasta el día de mi muerte.

A Shaun Groves, Steve y Patricia Jones, y Keely Scott: ustedes nos dieron la bienvenida en la familia Compassion y nos dieron una forma de partirnos y darnos... en el nombre de Jesús. Han abierto la puerta a una alegría en el dar que nos hacía estallar el corazón. A Kristen y Terrell Welch, y Mike Rusch y la familia de Mercy House Global: ustedes van delante en el camino del quebrantamiento, y servir juntos durante un tiempo como este es algo que multiplica el valor del tiempo.

Doy gracias a Emilie Wierda y Kathie Lee Gifford, por tender una mano de amistad tan generosa y fiel que ha supuesto un hito en el camino. Su ayuda constante ha sido la gracia que nos ha enseñado más humildad.

A Lauren y Matt Chandler, Gabe y Rebekah Lyons, Jen

y Brandon Hatmaker, Angie y Todd Smith, Lindsey Nobles, Esther Havens, Jennie y Zac Allen, que saben que están aquí para un tiempo como este, que hacen lo que haga falta para derribar las puertas de la ciudad, que llevan a la gente de la Generación Ester a arriesgarlo todo, porque, si no, perecemos: servir con ustedes es una forma de comunión con Cristo.

A Sherri y Ron Martin, Marlene y Randy Fitch, Gary y Diane Goodkey, Pete y Ang Koobs, Elizabeth Foss y Ginny Foreman, que nos han amado cuando eso era incómodo, han estado ahí cuando nadie lo esperaba y han sido la clase de amigos que te acompañan hasta el final.

A la estimulante familia de escritores y amigos de DaySpring: cada uno de ustedes es un hogar para mí y me guio al milagro de la *koinonía*.

A David, Noa y Mya, Lia y Ana, Ema y Eli: que podamos ser familia y emprendamos el Camino juntos. Los amo.

A Molly, la hermana sin la que no habría podido vivir; a John, el hermano que ha orado y amado sin descanso; a mi papá, que ha mantenido el amor a través de lugares destrozados; y a mi mamá, que es una verdadera mamá de terciopelo, la madre de alma más hermosa que jamás habría podido esperar.

A Caleb, Joshua, Hope, Levi, Malakai, Shalom y Shiloh, nuestros siete enviados del cielo: su amor me ha lanzado a lo Real, y amarlos a todos ustedes ha sido la mejor recompensa.

A Darryl, un hombre cruciforme que se ha convertido a sí mismo en *stego*, un techo bajo el que sentirme segura: tu amor ha sanado heridas.

Gracias a Dios Padre, Dios Hijo y Dios Espíritu Santo... que llama a los abandonados a la unión y la *koinonía*, que nos corteja con una gracia íntima y venda nuestras heridas con su corazón partido y entregado a fin de que estemos unidos y seamos liberados para siempre.

Traducciones bíblicas citadas

BLPH. El texto bíblico indicado con «BLPH» ha sido tomado de la Biblia *La Palabra* (versión hispanoamericana) © 2010 Texto y Edición, Sociedad Bíblica de España.

LBLA. El texto bíblico indicado con «LBLA» ha sido tomado de LA BIBLIA DE LAS AMERICAS © Copyright 1986, 1995, 1997 por The Lockman Foundation. Usada con permiso.

NTV. El texto bíblico indicado con «NTV» ha sido tomado de la Santa Biblia, Nueva Traducción Viviente, © Tyndale House Foundation, 2010. Usado con permiso de Tyndale House Publishers, Inc., 351 Executive Dr., Carol Stream, IL 60188, Estados Unidos de América. Todos los derechos reservados.

TLA. El texto bíblico indicado con «TLA» ha sido tomado de la Biblia Traducción en Lenguaje Actual, Copyright © Sociedades Bíblicas Unidas, 2000. Usada con permiso.

Notas

CAPÍTULO 1. QUÉ HACER CON TU CORAZÓN QUEBRANTADO

1. Victor Hugo, *Les Misérables* (New York: Carleton, 1863), p. 127.
2. Mateo 27.46.
3. Mateo 9.12.
4. Juan 9.3.
5. Juan 9.3.
6. Madre Teresa, *Come Be My Light: The Private Writings of the Saint of Calcutta*, ed. Brian Kolodiejchuk (New York: Doubleday, 2007), pp. 149, 185, 212.
7. Isaías 61.1.
8. Charles H. Spurgeon, "El hospital de Cristo", http://www.spurgeon.com.mx/sermon2260.html (consultada 3 junio 2016).

CAPÍTULO 2. RE-MEMBRANZA DE TUS PEDAZOS ROTOS

1. Lucas 22.19.
2. Agustín, *Confesiones*, trad. P. Eugenio Ceballos (Madrid: Ramón Verges, 1824), 147 (X, 21).
3. Este párrafo y los seis precedentes están basados en una sección de mi libro *Un millar de obsequios* (Grand Rapids: Zondervan, 2010), pp. 31–33.
4. Lucas 22.19.
5. Mateo 15.36.

6. Según se cita en Vanessa Thorpe, "Magic Realism . . . and Fakery", *Guardian online*, 21 enero 2001, www.theguardian.com/world/2001/jan/21/books.booksnews (consultada 3 junio 2016).

CAPÍTULO 3. CUANDO QUIERES CAMBIAR TU QUEBRANTAMIENTO

1. Juan 12.24.
2. Juan 12.25, BLPH.
3. Ver Timothy Keller, "The Gospel and Sex", www.christ2rculture.com/resources/Ministry-Blog/The-Gospel-and-Sex-by-Tim-Keller.pdf (consultada 3 junio 2016).
4. Martín Lutero, "La libertad cristiana" (1520), http://www.fiet.com.ar/articulo/la_libertad_cristiana.pdf (consultada 24 agosto 2016).
5. Ibíd.
6. Martin Lutero, según se cita en Alister E. McGrath, *Christian Spirituality: An Introduction* (New York: Oxford, 1999), 158–59.
7. Lutero, "La libertad cristiana".
8. M. Stibbs, *Sacrament, Sacrifice, and Eucharist* (London: Tyndale Press, 1961), p.75.
9. D. Martyn Lloyd-Jones, *Depresión espiritual: sus causas y su cura* (Grand Rapids: Libros Desafío, 1998), pp. 74–75.
10. Efesios 2.14, paráfrasis mía.
11. 2 Pedro 1.4, LBLA.
12. Juan 14.23.
13. Salmos 63.1.

CAPÍTULO 4. CÓMO PARTIR EL TIEMPO EN DOS

1. A. W. Tozer, *La busqueda de Dios por el hombre* (Lake Mary, FL: Casa Creación, 2013), p. 5.
2. C. S. Lewis, *Cartas del diablo a su sobrino* (N.Y. : Rayo: HarperCollins, 2006.), carta XXVII.
3. Juan 12.24.

4. Juan 17.1, paráfrasis.
5. 1 Corintios 13.8, TLA.

CAPÍTULO 5. SER EL REGALO QUE EL MUNDO NECESITA; Y QUE TÚ NECESITAS

1. Juan 3.16, paráfrasis y énfasis míos.
2. Charles Haddon Spurgeon, *John Ploughman's Talk: Or, Advice for Plain People* (1868; reimp., Eugene, OR: Wipf & Stock, 2006), p. 139.
3. Isaías 58.7–9, TLA.
4. San Agustín de Hipona, "Exposition II, Sermon I on Psalm 30", en *Expositions on the Book of Psalms*, vol. 1 (Oxford: Parker, 1847), p. 249.
5. Lucas 22.19; 1 Corintios 10.16, paráfrasis mía.
6. W. Tozer, *La búsqueda de Dios* (Harrisburg, PA: Editorial Alianza, 1977), pp. 11, 19 de la edición en inglés.
7. Simone Weil, *A la espera de Dios (*Madrid: Trotta, 1993), p. 104 de la edición en inglés.
8. Ver S. Lyubomirsky, K. M. Sheldon, y D. Schkade, "Pursuing Happiness: The Architecture of Sustainable Change", Review of General Psychology 9: 111–31; Danica Collins, "The Act of Kindness and Its Positive Health Benefits", 8 junio 2011, http://undergroundhealth reporter.com/act-of-kindness (consultada 3 junio 2016).
9. C. H. Spurgeon, *Morning by Morning: Or Daily Readings for the Family or the Closet* (New York: Sheldon, 1866), 26 octubre.
10. Proverbios 11:25, BLPH.
11. Lucas 6.38, paráfrasis.
12. C. S. Lewis, *Cristianismo... ¡y nada más!* (Miami: Caribe, 1977), p. 190.
13. Martín Lutero, "La libertad cristiana" (1520), http://www. fiet.com.ar/articulo/la_libertad_cristiana.pdf (consultada 24 agosto 2016).
14. Isaías 58.10, TLA.

15. Lewis, *Cristianismo... ¡y nada más!*, pp. 172, 199.
16. Dietrich Bonhoeffer, *El precio de la gracia. El seguimiento* (6ª ed. Salamanca: Sígueme, 2004), p. 56.
17. Lewis, *Cristianismo... ¡y nada más!*, p. 187.
18. Ibíd., 187.
19. Ibíd., 187.
20. Ibíd., 188.

CAPÍTULO 6. QUÉ ES INCLUSO MEJOR QUE UNA LISTA DE DESEOS

1. 1 Corintios 1.9, paráfrasis mía.
2. Isaías 42.3.
3. Isaías 61.1.
4. *Richard Sibbes, The Bruised Reed and Smoking Flax* (Philadelphia: Presbyterian Board of Publication, 1620), p. 100.
5. Romanos 8.39.
6. Michael Woody, "The Bucket List", American Way, 15 agosto 2012, www.ink-live.com/emagazines/american -way/2065/august-2012-2/files/assets/common/downloads/ AW20120815.pdf (consultada 3 junio 2016).
7. Viktor E. Frankl, *El hombre en busca de sentido* (Barcelona: Herder, 1991), p. 133 de la edición en inglés.
8. Filipenses 2.5–8.
9. Mateo 25.34–36, 44–45.
10. Gálatas 2.19; 5.24; 6.14.
11. 2 Corintios 4.7–15.

CAPÍTULO 7. EL AMOR ES UN TECHO PARA TODO NUESTRO QUEBRANTAMIENTO

1. Romanos 5.8.
2. 1 Corintios 13.7.
3. 1 Juan 3.16.

CAPÍTULO 8. POR QUÉ POR EL AMOR VALE LA PENA ROMPER TU CORAZÓN

1. Ayn Rand, *The Fountainhead* (Indianapolis: Bobbs-Merrill, 1943), p. 677.
2. Mateo 16.25.

CAPÍTULO 9. EL MILAGRO ANTIESTRÉS QUE LLEVAS EN EL BOLSILLO

1. Ver Mary Brophy Marcus, "Doing Small Acts of Kindness May Lower Your Stress", CBS News.com, 15 diciembre 2015, www.cbsnews.com/news/doing-small-acts-of-kindness-may-lower-your-own-stress (consultada 3 junio 2016).
2. Simone Weil, de una carta del 13 de abril de 1942 dirigida al poeta Joë Bousquet, publicada en su epistolario (*Correspondance* [Lausanne: Editions l'Age d'Homme, 1982], p. 18).
3. San Ignacio, en una carta a Ascanio Colonna (Roma, 25 abril 1543), citada en "Abandoning Ourselves to His Hands", Obispo Felipe J. Estévez, *St. Augustine Catholic* (septiembre/octubre 2014), 7, http://faithdigital.org/staugustine/SA0914/03197846597C1F18B6D8F09EB9D106CC/SA1014.pdf (consultada 3 junio 2016).
4. Marcus, "Doing Small Acts of Kindness May Lower Your Stress".
5. Ibíd.
6. C. S. Lewis, *El problema del dolor* (Santiago de Chile: Ed. Universitaria, 1990), p. 158.

CAPÍTULO 10. CÓMO AMAR APASIONADAMENTE CUANDO TIENES ROTO EL CORAZÓN

1. Juan 16.20.

CAPÍTULO 11. INICIARSE EN SER REAL

1. Génesis 3.1.
2. Romanos 8.35, 37–39.
3. Citado en Charles J. Healy, *Praying with the Jesuits: Finding God in All Things* (Mahwah, NJ: Paulist, 2011), p. 45.
4. Génesis 37–50.
5. Margery Williams, *The Velveteen Rabbit* (1922; reimp., New York: Holt, 1983), 4–5 [en español, https://es.wikisource.org/wiki/El_Conejo_de_Peluche].
6. Salmos 51.17.
7. Marcos 8:34–37, paráfrasis.

CAPÍTULO 12. ROMPE TU QUEBRANTAMIENTO

1. Martín Lutero, citado en *Text-Book of the History of Doctrines*, vol. 1, Reinhold Seeberg (Eugene, OR: Wipf & Stock, 1997), p. 236 [en español, http://www.luther.de/es/leben/anschlag/95thesen.html].
2. Marcos 1.15.
3. Thomas Howard y J. I. Packer, *Christianity: The True Humanism* (Vancouver, BC: Regent College Publishing, 1985), p. 153.
4. Gálatas 6.9, BLPH.

CAPÍTULO 13. LA VERDAD INCÓMODA QUE NADIE TE CUENTA

1. Kara Tippetts, "Abiding", *Mundane Faithfulness* entrada de blog, 17 febrero 2015, www.mundanefaithfulness.com/home/2015/2/17/abiding (consultada 15 julio 2016).
2. *El Libro de la Oración Común*, http://archive.episcopalchurch.org/documents/HM_Libro_de_Oracion_Comun.pdf, p. 115 (consultada 24 agosto 2016).
3. Peter Kreeft, *Making Sense Out of Suffering* (Ann Arbor, MI: Servant, 1986), p. 137.
4. Eugene Peterson, "Introduction to the Books of Moses", en *The Message: The Bible in Contemporary Language* (Colorado Springs: NavPress, 2002), p. 17.

5. Nicholas Wolterstorff, *Lament for a Son* (Grand Rapids: Eerdmans, 1987), p. 84.
6. Romanos 12.13.
7. Lucas 22.19.
8. Hebreos 10.33, énfasis mío.
9. Salmos 90.12, paráfrasis mía.
10. Charles Haddon Spurgeon, *Spurgeon's Sermons on Great Prayers of the Bible* (Grand Rapids: Kregel, 1995), p. 31.
11. Elisabeth Elliot, citada en Gateway to Joy, "The Furnace of Affliction", *Back to the Bible*, http://web.archive.org/web/20140818143351/http://www.backtothebible.org:80/index.php/Gateway-to-Joy/Defining-Suffering.html (consultada 3 junio 2016).
12. Martín Lutero, "Prefacio a la Carta a los Romanos", en *Comentarios de Martín Lutero*, vol. I (Terrassa: CLIE 1998), p. 15.

CAPÍTULO 14. ROMPE LAS MENTIRAS DE TU CABEZA

1. Juan 9.3, paráfrasis mía.
2. Søren Kierkegaard, *Tratado de la desesperación (la enfermedad mortal)* (Buenos Aires: Quadrata 2013), pp. 130, 132 de la traducción inglesa.
3. Timothy Keller, *La razón de Dios: creer en una época de escepticismo* (Barcelona: Andamio 2014), p. 162 de la edición en inglés.
4. Hebreos 13.5.
5. Isaías 44.20.
6. Martín Lutero, "La libertad cristiana" (1520), http://www.fiet.com.ar/articulo/la_libertad_cristiana.pdf (consultada 24 agosto 2016).
7. Karl Barth, *Church Dogmatics*, vol. 4, parte 3.2, "The Doctrine of Reconciliation" (Edinburgh: T&T Clark, 1988), p. 549.
8. Isaías 44.20.

CAPÍTULO 15. CÓMO SER UNA ESTER Y ROMPER UN MILLAR DE PUERTAS

1. Elisabeth Elliot, *These Strange Ashes* (1998; reimp., Grand Rapids: Revell, 2004), p. 145.
2. Ester 4.13–14, NTV.
3. Marcos 8.36, paráfrasis mía.
4. Timothy Keller, *Justicia generosa* (Barcelona: Andamio, 2016), p. 202.
5. Ibíd., pp. 202, 205.
6. Isaías 53.3.
7. Mateo 10.42; 25.40, paráfrasis mía.
8. Mateo 25.43, paráfrasis mía.
9. Henri Nouwen, *Gracias: A Latin American Journal* (New York: Harper & Row, 1983), p. 20.
10. Lucas 14.12–14, BLPH.
11. J. H. van den Berg, *A Different Existence* (Pittsburgh: Duquesne University Press, 1972), p. 105.
12. Peter Leithart, *Traces of the Trinity: Signs of God in Creation and Human Experience* (Grand Rapids: Brazos, 2015), p. 137.

CAPÍTULO 16. CON RESPECTO A CORTEJAR A DIOS Y SANAR HERIDAS

1. C. S. Lewis, *Cartas del diablo a su sobrino* (Madrid: Rialp, 1993), p. 57.
2. John Piper, "Call Me Husband, Not Baal", www.desiring-god.org/messages/call-me-husband-not-baal (consultada 3 junio 2016).
3. Mateo 25.35–36, 40.
4. "Come, Ye Sinners, Poor and Wretched", letra de Joseph Hart (1759). Dominio público.
5. C. S. Lewis, *Si Dios no escuchase* (Madrid: Rialp, 2008), p. 105.

CAPÍTULO 17. CÓMO ENCONTRAR A LOS HÉROES EN UN MUNDO SUFRIENTE

1. 1 Reyes 18.28.
2. Charles H. Spurgeon, "The Compassion of Jesus: A Sermon", Metropolitan Tabernacle Pulpit, www.spurgeon. org/sermons/3438.php (consultada 3 junio 2016).
3. P. J. O'Rourke, *All the Trouble in the World* (New York: Atlantic Monthly Press, 1994), p. 9, paráfrasis mía.
4. Mateo 9.36.
5. Salmos 90.13.
6. Isaías 49.13, LBLA.
7. Ver Éxodo 34.6.
8. Esta «canción» se basa en Isaías 49.15–16; Mateo 9.36; Lucas 15.3–7; Juan 10.1–18; 2 Corintios 1.3–4.
9. Isaías 44.5.

CAPÍTULO 18. POR QUÉ NO DEBES TENER MIEDO A SER QUEBRANTADA

1. Søren Kierkegaard, *La repetición* (Madrid: Alianza Editorial, 2009), p. 112 de la edición en inglés.
2. 2 Corintios 1.5.
3. Romanos 8.17.
4. Filipenses 3.10, BLPH.
5. 1 Pedro 4.13, NTV.
6. Oswald Chambers, *En pos de lo supremo* (Terrassa: CLIE, 2007), p. 310 de la edición en inglés.

EPÍLOGO

1. Deuteronomio 31.8.

Un millar de obsequios

El desafío a tener plenitud de vida allí mismo donde estás

Ann Voskamp

Como la mayoría de los lectores, Ann Voskamp anhela vivir bien su vida. Olvida las listas de deseos sobre experiencias únicas.

Ann se preguntaba: «¿Cómo puedo encontrar el gozo en medio de la mortandad, las deudas, los dramas y los deberes de la vida diaria? ¿Cómo es una vida de gratitud cuando nuestros días son agotadores, largos y a veces hasta tenebrosos? ¿Qué está haciendo Dios a favor nuestro aquí y ahora?».

Siendo una guía maravillosamente práctica para vivir una vida de gozo, *Un millar de obsequios* te invita a despertar a las bendiciones diarias de Dios. Ann Voskamp descubrió que, al dar gracias por la vida que ya tenía, encontró la vida que siempre había deseado.

Siguiendo sus reflexiones sobre su vida en la granja, como madre y como escritora, te embarcarás en la transformadora disciplina espiritual de llevar un registro de los obsequios que recibes de Dios. Así descubrirás una manera de ver la vida que te llevará a la gratitud, a perder el temor a la muerte y a estar consciente de esa presencia continua de Dios que trae consigo una felicidad profunda y perdurable.